高职高专"十二五"规划教材

21世纪全国高职高专计算机系列实用规划教材

电子商务概论
(第3版)

主　编　于巧娥　王冬云
副主编　柳晓娟　王　震　岂爱妮

内 容 简 介

本书根据电子商务领域工作任务与职业能力需要,紧扣电子商务应用发展前沿,利用真实的网络交易平台,按项目导向和任务驱动的形式组织体系结构和内容。全书共设计了 8 个既相对独立又互相关联的项目,具体有认识电子商务、电子商务的基础技术、电子商务基本模式的交易流程、电子支付、网络营销、电子商务物流、电子商务安全技术、电子商务的行业应用。项目下再设计具体的工作任务,并把电子商务基础业务和专业知识巧妙地设计在各个任务中。

本书讲解全面具体,语言表达通俗易懂,可作为普通高等院校(高职高专、应用型本科)、成人高校、民办高校及本科院校开设的二级职业技术学院电子商务专业和非电子商务专业的教学和培训教材;同时,对于从事电子商务的工作人员和研究人员也具有一定的参考价值。

图书在版编目(CIP)数据

电子商务概论/于巧娥,王冬云主编. —3 版. —北京:北京大学出版社,2015.1
(21 世纪全国高职高专计算机系列实用规划教材)
ISBN 978-7-301-25404-2

Ⅰ.①电… Ⅱ.①于…②王… Ⅲ.①电子商务—高等职业教育—教材 Ⅳ.①F713.36

中国版本图书馆 CIP 数据核字(2015)第 018058 号

书　　　名	电子商务概论(第 3 版)
著作责任者	于巧娥　王冬云　主编
责 任 编 辑	陈颖颖
标 准 书 号	ISBN 978-7-301-25404-2
出 版 发 行	北京大学出版社
地　　　址	北京市海淀区成府路 205 号　100871
网　　　址	http://www.pup.cn　新浪微博:@北京大学出版社
电 子 信 箱	pup_6@163.com
电　　　话	邮购部 62752015　发行部 62750672　编辑部 62750667
印 刷 者	三河市北燕印装有限公司
经 销 者	新华书店
	787 毫米×1092 毫米　16 开本　16.5 印张　380 千字
	2007 年 7 月第 1 版
	2011 年 12 月第 2 版
	2015 年 1 月第 3 版　2018 年 7 月第 4 次印刷
定　　　价	33.00 元

未经许可,不得以任何方式复制或抄袭本书之部分或全部内容。
版权所有,侵权必究
举报电话:010-62752024　电子信箱:fd@pup.pku.edu.cn
图书如有印装质量问题,请与出版部联系,电话:010-62756370

前　言

本书前两版出版后受到广泛好评，曾多次重印。而作为教材的同名课程也被评为辽宁省省级精品课。

本书立足于培养电子商务实践技能的指导思想，力求体现电子商务理论和实践上的新发展、新动态。本书集教、学、做于一体，突出特点在于将知识讲解与项目实训紧密结合，体现任务引领和项目课程等最新课改成果的核心思想，将能力培养贯穿于项目内容之中。且通过一些中小企业电子商务实际运作的典型案例分析，介绍电子商务的运用领域、特点以及需要解决的问题。注重电子商务应用能力的培养，切实提高学生实践能力和职业技术素质是本书追求的主要目标。本书的特点具体如下所述：

(1) 新颖的理论数据。为跟踪学科发展方向，适应电子商务服务业的发展和教学的需要，保持教材内容的先进性，编者进行了大量的搜索，筛选了最新的数据，并引用了有关电子商务的新理论、新见解，使本书的理论数据更具时效性和准确性。

(2) 典型的本土案例。每个任务都精心安排了一个或几个紧密结合该任务知识点的中国本土案例。通过对这些有代表性的案例进行分析，将学生带入特定事件的现场，使学生能透彻了解国内中小企业最新的发展现状，更深刻地理解电子商务的基本理论。

(3) 实用的任务实训。每个任务均以一个完整的电子商务业务贯穿整个课程教学始终，以任务的实现过程为线索展开教学内容安排，整个教学过程以任务环节的完成为驱动。每个任务都经过精心的设计，力求贴近电子商务工作实际，将能力培养贯穿于任务之中，尽量体现任务引领和项目课程等最新课改成果的核心思想。具体任务分成4个步骤，依次是任务引入、任务分析、相关知识、任务实施。任务中包含学生要学习的知识点，让学生在完成任务时学到相应的知识。这改变了以往知识点抽象和枯燥无味的局面，使学生可以在行动中不知不觉地学到知识和技能。

(4) 通俗的表达方式。语言表达由浅入深，理论联系实际。具体的知识点均结合相关实例详细讲解，使学生能更加明了、深刻地理解相应的知识。

本书由大连海洋大学应用技术学院的于巧娥、柳州职业技术学院的王冬云担任主编，大连海洋大学应用技术学院的柳晓娟、辽东学院信息技术学院的王震、河北交通职业技术学院的岂爱妮担任副主编。具体分工如下：于巧娥编写项目一和项目三；王震编写项目二和项目七；王冬云编写项目四和项目六；柳晓娟编写项目五；岂爱妮编写项目八，最后由于巧娥总纂成书。

在编写过程中，编者还参考了有关教材和某些网站的资料，在此表示感谢！

由于编者水平有限和时间仓促，书中不妥之处在所难免，衷心希望广大读者批评指正！

编　者
2014 年 10 月

目 录

项目一　认识电子商务 1
 1.1　任务　网上发布农产品信息 2
  1.1.1　电子商务的内涵 2
  1.1.2　电子商务与传统商务的区别 3
  1.1.3　电子商务的基本组成要素 6
  1.1.4　电子商务产生和发展的条件 7
  1.1.5　电子商务的发展过程 13
  1.1.6　我国电子商务的发展状况 14
  1.1.7　电子商务的分类 15
  1.1.8　电子商务的影响 18
 1.2　习题 26

项目二　电子商务的基础技术 28
 2.1　任务　域名的申请流程 29
  2.1.1　计算机网络基础知识 30
  2.1.2　Internet 技术 33
  2.1.3　EDI 技术 38
  2.1.4　电子商务系统的体系结构 40
  2.1.5　电子商务中的大数据应用 41
 2.2　习题 53

项目三　电子商务基本模式的交易流程 54
 3.1　任务　第三方 BtoB 平台的使用 55
  3.1.1　BtoB 电子商务概述 55
  3.1.2　BtoB 电子商务的模式 55
  3.1.3　BtoB 电子商务的特点 58
  3.1.4　第三方 BtoB 平台概述 58
 3.2　任务　网络购物过程 73
  3.2.1　BtoC 电子商务概述 74
  3.2.2　BtoC 电子商务的模式 74
 3.3　任务　个人网店的开设 82
  3.3.1　CtoC 电子商务概述 82
  3.3.2　CtoC 电子商务的基本交易流程 83
  3.3.3　CtoC 和 BtoC 电子商务的区别 84
 3.4　习题 92

项目四　电子支付 94
 4.1　任务　电子支付操作体验 95
  4.1.1　电子支付概述 95
  4.1.2　电子支付工具 101
  4.1.3　网上银行 106
 4.2　习题 121

项目五　网络营销 123
 5.1　任务　搜索引擎营销 124
  5.1.1　网络营销概述 124
  5.1.2　网络营销策略 139
 5.2　习题 165

项目六　电子商务物流 167
 6.1　任务　电子商务物流公司操作体验 168
  6.1.1　电子商务与物流概述 168
  6.1.2　电子商务与物流管理 175
  6.1.3　电子商务下全新的物流模型 181
 6.2　习题 191

项目七　电子商务安全技术 193
 7.1　任务　电子签名保障医院无纸化 194
  7.1.1　电子商务安全概述 195
  7.1.2　防火墙技术 198
  7.1.3　虚拟专用网络技术 202
  7.1.4　防病毒技术 203

电子商务概论(第3版)

      7.1.5 数据加密技术 206
      7.1.6 身份认证技术 211
      7.1.7 电子商务的法律法规 215
  7.2 习题 226

项目八 电子商务的行业应用 228
  8.1 任务 网上投保 229
      8.1.1 网上保险概述 229
      8.1.2 网上保险业的发展情况 230
      8.1.3 网上保险的优势 231
      8.1.4 网上保险的业务流程 233

      8.1.5 网上保险的功能 234
      8.1.6 网上保险的模式 234
  8.2 任务 模拟炒股 239
      8.2.1 网络证券的概念 240
      8.2.2 网络证券交易主体 240
      8.2.3 网络证券的特点和优势 240
      8.2.4 网络证券的交易流程 242
      8.2.5 网络证券交易风险分析 244
  8.3 习题 251

参考文献 253

项目一 认识电子商务

▶ 教学目标

通过本项目的学习,使学生掌握电子商务的概念、分类、基本组成要素,以及与传统商务方式的区别,电子商务将给社会、企业、人类生活带来的影响。

▶ 教学要求

知识要点	能力要求
电子商务的基本概念	(1) 掌握电子商务的内涵 (2) 了解电子商务与传统商务的区别 (3) 掌握电子商务的基本组成要素
电子商务的产生与发展	(1) 了解电子商务产生和发展的条件 (2) 了解电子商务的发展过程 (3) 了解我国电子商务的发展状况
电子商务的分类	(1) 了解按照电子商务活动的内容分类的方法 (2) 了解按照电子商务活动的交易对象分类的方法 (3) 了解按照电子商务活动的网络类型分类的方法
电子商务的影响	(1) 掌握电子商务对企业的影响 (2) 了解电子商务对人类生活方式的影响

▶ 重点难点

- ➢ 电子商务的内涵
- ➢ 电子商务与传统商务的区别
- ➢ 电子商务的基本组成要素
- ➢ 电子商务的分类
- ➢ 电子商务对企业的影响

1.1 任务 网上发布农产品信息

📖 任务引入

大连瓦房店被誉为"苹果之乡"。这里苹果品种繁多，主要以红富士为主，新红星、国光为辅。苹果色泽好、个大、均匀、饱满、汁多，达出口等级。某商户于水开办了一家苹果收购站，每到苹果成熟季节，大量收购各种优质苹果。但收购以后的苹果只靠部分苹果采购商来购买，销量有限。于是于水想在互联网上发布信息，以便吸引更多买家。

☕ 任务分析

与农产品相关的网站很多，如"马可波罗网""一亩田""中国农业信息网""中国农业网"等。选择什么网站发布苹果供应信息，应考虑该网站的知名度、提供的服务以及产品的特点等各个方面的因素。经过多方比较，于水选择了知名度较高的行业网站——中国农产品交易网(http://www.b2bagri.com.cn)。

🏃 相关知识

1.1.1 电子商务的内涵

📖 相关链接

生活中的电子商务

1．网上购物

一位毕业于大连海洋大学职业技术学院的学生，事业已经小有成就。为了感谢班导师的多年栽培，在2013年教师节的前几天，查询了国内十几个网上鲜花店，最后他在中国礼品鲜花网(www.flowerc.com)订购了一束鲜花。教师节那天，班导师惊喜地收到得意门生的礼物，高兴地和同事分享。

2．网上银行

某企业的工资卡是招商银行"一卡通"。企业每月将员工的工资直接存入他们在招商银行的"一卡通"账户。该企业的员工李强足不出户，只要登录招商银行网站(www.cmbchina.com)，便可查询本月的工资数额。李强还随时使用招商银行的网上银行，管理自己的"一卡通"账户，进行账务查询，办理存款、取款、转账和挂失等业务。

3．网上旅游咨询

国庆节将至，王亿准备带领家人到云南旅游。云南的旅游景点很多，他希望了解一下最佳旅游线路和当地旅行社的情况。为此，他访问了国内著名的旅游网站——云南中青国际旅行社网站(www.ytscn.com)，进行了详细的查询。一家人经过研究，最后选择了大理—丽江—玉龙雪山作为旅游路线，并且在网上办理了旅行社预订手续。

4．网上交税

张弩是北京市某单位的财务人员。原来，为了给单位办理税务登记、税务申报、税款划拨等业务，他

项目一 认识电子商务

总要在单位与税务局之间往返。不仅手续烦琐，有时还要在税务局的营业大厅里排队等待。如今，张弩可以在北京市国家税务局网站(http://www.bjtax.gov.cn/bjsat)上完成他的工作了，不仅快捷、简便，而且省时、省力。

电子商务是指交易当事人或参与人利用计算机技术和网络技术(主要是互联网)等现代信息技术所进行的各类商务活动。这里的现代信息技术主要指的是互联网、内部网和电子数据交换(EDI，Electronic Data Interchange)。商务活动主要涉及与上游企业、下游企业以及一般客户的沟通活动，涉及企业的生产方式、管理方式和组织方式。

真正意义上的电子商务既有企业前台的商务电子化，又有企业后台的生产、销售、库存、服务、人力资源等整个运作体系的全面信息化，以及企业整体经营流程的优化和重组。所以说电子商务绝不等于商务电子化。如果把电子商务理解为在互联网上浏览信息、收发电子邮件、通过互联网进行商品交易，那就太片面了。

电子商务所覆盖的范围是现代信息技术和商务活动这两个子集所形成的交集，是二者之间的一个交叉学科(如图 1.1 所示)。人们对电子商务的认识有广义和狭义之分。广义的电子商务(EB，Electronic Business)是 IBM 公司在 1997 年率先推出的概念，是指各行各业，包括政府机构、企业、事业单位利用 Internet、Intranet、LAN 等各种不同形式计算机网络进行的所有商贸活动，如市场分析、客户管理、商品管理、资源调配、虚拟商城、企业决策等。这些商务活动可以在公司内部、公司之间、客户之间进行，有人称其为电子业务。狭义的电子商务(EC，Electronic Commerce)是指人们利用互联网进行的商务活动，有人称其为电子贸易。二者的关系可以概括为 EB 包括了 EC，而 EC 是 EB 的精华所在。

图 1.1 电子商务所覆盖的范围

1.1.2 电子商务与传统商务的区别

传统商务是在实体市场中进行，而电子商务是在网络环境中的虚拟市场中进行。这就决定了电子商务与传统商务方式具有明显的不同，见表 1-1。

表 1-1 传统商务与电子商务的比较

项　　目	传统商务	电子商务
信息发布方式	信件，电报，电话，传真	Internet，Intranet，Extranet 等
信息内容	简单，存储时间短，查询不方便	透明、详细，存储时间长，查询方便
供应链	企业—代理商—零售商—消费者	企业—消费者
交易范围	部分地区	全球
交易时间	在规定的营业时间内	24 小时
营销方式	销售商的单方营销	双向交流，个人订制

续表

项　　目	传统商务	电子商务
商品信誉	首选名牌	名牌也受欢迎，但主要考虑商品的质量与价格
顾客方便度	受时间与地点的约束，还要看店主的"脸色"	顾客可自由地购物
顾客需求	需要用很长时间掌握顾客的需求	能够迅速捕捉顾客的需求，及时满足
销售场所	物理空间(店铺)	虚拟空间

电子商务的特点具体表现为：

1. 信息化

传统的商务活动往往借助纸面单证往来传书的方式进行询价与报价。如消费者在商场查看商品，试穿一件衣服，付现金购买；按照样品订购货物，签订白纸黑字合同等，这些都是一种物理接触方式。在电子商务应用中，服务器和网址可以自动完成各种功能，例如广告、收发订单、收款、储蓄和发送数字化资料以及这些功能的综合等。企业从互联网庞大的信息资料库中获得开展各种商业活动前所需要的各种信息；利用互联网发布产品信息，进行广告宣传和其他促销活动；消费者购买时无需在现场一手交钱一手交货，只需通过电子订单方式确认采购订单有效，商家会自动按订单信息进行配货，并送货上门，同时提供在线服务，解决售前、售中、售后服务的各种服务方面的问题。电子商务唯一不能取代的是商业活动中的物流过程。

 小案例

精彩世博，e 网打尽

在 2010 年 5 月 1 日全面上线的网上世博会(www.expo.cn)中，用户无需排队，只需点击鼠标，就能游遍 300 余个展馆。同时，网上世博会"CS"版"未来之城"包含了园区内所有展馆外观，有多达 29 个人物角色，能支持 10 万个用户同时在线。除了体验制作精美的三维场景，成龙和姚明等明星还不时出现在用户周围，给用户通关装备。用户借助一台可以上网的电脑，与好友组队参加"未来之城"某个游戏的"攻关"，顺利完成任务后，来自欧洲参展国家的精美巧克力，甚至世博会的参观门票，都有可能马上送到家中。

2. 全球化

传统的商务依托的是电视、报纸等媒介进行营销，其销售市场多以区域性为主，只有一些跨国公司有全球性业务。与传统的商务不同，电子商务依托的是互联网。在互联网中，计算机与计算机之间、客户机与服务器之间能够方便地实现信息的双向传输，从而实现信息的迅速直接交换。这样，通过互联网企业可以构建一个虚拟的全球性市场。在这个虚拟市场中，企业的经营规模不分大小，业务范围不受地域和国界的限制，交易活动可以在任何时间、任何地点进行；任何一个企业都可以直接与全球各地客户联系，可以面向全世界销售自己的产品，可以在全世界寻找合作伙伴，当然，同时也要承受来自世界各地的竞争对手带来的压力。

项目一　认识电子商务

 小案例

苏宁红孩子的"海外 E 购"

2013 年，苏宁红孩子联合国际母婴中国总代理商合作推出"海外 E 购"专区。目前，该专区已在苏宁易购红孩子母婴频道正式上线，已覆盖奶粉、辅食、玩具、宝宝用品、孕妈用品等多个品类，总计上线了百余款国际知名母婴品牌商品。红孩子方面称，目前国内虽有部分电商已开设海外代购模式，但大部分是由个体卖家经营，采购成本高。苏宁红孩子"海外 E 购"有别于传统海外代购模式，直接与国际母婴中国总代理商合作，联合海外商家通过"直邮"模式帮助中国消费者完成海外一站式母婴商品网购，省去了多重中间环节。在供应商选择方面，苏宁红孩子称只与国内外相关资质齐全、品质和服务有保障的大品牌合作。目前，苏宁红孩子已经上线美国、荷兰、新西兰、韩国、中国香港等多地海外品牌商品。后期，苏宁红孩子"海外 E 购"的商品将覆盖至北美、欧洲、澳洲、日本等多个国家及地区。

3. 高效化

传统商务方式用信件、电报、电话、传真传递信息，不仅费用高，容易出错，而且处理速度慢。通过互联网进行的商务活动，交易双方从搜集信息、贸易洽谈、签订合同、支付货款到电子报关，无需当面接触，而是直接通过网络运用电子化手段进行，缩短了交易时间，大大提高了商务通信速度和效率。而且电脑网络可以储存和传输大量的商品和交易信息，便于消费者即时查询。再者，互联网沟通了供求信息，企业可以对市场需求做出快速反应，提高产品设计和开发的速度，做到即时生产，即时销售。

 小案例

圣何塞思科公司的商务电子化

点击几下鼠标，输入密码，圣何塞思科公司首席财务官卡特就能调出其公司的收入、毛利、订单、给这些订单的折扣以及前十名的客户。过去需要好几个星期收集和核对的财务数字，现在作为业务经营的一部分自动收集，这不仅减少了对会计人员的需要，还有利于公司对市场变化和竞争威胁做出快速反应。

麦包包的商务电子化

淘宝的明星卖家——麦包包公司，200 多名职员几乎每人手中都有一个电子终端，每当一个新的网络订单生成，各个环节的负责人就可以即时了解到订单对自己部门的要求，10 分钟之内就可以处理好一个订单。所以一个产品从放到网上展示，到客户下单、原料采购再到生产配送，麦包包总是能够快速地行动。也正是通过这种方式，麦包包不仅了解到消费者的个性需求，又极大地降低了库存和物流成本。

4. 透明化

与传统商务相比，电子商务给消费者提供了更多的选择机会。建立在传统市场分隔基础上，依靠信息不对称制订的价格策略将会失去作用。通过互联网，消费者可以对众多企业的产品进行比较，对产品选择余地更大，这使得消费者的购买行为更加理性。

小案例

网购透明化

消费者如果想买价格低于 7 000 元的电脑,那么只要在表单文本框内输入 7 000 元,按价格搜索,网上商场就能把所有价格低于 7 000 元的电脑资料为消费者列出来,包括不同产地、不同品牌、不同性能,供消费者选择。

另外,通畅、快捷的信息传输可以保证各种信息之间互相核对,从而防止伪造信息的流通。例如,网络招标就体现了"公开,公平,竞争,效益"的原则,网络招标系统可以避免招投标过程中的暗箱操作现象,使不正当交易、贿赂投标等腐败现象得以消除。又如,与银行联网,实行电子报关有助于杜绝进出口贸易的假出口、偷漏税等行为。在典型的许可证 EDI 系统中,由于加强了发证单位和验证单位的通信、核对,所以假的许可证就很难漏网。

5. 个性化

个性化是指满足个人客户的需要和个人偏好的能力,主要体现在 3 个方面:个性化的信息、个性化的产品、个性化的服务。互联网以及它与客户关系管理整合应用的出现,使得满足更高水平的个性化需要成为可能。企业可以进行市场细分,针对特定的市场生产不同的产品,为消费者提供量身定做的服务。

 小案例

电子商务的个性化产品供应

在线维生素供应商通过为客户进行在线营养分析,按不同客户的需要生产组合的维生素产品,并递送给客户,极大地提高了客户的满意度。

麦包包国内的设计师能够根据不同的品牌定位设计出个性鲜明的产品,如定位于 16—25 岁的"飞扬空间"会突出可爱的特点,其魔方包、吉他包、小狗包等都赚足了人气;瞄准 30—40 岁的"阿尔法"则走经典的路线,设计稳重、用料讲究,有些更是模仿高端品牌的格调;"卡唐"则是韩版的中性风格,个性十足、时尚又实用。可以说,麦包包做到了别人有的产品,在麦包包可以更便宜地买到;而别人没有的产品,在麦包包可以轻松地找到。

6. 集成化

电子商务以计算机网络为主线,不仅对商务活动的各种功能进行了高度的集成,同时也对参加商务活动的商务主体进行了高度的集成。电子商务集成了如网上广告、网上洽谈、订货、收款、付款、客户服务、货物递交等各种商务活动功能,还将客户、企业、分销商、银行、海关、税务部门等作为商务主体的各方,紧紧集成在一起,形成一个利润共享的价值链。高度的集成性,使电子商务的运作效率得到了大幅度提高。

1.1.3 电子商务的基本组成要素

电子商务的基本组成要素有计算机网络、用户、配送中心、认证中心、网上银行、商家等,如图 1.2 所示。

项目一　认识电子商务

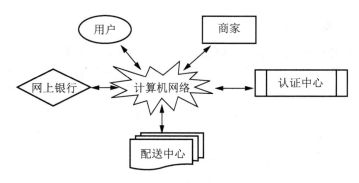

图 1.2　电子商务的基本组成要素

1. 计算机网络

计算机网络主要包括互联网(Internet)、内联网(Intranet)、外联网(Extranet)。互联网是电子商务的基础，是商务、业务信息传送的主要载体；内联网是企业内部商务活动的场所；外联网是企业与企业以及企业与个人进行商务活动的纽带。

2. 用户

电子商务的用户可以分为个人用户和企业用户。这些用户通过计算机网络实施有效的商务活动。

3. 认证中心

认证中心(CA，Certificate Authority)是法律承认、交易双方都信赖的权威机构，负责发放和管理数字证书，使网上交易的各方能相互确认身份。数字证书是一个包含证书持有人个人信息、公开密钥、证书序号、有效期、发证单位的电子签名等内容的数字文件。

4. 配送中心

配送中心的主要职责是为商家提供物流服务，接受商家的送货要求，组织运送无法从网上直接获得的有形商品，跟踪产品的流向，将商品以合适的时间、合适的地点、送到合适的消费者手中。

5. 网上银行

网上银行在互联网上实现传统银行的业务，为消费者提供 24 小时实时服务；与信用卡公司合作，发放电子货币，提供网上支付手段，为电子商务交易中的消费者和商家提供付款收款服务。

6. 商家

商家是网络商品所有权的拥有者，愿意通过合理的价格转让给买方。可能是企业，也可能是普通消费者。

1.1.4　电子商务产生和发展的条件

标准的电子商务应该是信息流、资金流、物流的三者合一。电子商务产生和发展也要有相应体系的支撑。

1. 稳定的电子商务系统

随着网上用户数量的飞速增长,信息在传输过程中不可避免会出现用户拥挤的高峰时段。这就要求电子商务系统必须稳定、可靠。开展电子商务的企业,必须考虑要有扩展的用户访问服务器,能扩大终端设备的容量,以此降低系统堵塞程度。否则,企业自己的系统经常堵塞,可能拒绝无数次带来丰厚利润的客户来访。而真正的负面效应是,客户对该系统失去访问信心,造成网站的访问量急剧下降,导致大量客户流失,给企业造成巨大的经济损失。

小案例

电子商务系统瘫痪事件

2013年3月20日,由恶意代码所致,韩国广播公司、文化广播电台和韩联社电视台等韩国主流媒体及新韩银行、农协银行等部分金融机构的计算机网络瘫痪。韩联社电视台不仅办公室计算机网络无法运行,电视节目编辑设备也出现死机。依据分析结果推测,此次网络瘫痪是由恶意代码侵入上述机构的"更新管理服务器"所致。

2. 信用体系

只有真正建立一个诚信的网络交易环境,才能真正打破电子商务中的诚信壁垒。建立科学、合理、权威、公正的信用服务机构;建立健全相关部门间信用信息资源的共享机制,建设在线信用信息服务平台;加强政府监管、行业自律,严格信用监督和失信惩戒机制,逐步形成既符合我国国情又与国际接轨的信用服务体系,是大势所趋。

小案例

淘宝网的信用证明

图1.3和图1.4所示为淘宝的可信网站标识及证明。

图1.3 淘宝的可信网站标识　　　　　图1.4 淘宝的可信网站证明文件

项目一 认识电子商务

电子商务活动中的失信事件

有消费者表示，自己被1288团购网站提供的巨大折扣所吸引，购买了阿迪达斯鞋等商品，却始终没有收到货物。此后消费者纷纷要求退款，但款项被退回却又没法提现。许多拍卖网站也经常发现，一些被拍出的产品找不着买主，而那些真正想买的人又错过了机会。究其原因，主要是在电子商务交易的过程中，诚信问题的权重超过了价格对交易影响的权重。据《中国企业电子商务诚信基本情况系列调查之图书行业BtoC企业对消费者个人信息保护基本情况调查报告》显示，我国的网站对消费者隐私重视程度不够。在被调查的5家网站中，只有卓越网和贝塔斯曼网在网站首页提供了隐私声明，说明企业将如何收集和使用消费者的个人信息。一些网站使用cookies对消费者的网上行为进行了跟踪。cookies中可能存储有消费者的口令等相关的敏感信息。这使得消费者在转换网站的访问和使用公用计算机时有可能泄露相关的个人信息。

3. 安全认证体系

 相关链接

网络安全事件

不少网民反映，经常被类似"非常6+1""QQ中奖"这样的"钓鱼"网站所欺骗，就连"广州亚运会官方网站"这类权威网站也被"钓鱼"。这些网站利用仿冒网站地址、仿冒网站页面内容等方式，来骗取网友的银行或信用卡账号、密码等资料。美国著名微型博客网站"推特"在2009年12月18日凌晨左右遭黑客侵入。用户打开"推特"主页时，屏幕显示有一面写着阿拉伯文的旗帜以及一些反动语句。"推特"被"黑"至少1小时后恢复正常，用户账号未泄露。

随着互联网快速渗透到社会的各个层面，以及各地机关企事业单位信息化进程的发展，如何建立一个权威、公正的第三方认证机构，建立一些能够真正保证安全的认证产品，将是电子商务发展的重要条件。这需要政府积极采取相应措施，制定电子商务安全认证管理办法；发展和采用具有自主知识产权的加密和认证技术；整合现有资源，完善安全认证基础设施，建立布局合理的安全认证体系。只有政府加强对电子商务网站的监管，为社会提供可靠的电子商务安全认证服务，才能改善购物环境，提高网民对购物网站的信心。

1) 在线交易主体的登记和公示

一个正规合法的经营性网站应该具备两大标识：一是当地工商局的"红盾"标志及315备案信息，如图1.5和图1.6所示；二是当地信息产业部门颁发的ICP认证(即"电信与信息服务业务经营许可证")，如图1.7所示。

2) CA认证

对于网民来说，ICP许可证及红盾315备案信息都可以在线查询。问题是把谨防欺诈的任务完全交给消费者，在某种程度上是无法实现的。第三方认证机构的可靠与否，对保证电子商务的真实性、安全性及能否普及起着关键的作用。CA认证是电子商务和电子政务建设中必须首先解决的核心问题。作为电子商务产业链上关键环节的CA认证机构的权威性、公信力、技术成熟度、监督能力等问题，已经成为电子商务是否能够获得消费者认可的重要前提。2009年2月4日，中华人民共和国工业和信息化部第6次部务会议审议通过《电子认证服务管理办法》。该办法自2009年3月31日起施行，目的是为电子签名相关各方提供真实、可靠的验证。

图1.5 备案网站标志

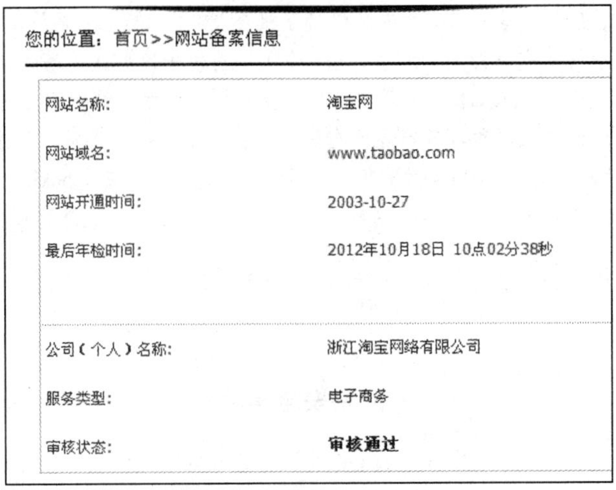

```
您的位置：首页>>网站备案信息

网站名称：        淘宝网

网站域名：        www.taobao.com

网站开通时间：    2003-10-27

最后年检时间：    2012年10月18日 10点02分38秒

公司（个人）名称： 浙江淘宝网络有限公司

服务类型：        电子商务

审核状态：        审核通过
```

图1.6 淘宝备案信息

图1.7 信息产业部门颁发的ICP认证

4. 电子化金融体系

作为一种金融创新与科技创新相结合的产物，网上银行带来的是金融业经营管理模式、业务运作方式、经营理念、风险监管等一系列重大变革。从单一的在线查询账户余额、交易记录、下载数据、转账等基础业务，到网络理财功能。网上银行正以惊人的速度发展，甚至已经渗透到了银行业务操作的各个重要环节。

小案例

兴业银行的网上银行

兴业银行的"在线兴业"创新推出全新概念的网上银行虚拟卡——兴业 e 卡。用户可以完全脱离银行网点申请开办，即开即用。使用兴业 e 卡转账至其他银行账户，只要其他行账户所在地有该行网点，可免收手续费。兴业 e 卡申请成功后，即默认开通网上转账汇款、网上缴费、网上购物支付等功能。"网上贷款"功能即可凭借账户内的定期存款、国债以及购买的理财产品随时申请和获得质押贷款，款项实时发放，无需每次再到银行柜面签署繁多协议。

网上银行的技术问题主要包括交易主体的身份识别、交易过程的商业秘密、电子通信的安全、交易和其他记录的保存和管理，特别是未经授权的中途拦截和篡改等，以及一些主观方面造成的安全技术隐患。这些问题如果不能有效地解决，必然会造成损失、影响信用。中国金融认证中心作为独立于交易行为的第三方，与 10 多家银行、16 家证券商、13 家基金商建立业务联系，推出的 CFCA 网上银行数字证书，成为避免网上银行被盗窃事件的一道防线。随后，各大银行为了确保技术安全又相继推出了一系列的保障形式，包括 USBKey 形式、动态密码等，这些安全保障措施足以防范木马、病毒、黑客以及假网站的威胁。

第三方支付服务的兴起，推动了在线支付业务的发展。淘宝有支付宝、拍拍有财付通、易趣有安付通、百度有百付宝，再加上网上支付的快钱、神州支付、手机支付的连连支付等。与传统汇款方式相比，第三方账户为卖家提供了信誉保障。

支持电子商务的电子化金融体系，如图 1.8 所示。支付体系包括支付系统、支付工具、支付服务组织、监管法规与机制 4 个方面。

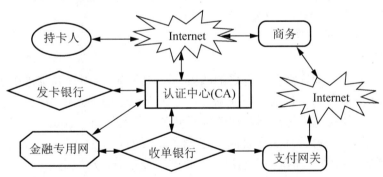

图 1.8 电子化金融体系

5. 现代物流体系

物流业已经发展成了一个支柱产业群，它涉及运输、配送、仓储、包装、流通加工、物流信息、物流设备制造、物流设施建设、物流管理等多个产业。

目前以美、日、欧等为代表的物流发达国家和地区在电子商务物流领域具有较好的研究基础，在大力发展以现代信息技术为代表的物流新技术之外，在存储、拣选、分拣、装卸搬运等方面的技术研究开展的也同样较为深入，自动化立体仓库、自动导引运输车、叉车、电子标签拣选等都是相关国家具有原创性的产品，并已经在世界范围内进行了广泛的推广，成为现代物流技术的重要代表。

2014 年 9 月 12 日，国务院发布了《物流业发展中长期规划(2014—2020 年)》。其中的电子商务物流工程就是适应电子商务快速发展需求，编制全国电子商务物流发展规划，结合国家电子商务示范城市、示范基地、物流园区、商业设施等建设，整合配送资源，构建电子商务物流服务平台和配送网络。建成一批区域性仓储配送基地，吸引制造商、电商、快递和零担物流公司、第三方服务公司入驻，提高物流配送效率和专业化服务水平。探索利用高铁资源，发展高铁快件运输。结合推进跨境贸易电子商务试点，完善一批快递转运中心。

6. 客户服务体系

随着电子商务行业的发展，电商企业的竞争正在由单纯的价格战转为以提高客户服务满意度为核心的高层次竞争。提升客户服务质量，可以完善企业的运营管理和整体服务，从而提升电商品牌的知名度，实现促进企业健康发展和保护消费者合法权益的共赢。

 小案例

格兰仕的客户服务策略

格兰仕海外销售部副经理、电子商务的负责人沈朝辉每天都会收到几十条询价单和电子邮件。当收到网上的询价单和电子邮件时，他就会马上按照客户的不同需要转发给美国、中国香港、印度等不同区域的高级销售经理或者业务主管。而这些销售人员最迟会在两小时之内给查询的客户答复，向咨询的客户介绍公司情况、了解客户具体需求、客户的性质、市场的情况等。同时根据客户对第一封电子邮件的反馈，给客户寄产品目录、报价，提供市场销售方案、寄样品等，并且一直跟踪服务下去。在格兰仕眼中，与竞争对手的竞争时代，已经由最初的产品质量的竞争、价格的竞争演变成客户服务的竞争。

7. 政府的推动

电子商务的发展与运行需要有良好的政策与法律环境。为引导和推进电子商务的发展、调节和规范电子商务行为，目前，国家从不同角度对电子商务发展所面临的政策与法律问题进行了研究，已经实施或正在制定相关电子商务政策与法规。2005 年 1 月 8 日，国务院办公厅发布的《国务院办公厅关于加快电子商务发展的若干意见》(国办发〔2005〕2 号)指出，"电子商务是国民经济和社会信息化的重要组成部分。发展电子商务是以信息化带动工业化，转变经济增长方式，提高国民经济运行质量和效率，走新型工业化道路的重大举措。"2007 年 3 月 6 日，中华人民共和国商务部为贯彻落实国务院办公厅《关于加快电子商务发展的若干意见》文件精神，发布了《关于网上交易的指导意见(暂行)》，提醒交易各方"可以自行保存各类交易记录，以作为纠纷处理时的证据。大宗商品、贵重商品与重要服务的交易，可以生成必要的书面文件或采取其他合理措施留存交易记录。"这一条款就意味着电子证据可作为维权证据，像电子邮件、QQ 聊天记录、软件、电子文档等各类信息都可以成为电子证据，但前提是必须先经过指定机构认定。2007 年 6 月 1 日，国家发展改革委、国务院信息办发布了《电子商务发展"十一五"规划》。商务部在 2009 年 11 月 30 日发布的关于《加快流通领域电子商务发展的意见》(以下简称《意见》)中提出,要大力发展服装、家电、家居装潢、图书音像等适宜网上交易的商品销售,深度挖掘各类网民群体的消费需求潜力。到"十二五"(2011—2015 年)期末,力争网络购物交易额占我国社会消费品零售总额的比重达到 5%以上。国家工商行政管理总局在 2010 年 5 月 31 日发布了第 49 号令《网络商品交易及有关服务行为管理暂行办法》,自 7 月 1 日起施行。该办法提出个人开网店将实行"实名制",需提交姓名、地址真实信息,但并不强制要求必须办理工商营业执照。2011 年 12 月商务部《关于"十二五"电子商务信用体系建设的指导意见》;2011 年 12 月农业部关于《全国农业农村信息化发展"十二五"规划》;2012 年 3 月工信部《电子商务"十二五"发展规划》;2012 年 11 月最高人民法院《关于审理侵害信息网络传播权民事纠纷案件适用法律若干问题的规定》;2012 年 12 月全国人民代表大会常务委员会《关于加强网络信息保护的决定》;2013 年 1 月国务院《信息网络传播权保护条例》;2014 年 1 月 26 日,国家工商行政管理总局发布《网络交易管理办法》。

8. 企业和公民的电子商务应用意识

根据中国互联网信息中心报告统计,2013 年,我国网民规模达 6.18 亿,全年共计新增网民 5 358 万人。互联网普及率为 45.8%,较 2012 年年底提升了 3.7 个百分点。中国企业在线采购和在线销售的比例分别为 23.5%和 26.8%,利用互联网开展营销推广活动的企业比例为 20.9%。不同行业的电子商务应用普及率差距较大,其中制造业、批发零售业电子商务应用较为普遍。在企业电子商务应用的规模方面,与大中型企业相比,微型企业对电子商务的应用普及还需要进一步加强。

9. 人力资源

中国电子商务研究中心在 2014 年 4 月 21 日发布的《2013 年度中国电子商务人才状况调查报告》表明:在行业快速发展的背景下,人才与诚信、物流一起成为影响电商产业发展的三大瓶颈之一。随着国家对电子商务政策的升温,未来 5 年,我国 3 000 多万家中小企业将有半数企业尝试发展电子商务,电子商务的人才需求更加趋紧。2013 年电子商务服务企业直接从业人员超过 235 万人。目前由电子商务间接带动的就业人数,已超过 1 680 万人。

被调查企业中,37.68%的企业急需电商运营人才,28.57%的企业急需技术性人才(IT、美工),17.39%的企业急需推广销售人才,18.84%的企业急需综合性高级人才。

1.1.5 电子商务的发展过程

电子商务的发展过程大致可分成 3 个阶段。

1. 20 世纪 60 年代—90 年代,基于 EDI 的电子商务

EDI 是将业务文件按一个公认的标准从一台计算机传输到另一台计算机上去的电子传输方法。由于 EDI 大大减少了纸张票据,提高了自动化水平,从而简化了业务流程,因此,人们也形象地称之为"无纸贸易"或"无纸交易"。

EDI 是在 20 世纪 60 年代末期出现在美国。其产生源于美国运输业,原因是运输业流

通量大，货物和单证的交接次数多，单证的交接速度慢。企业间交换的单据几乎在每笔交易中都包括同样的内容，如商品代号、名称、价格和数量等，企业花费了大量的时间向计算机录入数据，再打印出来，而交易的对方还要重新输入这些数据。为了提高业务效率，人们开始尝试在贸易伙伴之间的计算机上使数据能够自动交换，EDI 应运而生。通过转换翻译软件将这些信息转换成标准化的格式，再以电子数据方式来传递，企业就可以减少错误和重复录入的工作量，节省了打印和邮寄成本，简化了业务流程，提高了工作效率。1990年联合国正式推出了 EDI 的标准 UN/EDIFACT，统一了世界贸易数据交换中的标准，为在全球范围内利用 EDI 技术开展商务活动奠定了基础。

2. 20 世纪 90 年代以来，基于互联网的电子商务

20 世纪 90 年代中期以后，互联网迅速普及，逐步走向企业和寻常百姓家，其功能也从信息共享演变为一种大众化的信息传播工具。一直排斥在互联网之外的商业贸易活动正式踏进这个"王国"，电子商务成为互联网应用的最大热点。

最初主要是利用互联网的电子邮件功能进行日常商务通信，后来发展到利用互联网进行信息发布，让公众了解企业的全部情况，并直接通过网络来获得企业的产品和服务。1996年6月14日，联合国贸易委员会通过《电子商务示范法》，标志着电子商务时代的到来。

3. 21 世纪以来，基于移动电话的移动电子商务

据中国互联网络信息中心统计报道，截至 2013 年 12 月，中国手机网民规模达到 5 亿，年增长率为 19.1%，继续保持上网第一大终端的地位。网民中使用手机上网的人群比例由 2012 年底的 74.5%提升至 81.0%，远高于其他设备上网的网民比例，手机依然是中国网民增长的主要驱动力。在 3G 网络进一步普及、智能手机和无线网络持续发展的背景下，视频、音乐等高流量手机应用拥有越来越多的用户。

1.1.6 我国电子商务的发展状况

1. 我国电子商务发展历史

我国电子商务起步较晚，但发展迅速。中国政府从 20 世纪 90 年代开始，克服我国信息基础薄弱的不足，相继在国民经济的重要部门和信息基础较发达的行业实施了"金桥""金卡""金关"等一系列三金工程，为我国电子商务的发展奠定了良好的基础。1990 年，当时的国家计委、外经贸部、中国海关等部门组成了联合小组，研究联合国推出的 UN/EDIFACT 标准在中国的应用，特别是在国际贸易以及与之相关领域的应用，将 EDI 列入 "八五" 国家科技攻关项目，如外经贸部国家外贸许可证 EDI 系统、山东抽纱公司在出口贸易中应用 EDI 等。1997 年，各种网站的广告和宣传大量出现，电子商务的名词与概念开始在我国传播。1998 年，我国开始进入互联网电子商务发展阶段。1998 年 3 月，我国第一笔网上交易成功。1999 年，我国电子商务开始进入以探索并推出大型电子商务项目为特征的时期，中国的 ICP、ISP 开始进入电子商务领域，每天都有各类网上商店、网上拍卖等站点诞生。2000 年 3 月，海尔、美的、春兰等国内知名企业同时宣布投入巨资进军电子商务领域。2001 年，中国电子商务进入调整年，为电子商务的理性发展创造了契机。2002 年，全球电子商务开始回升，交易额持续增长，中国互联网三大门户——新浪、网易、搜狐经营状况大幅度好转，实现了利润较大增长，甚至盈利。

2. 我国电子商务发展现状

1) 网站和主机

根据中国互联网信息中心 2014 年 1 月发布的第 33 次《中国互联网络发展状况统计报告》结果显示，截至 2013 年 12 月底，我国域名总数为 1 844 万个，其中.CN 域名总数较去年同期增长 44.2%，达到 1083 万，在中国域名总数中占比达 58.7%。截至 2013 年 12 月，中国网站总数为 320 万个，全年增长 52 万个，增长率为 19.4%。

2) 商务交易

根据中国互联网信息中心 2014 年 1 月发布的第 33 次《中国互联网络发展状况统计报告》结果显示，截至 2013 年 12 月，我国网络购物用户规模达到 3.02 亿，较上年增加 5 987 万，增长率为 24.7%，使用率从 42.9%提升至 48.9%。团购成为增长最快的网络应用。我国使用网上支付的用户规模达到 2.60 亿，用户年增长 3 955 万，增长率为 17.9%，使用率提升至 42.1%。网上支付用户规模的快速增长主要基于以下 3 个原因：第一，网民在互联网领域的商务类应用的增长直接推动网上支付的发展；第二，多种平台对于支付功能的引入拓展了支付渠道；第三，线下经济与网上支付的结合更加深入，促使用户付费方式转变，例如，用支付宝支付打车费用等。

1.1.7 电子商务的分类

1. 按照电子商务活动的内容分类

按照电子商务活动的内容进行分类，电子商务可分为间接电子商务和直接电子商务。

1) 间接电子商务

间接电子商务是指有形货物的电子订购。在这种电子商务活动中，消费者通过网络订购商品，商家需要通过第三方物流等配送渠道将货物准确送到消费者指定的地点。

2) 直接电子商务

直接电子商务是指如娱乐、计算机软件等无形货物和服务信息的联机订购，即购买后可直接从网上获得商品的商务活动。

2. 按照电子商务活动的交易对象分类

按照电子商务活动的交易对象的类型进行分类，电子商务可分为企业对企业的电子商务、企业对消费者的电子商务、消费者对消费者的电子商务、政府对企业的电子商务、政府对消费者的电子商务。

1) 企业对企业的电子商务(BtoB，简化为 B2B)

企业对企业的电子商务形式，应用领域主要集中于整合企业上下游客户关系上，发展前提是企业内部和外部业务信息管理和网络传输的系统化和实用化。BtoB 作为企业间的一种电子商务网上贸易模式，最具魅力之处在于突破了时间、空间的局限和约束，可以使交易双方通过异地联系与沟通，实现交易中的信息传播与收集，进而大大方便买卖双方，降低双方的交易成本。我国企业上下游客户基本是长期固定的，企业原材料采购和市场经销业务绝大部分都在固定的供应商、代理商、经销商和厂商之间发生。开展 BtoB 电子商务，应该是传统的大中型企业切入电子商务,利用信息网络资源,全面进行市场和库存管理的首选方式。

2) 企业与消费者之间的电子商务(BtoC,简化为B2C)

企业与消费者之间的电子商务模式是随着互联网的出现迅速发展起来的电子商务形式,是利用计算机网络让消费者直接参与经济活动的高级形式,类似于联机服务中的商品买卖,等同于电子化的零售。其应用领域主要是零售业和服务业。根据艾瑞咨询的研究数据显示,2013 第三季度中国网络购物市场中 B2C(含 C2C 推出的 B2C 商城)交易规模为 1 662.6 亿元,在中国整体网络购物市场交易规模中的比重达到 36.6%,与去年同期相比提升了 5.6 个百分点,B2C 占比进一步提升;从增速来看,3 季度 B2C 网购市场同比增长 68.1%,高于网络购物行业整体及 C2C 市场增速;从 B2C 市场整体来看,市场集中度加剧,核心企业的市场份额均有小幅增长,其中天猫稳居行业首位,占比 51.1%,京东位居其后,市场占比 17.5%。

3) 消费者与消费者之间的电子商务(CtoC,简化为C2C)

消费者与消费者之间的电子商务模式,是消费者与消费者之间通过网络进行的现货交易或各种服务活动,主要包括网上拍卖、网上猎头、换房服务、邮票交易、收藏品交易等。其典型代表是美国的 eBay。

随着互联网的进一步普及和对网上购物了解程度的增加,CtoC 网上购物市场还将持续增长。淘宝网有 3/4 的卖家表示要扩张现有店铺;eBay、易趣和拍拍网表示要扩张现有店铺的卖家分别为 63%和 71%。作为电子商务中最具活力的组成部分,网络拍卖行业的发展正方兴未艾。

4) 政府对企业的电子商务(GtoB,简化为G2B)

政府对企业之间的电子商务模式是指政府与企业之间利用互联网完成的管理条例发布、网上报关、网上报税、网上审批、网上竞标、网上政府采购等各项事务。这种电子商务的发展前提是政府办公自动化,企业管理信息化。政府通过互联网发布采购清单,企业在网上竞标;政府通过电子数据交换的方式向企业征税等。这样可以更好地树立政府的形象,实施对企业的行政事务管理,推行各种经济政策等。政府既是电子商务的使用者,进行购买等商业活动;又是电子商务的宏观管理者,对电子商务起着扶持和规范作用。在发达国家,电子商务的发展主要依靠企业的参与和投资,政府只起引导作用。在发展中国家,企业规模较小,信息技术落后,债务偿还能力低,无法依靠自身的力量发展电子商务体系,需要政府的积极参与和扶持,所以 GtoB 模式在广大发展中国家具有更突出的现实意义。

5) 政府对消费者的电子商务(GtoC,简化为G2C)

政府与消费者之间的电子商务模式是将政府与消费者之间的许多事物通过网络环境进行,如网上收税、网上报税、网上身份认证、网上社区服务、网上公益活动、网上政策发布和信息查询。各类信息网络及时公开政务信息,丰富了民众的知情权。政府门户网站、论坛、微博、微信、短信等信息通信网络为政府快速及时公开政务信息提供了畅通的渠道。很多热点及公众关注度高的事情、事件,诸如雾霾天气、城市道路改造、流行疾病、油价调整、突发灾害等涉及民众关切之事,通过政府门户网站或其他信息通信及时发布,大大提高了民众的知情权,提高了政府信息沟通能力。如某政府服务部门为方便广大市民的出行，将各公交站点、换乘位置，首末车时间、绕行线路、拥堵路段等信息发布在无线网站上，使市民可以通过移动终端随时查询出行信息。通过无线网站，政府部门为市民提供了一种便捷有效的资讯方式，提高了服务意识，塑造了便民政府新形象。

3. 按照电子商务活动的网络类型分类

按照电子商务活动的网络类型进行分类，电子商务可分为 EDI(电子数据交换)商务，互联网(Internet)商务、内联网(Intranet)商务和移动商务。三网关系如图 1.9 所示。

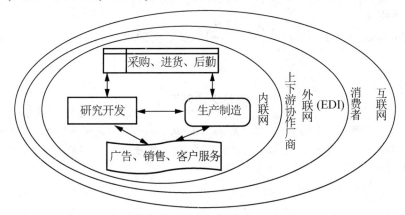

图 1.9　互联网商务、EDI 商务和内联网商务的关系

1) EDI 商务

EDI 商务就是基于电子数据交换的电子商务。EDI 电子商务系统实际上是一个以电子数据交换 EDI 服务中心为核心的网状服务结构，如图 1.10 所示。

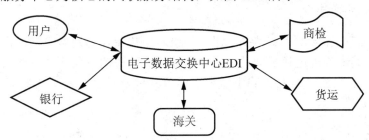

图 1.10　基于电子数据交换(EDI)的电子商务系统

2) 互联网商务

互联网(Internet)商务就是基于互联网的电子商务。基于互联网的电子商务系统是现代国际贸易的最新形式，如图 1.11 所示。互联网商务采用当今先进的计算机技术、通信技术、多媒体技术、数据库技术，通过互联网，在网上实现营销、购物等商业服务。这种商务模式，突破了传统商业生产、批发、零售以及进、销、存、调的流转程序和营销模式，实现了少投入、低成本、零库存、高效率，从而避免了商品的无效搬运，实现了社会资源的高效运转和最大节余。无论是贸易的哪一方，都可以不受时间、空间的限制，最大限度地利用网络资源，卖方可以尽情地发布产品和服务的详细资料，买方则可以广泛搜集浏览各种产品信息，货比三家。双方都力求以最小的花费获得最满意的服务。

图 1.11　基于互联网的电子商务系统

3) 内联网商务

内联网(Intranet)商务是利用互联网技术和协议架构的企业内部网络进行的业务活动。

 小案例

福特之"特"

福特汽车公司原首席信息官巴德·玛瑟伊塞尔(BudMathaisel)认为,公司最珍贵的东西不是最早的 T 型车或者最抢手的新型"美洲虎"车,而是在福特公司庞大内联网上的 50 万种产品设计资源、生产管理工具和战略信息资产。

4) 移动商务

移动商务是移动用户使用移动终端设备通过无线网络访问互联网信息和服务的业务活动。移动商务交易所借助的通信网络类型,可分为 4G 网络、3G 网络、2G 网络、WiFi 等。因为接入方式无线化,使得任何人都非常容易进入网络世界,从而使网络范围延伸更广阔、更开放。无线网络的覆盖面是广域的,用户随时随地可以方便地进行电子商务交易。

1.1.8　电子商务的影响

电子商务是商业领域重大变革的结果,指引着现代商业的发展方向,作为一种创新的经济运作方式,其影响远远超出商业领域。全球电子商务的发展正改变着人类社会生活的各个方面。它对企业经济、人类的生活和工作方式以及社会经济等都将带来十分深刻的影响。

1. 电子商务对企业的影响

1) 改变竞争方式

在电子商务时代,企业的竞争方式正在发生重大变化。企业的规模、地理位置及众多员工不再成为竞争的优势。企业应用电子商务,使得时空距离缩短,市场结构改变,竞争领域扩大,市场准入门槛降低,为企业的发展提供了无限商机,赢得了难得的发展机遇,尤其是为广大中小企业提供了一个前所未有的发展空间。

 小案例

传统书店 VS 网上书店

在美国,有一个从事图书零售业达 135 年历史的巴诺书店。在亚马逊书店向图书业进军时,巴诺书店并没有重视。然而,1999 年,亚马逊书店凭借其经营成本低的优势,在图书行业发起了价格战,在网络

项目一　认识电子商务

书店推出了50%的优惠价格，吸引了大批顾客。在这种情况下，巴诺书店不得不以成本价格应对。这个曾辉煌数十年的图书王国被逼的节节败退，差点被亚马逊书店击垮。据悉，在这场图书竞争战中，已有2 000多家图书零售商被迫倒闭。

2) 改变生产方式

电子商务促进了供应商、生产企业、配送中心及顾客的纵向一体化。企业可以运用企业资源计划、供应链管理、管理信息系统、客户关系管理系统，来协调相关部门的运作，以提高企业的运营效率；可以搜集网上的情报信息对市场变化做出快速响应；使用电子通信手段与客户进行联系以缩短签约时间；通过增值网共享产品规格和图纸，减少产品设计开发、生产的周期，提高产品设计和开发的速度；根据客户订单进行即时生产、即时销售，缩短生产周期；采用高效快捷的配送中心提供送货服务，提高配送效率。

 小案例

新车型开发的网络化

按照传统的开发程序，日本汽车厂商开发一个新的车型，从概念到规模生产至少需要3年的时间。传统的开发程序首先需要用黏土制作一个和实物大小差不多的整车模型，以便观察车体的真实形状。经过几个月的反复修改后，才确定最终的模型式样；再用手工绘制各种设计图；等设计图确定后，工程师们开始设计零部件以及生产模具；然后试生产、试装配；直到最终完全满意后，新车才能投入批量生产。现在，在网络上设计开发，不同工作人员共享设计开发信息，不必等到前一部门完成工作后才进行下一部门的工作，这样，可以缩短生产周期达13个月。

3) 改变管理模式

在传统企业管理模式下，企业内部的信息交流大多只能采用单向的"一对多"的"金字塔"模式，其低效和误差显而易见。在电子商务条件下，企业内部组织的信息传递转变成双向的"多对多"的扁平化模式。企业打破了原有各业务单元之间的界限，高层决策者可以与基层执行者直接联系。一份业务报告可以在瞬间传递给多个上级或者多个部门。

 小案例

升阳公司的在线招聘计划

为了在激烈的人才竞争中取胜，升阳公司制订了从公司内部延伸到外部的在线招聘计划。它从公司的内联网开始，使雇员看到每天招聘的工作岗位，迅速通过电子邮件向公司负责招聘的人推荐。升阳公司的招聘人员还制订了寻找人才的战略，在那些人才经常登录的网址刊登广告，使公司的网址与35所大学的网址相连，便于从网上挖掘人才。这种基于信息的扁平化管理模式，有利于将市场信息、技术信息和生产活动相结合，使企业管理者能够对市场做出快速反应。

4) 降低成本

国际数据公司(IDC，International Data Company)认为，电子商务服务对产业影响的本质，正是通过信息化手段改造价值链的各个环节，降低生产成本，提升效率，并提高客户价值，进而带来产业的转型升级和创新。以降低生产成本为例，通过减少中间多余流通环节，电子商务服务可以为商家节省约 20%～30%物流成本；交易成本方面，支付宝平台日均 400 万笔交易，其中 80%来自网银，如果通过线下进行，需要 2 万个银行柜台和每年 100 亿元支出；以网店节省的租金成本计，根据行业平均数据，可以得出，淘宝能够为全社会节省 280 亿元的租金成本，合每月 23 亿元。

(1) 降低采购成本。采用电子商务采购原料增加了选择范围，提高了采购效率。通过互联网，企业可以在全球市场寻求提供最优惠价格的供应商；企业还可以采用网上招标使原材料成本大幅度降低。

小案例

GE 的网上进货系统

GE(美国通用电气公司)过去进货，完全靠手工进行操作。所有需要向合作供应商发出的成百上千份的询价单、库存单、保险单等，都要一个一个地进行整理，然后装入信封寄出。整个过程不仅浪费时间，又容易出错。从 1996 年开始使用网上进货系统到现在，采购部门通过互联网向全世界的供应商索取价格。而且使用电子商务处理交易后，还省去了人工核对发票的麻烦。过去 4 份发票中就有 1 份需要进行调查、核算，以使订单和收据完全吻合；而现在自始至终是自动地与订单核对，由此，GE 公司进货的劳动力成本降低了 30%。

汽车零部件采购网

在美国，由通用、福特和戴姆勒-克莱斯勒 3 大汽车公司联合组建了一家全球最大的汽车零部件采购网络——科维森特(COVISINT)，日本日产汽车公司和法国雷诺公司也加入了这一采购系统。各大汽车公司通过该中心同他们的几万家供应商进行联网。据福特公司统计，通过网络采购，每笔交易的费用只有 15 美元，而传统方式采购的交易费用是 150 美元。

(2) 减少了信息处理成本。企业应用电子商务可以降低销售询价、报价和确定存货等活动的处理成本。通过互联网传输信息的成本远远低于信件、电话、电报、传真传递信息的成本。如电子邮件节省了传真和电话费用，而电子发布和电子订单节省了广告和销售费用。同时，网络传输缩短了时间和减少数据重复录入。另外，许多订单信息可以由计算机自动处理，销售人员不再需要花很长时间去处理订单。

电子商务的运用提高了信息传递的效率，让企业得以高效率地经营业务。

小案例

电子商务节约信息成本案

美国加州 Adaptec 公司应用电子商务后，使订货到发货的时间减少了一半以上，每年可节省超过 100 万美元的费用。

对航空公司而言，电子客票已经被视为节省机票印刷费用和可预见的直销机会。据了解，一张纸票的成本至少是 20 元人民币，而每张电子客票的成本是 10 元人民币左右。如果按照东航、上航等做电子客票业务百万张以上的数量计算，节约的成本应当在几千万元人民币左右。

项目一 认识电子商务

(3) 降低经营管理成本。电子商务缩短了生产厂家与最终客户之间供应链上的距离，企业可以绕过传统的经销商而直接与客户沟通，客户的需求可直接转化为企业的生产指令，这不仅可以大大增加企业与客户的联系，并且可以因买卖双方通过网络直接进行商务交易活动，越过交易的中间环节，大大减少了中间交易支付的费用，使企业可以大幅度降低经营管理成本。如通过电子商务系统的主页，客户和供应商可以及时了解到有关产品的最新数据，如价格、新品种等。

(4) 减少了库存成本。企业的库存量越大，经营成本就越高，利润就会减少。互联网能够使买卖双方即时沟通供需信息，能够按订单下达生产计划，使"无库存生产"和"无库存销售"成为可能；不仅使库存保管成本降为零，也减少了生产的盲目性，减少库存和产品的积压。

(5) 降低办公成本。企业可利用内部网络实现"无纸办公"，从而节约时间，提高内部信息传递效率，又降低了办公成本。据统计，企业实现"无纸办公"后，大致可节约90%的文件处理费用。

在传统的商务活动中，企业开展营业活动的营业场所都有雇员的存在，雇员在营业场所中为企业处理各种营业事务。然而，在电子商务活动中，所有的商务活动都是由服务器或网址自动完成的，不必保留大量雇员。在线交易是一种全新的商业运作模式，其动作媒介不是有形的营业场所，而是虚拟的数字化空间，除了在客户所在国拥有或租用服务器外，不再需要在客户所在国建立任何形式的有形存在。

5) 提供个性化服务

个性化消费将逐步成为消费的主流。消费者希望以个人心理愿望为基础，购买个性化的产品及服务，甚至要求企业提供个性化的定制服务。电子商务为企业提供了把握市场和消费者需求的能力，使企业决策者能及时了解消费者爱好、需求和购买习惯，通过客户关系管理系统对客户的要求做出有效的管理，进而进行市场细分并提供"量身定做"的个性化服务。

 小案例

芭比娃娃的个性化网络订制

芭比娃娃是享誉全球的一种玩具，以往人们只能通过大型百货商场和玩具商店购买千篇一律的芭比娃娃。从1998年10月开始，客户可以通过www.barbie.com网站订制芭比娃娃。从制造商玛泰尔公司提供的若干选择方案中挑选自己中意的娃娃，包括芭比娃娃的皮肤弹性、眼睛与头发的颜色及式样等。当这个完全属于自己的芭比娃娃被寄送到客户的手中时，客户会在包装上找到娃娃的名字，甚至还有由个人和计算机程序共同创造的娃娃的性格。

6) 提供更有效的售后服务

企业可以利用互联网提供更有效的售后服务。企业可以在网站上进行产品功能介绍、提供技术支持、常见问题解答等信息；软件生产企业还可以进行在线软件升级。对于从事电子商务的企业来说，售后服务不再是一种额外的负担，而是企业通过客户关系管理来维持老客户，提高市场占有率的一种有效手段。

7) 给传统产业带来一场革命

电子商务就是掌握商业规则的人使用电子工具从事以商品交换为中心的商务活动。应用电子商务可以极大地提高商务活动的效率。首先，电子商务给人们带来的不仅仅是企业管理手段的变革，服务手段的更新，生产方式的转换，贸易方式的变化，也为企业业务流程再造、资源优化组合和合理利用创造条件；其次，电子商务又是推动企业组织机构重整和机制体制改革的发动机。

 小案例

美国印刷业的电子商务

作为互联网领头人，美国 60%的小型企业、80%中型企业、90% 以上的大型企业已借助互联网开展电子商务。就印刷业而言，美国 90%与印刷相关的企业有网址，67%的印刷商采用了互联网接收客户的订单，60%的印刷商提供了通过互联网进行文件转换的服务，还有一些印刷商提供了网上订购和文件管理。以互联网业务为主的印务中心通过让客户在网上设计和订购自己的印刷品，使公司做到了数百万美元生意。

2. 电子商务对人类生活方式的影响

1) 改变人们消费方式

电子商务可为企业创造和提供新的客户服务和支持渠道，来提高客户的满意度。网上购物使消费者足不出户，就可以货比三家，并且以一种十分轻松自由的自我服务的方式完成购物流程。大量的股民、基民选择了网络理财渠道。手机缴费、手机投注(福彩、体彩)、手机购书(影音书刊俱乐部)、手机购车票、手机网上购物、手机缴电费、手机缴水费等业务已陆续上线。

 小案例

湖南省手机支付公用事业缴费平台

湖南省手机支付公用事业缴费平台已接入水、电、燃气、公交等 9 大类项目，在 2012 年共计实现缴费项目 503 项，缴费城市 112 个，是全国覆盖最广、缴费种类最多的平台。

2) 改变人们生活方式

网上的娱乐服务将更加丰富多彩，人们坐在家中就可以浏览网上新闻，查询资料信息，欣赏所喜爱的电影、歌曲，与网上的朋友一起聊天、玩游戏。远程医疗可以使世界各地的著名医生共同诊治疑难病人。截至 2013 年 6 月底，我国手机网络游戏网民数为 1.61 亿，较 2012 年底增长了 2 187 万。我国手机即时通信网民数为 3.97 亿，较 2012 年底增长了 4 520 万，半年增长率高达 12.8%。

 小案例

宁波的移动商圈

2013 宁波美食节开幕式举行宁波首个移动商圈上线仪式。江东世纪东方广场实现 WiFi 全覆盖，手机支付、微信公共账号、APP 平台一体化。市民只要拥有一部有 NFC 功能的手机，就可在手机上浏览商品

项目一　认识电子商务

信息，订购中意商品，并通过手机实现支付。这一购物方式引起了众多市民的兴趣，大家纷纷在现场给手机换卡，下载"手机钱包"，"逛"起移动商圈。

3) 改变人们学习与工作方式

远程教学可以使世界各地的人们不必局限于学校就能接受良好的教育。电子商务营造了一个网络环境，能够为远程教育提供方便。对数字图书馆来说就是要承担为顾客制作知识包的业务，以便根据不同的教育目的和特殊需要将图书馆里的内容加入知识信息包中。电子出版社也可以开发知识包，可以根据协议通过数字图书馆出售，或是用他们自己的方式直接进入市场。专门的知识和信息中介公司可以创建他们自己的知识超市，帮助用户机构或个人根据其教学需求定位、评价和选择得到的知识包，或根据特殊的专业设计面向用户的知识包。另外可以创立独立的学位颁发机构为传播远程教育计划服务，以便提供更好的名称标识，增加有活力的未来教育市场的透明度。商业的职业介绍所也可以以网络为基础，帮助那些毕业于远程教育并获得学位的人寻找工作。

任务实施

(1) 登录中国农产品交易网(http://www.b2bagri.com.cn)，单击右上角的"免费注册"按钮，填写注册信息。在这一步骤中带"*"项为必填项，填完后提交注册信息，如图 1.12 所示。会出现"注册成功，快去发布信息"的提示。

图 1.12　中国农产品交易网注册页面

(2) 在首页单击"发布供求信息"按钮，如图 1.13 所示。

图 1.13　"发布供求信息"按钮

(3) 接着会出现如图 1.14 所示的个人信息管理页面。

图 1.14　个人信息管理页面

(4) 因为我们要发布供应信息，所以单击"供应信息"后面的"发布"按钮，会出现"添加供应信息"页面，如图 1.15 所示。

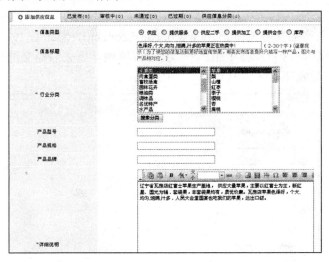

图 1.15　"添加供应信息"页面

(5) 单击"提交"按钮以后，出现如图 1.16 所示的页面，供应信息添加成功，需等待网站审核。

图 1.16　信息添加成功等待网站审核页面

项目一 认识电子商务

(6) 等待网站审核通过后,发布的信息就会在该网站显示,如图 1.17 所示。

图 1.17 发布的信息在该网站显示效果

大学生网上开店的成功案例

【案例简介】

随着互联网深入千家万户,很多人都选择了在网上做买卖。在校大学生中也有不少人开起了"个人店铺"。一些应届毕业生表示,他们将网上开店视为职场的新选择。而大学生网上开店的成功案例也很多。

1. 成功案例一:不比上班族挣得少

张丽是刚毕业一年的大学生。她非常喜欢上网,并且在网上做了半年多生意,她说:"刚毕业的时候,一时没找到合适的工作,在一个朋友的启发下在网上开了家服装店。这个冬天棉衣服卖得特别好,现在天气转暖了,我又进了批彩色的隐形眼镜,今年流行戴这个,肯定卖得好!"

张丽还告诉大家,在网上开店很简单,先选定一个适合自己的电子商务网站,把身份证的复印件上传到网上,得到该网站客户服务部的确认,三天后你的店就可以开张了。开店最重要的是小店的信誉度要高,得到顾客的好评越多,其在网上的排名就会越靠前。出于安全的考虑,顾客也多会选择在那些排名靠前的小店里买东西。

关于收入,张丽挣得并不比上班族少。她相信:只要把握住了时尚潮流,再赢得良好的信誉,小店的人气会越来越旺。

2. 成功案例二:自己设计服装自己销售

大三学生小韩是学服装设计的,她的网上小店已经开了一年多,卖一些托朋友从香港带回来的化妆品。凭着比商场便宜的价格,生意一直都不错,每个月下来基本都有 1 000 多元的收入。

小韩说她打算再开个服装店,"店里"的衣服全由自己设计制作,每款只有一件,不用担心会撞衫,肯定受欢迎。这样既发挥了自己的特长,又省去了进货费,一举两得。小韩憧憬地说:"如果干得好的话,我打算毕业后就一直把这两个店经营下去,也做个 SOHO 一族。"

【案例分析】
网络信息化在今天已经深入生活的各个角落，大学生能利用他们对信息的敏感度在网上创业，不仅可以解决一部分大学生的就业问题，而且为自身提供了社会实践的机会，对于以后的职业发展有很大的影响。

(资料来源:http://www.u88.cn/jingdiananli/11520.htm)

1.2 习　　题

一、单项选择题

1．现代信息技术不包括(　　)。
　　A．互联网　　　　B．内部网　　　　C．公用网　　　　D．电子数据交换EDI

2．企业可以进行市场细分，针对特定的市场生产不同的产品，为消费者提供量身定做的服务。这句话是说电子商务什么特点？(　　)
　　A．信息化　　　　B．全球化　　　　C．个性化　　　　D．高效化

3．电子商务的基本组成要素不包括(　　)。
　　A．分销商　　　　B．配送中心　　　C．银行　　　　　D．认证中心

4．(　　)是法律承认、交易双方都信赖的权威机构，负责发放和管理数字证书。
　　A．商家　　　　　B．用户　　　　　C．配送中心　　　D．认证中心(CA)

5．网上银行的技术问题不包括(　　)。
　　A．交易主体的身份识别　　　　　　B．交易和其他记录的保存和管理
　　C．CFCA网上银行数字证书　　　　D．未经授权的中途拦截和篡改

6．20世纪60年代—90年代，基于(　　)的电子商务产生。
　　A．互联网　　　　B．内部网　　　　C．移动电话　　　D．EDI

7．(　　)是指如娱乐、计算机软件等无形货物和服务信息的联机订购，即购买后可直接从网上获得商品的商务活动。
　　A．企业与消费者之间的电子商务　　B．直接电子商务
　　C．间接电子商务　　　　　　　　　D．企业对企业的电子商务

8．CtoC是(　　)。
　　A．企业与消费者之间的电子商务　　B．消费者与消费者之间的电子商务
　　C．政府对企业的电子商务　　　　　D．企业对企业的电子商务

9．(　　)是移动用户使用移动终端设备通过无线网络访问互联网信息和服务的业务活动。
　　A．Internet(互联网)商务
　　B．移动商务
　　C．Intranet(内联网)商务
　　D．EDI(Electronic Data Interchange，电子数据交换)商务

项目一　认识电子商务

10．通过互联网，企业可以在全球市场寻求提供最优惠价格的供应商；企业还可以采用网上招标使原材料成本大幅度降低。这句话是说电子商务可以(　　)。

　　A．减少库存成本　　　　　　　　B．减少信息处理成本
　　C．降低经营管理成本　　　　　　D．降低采购成本

二、操作题

1．登录阿里巴巴的网站 www.alibaba.com.cn，了解阿里巴巴是如何成功实施电子商务的，该企业采用了哪些成功的措施？你如何评价？

2．在中国互联网络信息中心网站上，下载最新几期的中国互联网发展状况统计报告，填写表格比较一下变化和发展趋势。

项目二 电子商务的基础技术

教学目标

通过本项目的学习,使学生全面地了解在当前电子商务中一些常用的、基础的技术,这些技术也将是学生在未来学习中需要掌握的内容,同时为学生展现在这些基础技术之上构建的更为高级的技术应用。

教学要求

知识要点	能力要求
计算机网络基础知识	(1) 了解计算机网络的类型 (2) 了解计算机网络的组成要素
Internet 技术简介	(1) 掌握 IP 地址、域名的规则 (2) 了解 Internet 基本服务
EDI 技术	(1) 了解 EDI 的发展与特点 (2) 了解 EDI 系统的组成与应用
电子商务体系结构	了解电子商务体系结构
电子商务中的大数据应用	了解电子商务中的大数据应用

重点难点

➢ 在构建电子商务系统中所采用的软硬件技术之间的关联与匹配
➢ Internet 基本服务的范围与功能

项目二　电子商务的基础技术

2.1　任务　域名的申请流程

📖 任务引入

刘天研究生毕业后进入了一家报社工作，但是在她心底一直有一个创业的梦想。两年后她辞掉稳定的工作，投入到创业之中，准备办一本关注3岁以前儿童健康、教育的杂志。经过再三考虑，杂志取名为《婴儿世界》。

3岁前婴儿的早期教育问题，在中国还没有普遍推广。刘天创办这本杂志的原因除了负担起婴儿早期教育的责任之外，还看到了市场的巨大空间。她认为在这个领域现在还是处于市场培养阶段，很多家长越来越重视婴儿的早期教育，迫切地想要了解相关的知识，因此这个领域有着巨大的市场需求。怀揣着梦想，刘天办起了自己的杂志。当第一期5 000册杂志投放市场后，得到结果是仅仅销售了不到800本。理想与现实的差距，让她沮丧的同时也让她深入反思，试图找到失败的原因。经过思考，她觉得自己没有考虑到市场接受她的产品是需要有一个认知过程的，人们的思想和观念还需要慢慢培养。因此，她打算从服务和口碑上下功夫，改变原有的市场策略：一是在杂志的内容上精耕细作，挖掘家长们关注的育儿热点问题；二是加强与读者的互动，从读者的视角为他们提供服务，并且通过各种形式鼓励读者将自己的心得体会分享出来；三是改变杂志发行的方式，采用免费的原则，将一部分杂志派发到有0—3岁儿童的家庭。通过对市场策略的调整，后几期的杂志发行量有了明显提升，但刘天还是觉得不太满意，杂志的增长速度还是没有达到自己的预期，杂志免费派发成本压力不断增加。这时，杂志社的李编辑提出是否可以借助于互联网，通过网络既可以与婴儿家长有效地交流，又可以随时随地为客户服务，宣传杂志的品牌形象，培养市场。并且，可以利用电子邮箱、聊天工具免费发放电子杂志，降低派发杂志的印刷、发行成本。刘天觉得这是一个很好的主意，与当前的业务定位十分相符。但是搭建网站首先要申请域名。那么如何申请域名呢？

📋 任务分析

域名是企业在互联网中最为重要的品牌。当确定了一个网站的目标后，就需要为网站起名并进行域名的规划。

作为一个企业来说，域名的选择方式有以下几种：

(1) 用企业自身的名称作为域名，例如：SONY、KFC、TCL等。
(2) 用企业名称的汉语拼音作为域名，例如：dangdang、baidu等。
(3) 以企业名称汉语拼音的缩写作为域名，例如：JD。
(4) 以企业的所在地的缩写或区号加上企业名称的缩写作为域名，例如Bjnew.net。
(5) 用与企业名不同但有相关性的词或词组作为域名。

域名注册的条件是注册人必须是依法登记并且能够独立承担民事责任的组织或个人。对于外国企业，要求其主域名服务器设在中国境内。

相关知识

2.1.1 计算机网络基础知识

电子商务的发展离不开计算机网络技术的支持，了解和掌握计算机网络的基础知识是十分必要的，因为它是电子商务实现的基础。

计算机网络指的是利用通信线路把分散的计算机连接起来的一种组织形式。最简单的网络可以是两台计算机的互联，更多的则是一个局部区域甚至是全球范围的计算机互联。因此，对计算机网络更为确切的定义是：一个互联的、自主的计算机集合。计算机网络技术是计算机技术与通信技术结合的产物。

1. 计算机网络的分类

计算机网络的分类方式有很多种。

1) 按地理范围分类

(1) 局域网(Local Area Network，LAN)。局域网地理范围一般在几百米到十千米之内，属于小范围内的联网。如一个建筑物内、一个学校内、一个工厂的厂区内等。局域网的组建简单、灵活，使用方便，传输速率高，安全可靠。

(2) 城域网(Metropolitan Area Network，MAN)。城域网地理范围可从几十千米到上百千米，可覆盖一个城市或地区，是一种中等形式的网络。

(3) 广域网(Wide Area Network，WAN)。广域网地理范围一般在几千千米左右，属于大范围联网。如几个城市，一个或几个国家，是网络系统中的最大型的网络，能实现大范围的资源共享。互联网就是一个典型的广域网。

2) 按传输介质分类

传输介质是指数据传输系统中发送装置和接收装置之间的物理媒体。按其物理形态可以划分为有线和无线两大类。常见的宽带上网就是典型的有线网络；而 3G、WiFi 就是最常见的无线网络。

3) 按计算机网络的体系结构分类

网络中各站点相互连接的方法和形式称为网络拓扑。网络拓扑结构是指用传输媒体互联各种设备的物理布局。拓扑图给出网络服务器、工作站的网络配置和相互间的连接，它的结构主要有星型结构、总线型结构、树型结构、环型结构、网状结构、蜂窝状结构、分布式结构等。其中最为常见的是星型结构、总线型结构。

(1) 星型结构是指各工作站以星型方式连接成网络。网络有中央节点(集线器)，其他节点(工作站、服务器)都与中央节点直接相连。这种结构以中央节点为中心，因此又称为集中式网络。星型结构具有的特点是：结构简单，便于管理；控制简单，便于建网；网络延迟时间较短，传输误差较低。但缺点也是明显的：成本高、可靠性较低、资源共享能力也较差。

(2) 总线型结构是指各工作站和服务器均挂在一条总线上，各工作站地位平等，无中心节点控制。公用总线上的信息多以基带形式串行传递，其传递方向总是从发送信息的节点开始向两端扩散,如同广播电台发射的信息一样,因此又称广播式计算机网络。各节点在接收信息时都进行地址检查,看是否与自己的工作站地址相符,相符则接收网上的信息。总线型结构的网络优点是结构简单,可扩充性好;缺点是维护难,分支节点故障查找难。

在计算机网络中还有其他类型的拓扑结构,如总线型与星型混合、线型与环型混合连接的网络。

2. Internet 的发展

1) Internet 概述

Internet 是一个合成词,是由"Interconnect"和"Network"两个词合成的。Interconnect 的意思是"互相连接",Network 的意思是"网络",所以 Internet 的直接意思就是"互相连接的网络"。Internet 实际是由世界范围内的许多计算机互相连接而形成的一个超大型计算机网络,我们把它叫作"因特网"或"国际互联网"。Internet 之所以发展如此迅速,被称为 20 世纪末最伟大的发明,是因为 Internet 从一开始就具有的开放、自由、平等、合作和免费的特性。也正是这些特性,使得 Internet 被称为 21 世纪的商业"聚宝盆"。在 Internet 的发展中无时无刻不体现着它的几大特征:开放性、共享性、平等性、低廉性、交互性。

2) Internet 的形成

Internet 最早来源于美国国防部高级研究计划局的前身 ARPA 建立的 ARPAnet,该网于 1969 年投入使用。从 20 世纪 60 年代开始,ARPA 就开始向美国国内大学的计算机系和一些私人有限公司提供经费,以促进基于分组交换技术的计算机网络的研究。1968 年,ARPA 为 ARPAnet 网络项目立项,这个项目基于以下主导思想:网络必须能够经受住故障的考验而维持正常工作,一旦发生战争,当网络的某一部分因遭受攻击而失去工作能力时,网络的其他部分应当能够维持正常通信。

1972 年,ARPAnet 在首届计算机后台通信国际会议上首次与公众见面,并验证了分组交换技术的可行性,由此,ARPAnet 成为现代计算机网络诞生的标志。1983 年,ARPAnet 分裂为两部分:ARPAnet 和纯军事用的 MILNET。该年 1 月,ARPA 把 TCP/IP 协议作为 ARPAnet 的标准协议,其后,人们称呼这个以 ARPAnet 为主干网的网络为 Internet,TCP/IP 协议簇便在 Internet 中进行研究、试验,并改进成为使用方便、效率极高的协议簇。1986 年,美国国家科学基金会 NSF 建立的美国国家科学基金网 NSFnet 建立起了自己的基于 TCP/IP 协议簇的计算机网络 NSFnet。NSF 在全国建立了按地区划分的计算机广域网,并将这些地区网络和超级计算中心相联,最后将各超级计算中心连接起来。连接各地区网上主通信结点计算机的高速数据专线构成了 NSFnet 的主干网。1990 年 6 月,NSFnet 彻底取代了 ARPAnet 而成为 Internet 的主干网。

1969 年 12 月,当 ARPAnet 最初建成时只有 4 个结点,到 1972 年 3 月也仅仅只有 23 个结点,直到 1977 年 3 月总共只有 111 个结点。但是随着社会科技、文化和经济的发展,特别是计算机网络技术和通信技术的大发展,以及人类社会从工业社会向信息社会过渡的趋势越来越明显,人们对信息的意识、对开发和使用信息资源的重视程度越来越强,这些都强烈刺激了 ARPAnet 和 NSFnet 的发展,使联入这两个网络的主机和用户数目急剧增加。1988 年,由 NSFnet 连接的计算机数就猛增到 56 000 台,此后每年更以 2~3 倍的惊人速度向前发展。

今天的 Internet 已不再是计算机人员和军事部门进行科研的领域，而是变成了一个开发和使用信息资源的覆盖全球的信息海洋。Internet 覆盖了社会生活的方方面面，构成了一个信息社会的缩影。1995 年，Internet 开始大规模应用在商业领域。当年，美国 Internet 业务的总营业额为 10 亿美元，人类社会开始进入电子商务时代。

3) Internet 在我国的发展

从 20 世纪 90 年代初开始，Internet 进入了全盛的发展时期，发展最快的是欧美地区，其次是亚太地区。我国起步较晚，但发展迅速。Internet 在中国的发展，大致可分为以下 3 个阶段：

第一阶段(1987—1994 年)。这一阶段是电子邮件使用阶段，我国通过拨号与国外连通电子邮件，实现了与欧洲及北美地区的 E-mail 通信功能。

第二阶段(1994—1995 年)。这一阶段是教育科研网发展阶段。1994 年 4 月 20 日，中关村地区教育与科研示范网络工程通过美国 Sprint 公司连入 Internet 的 64K 国际专线，实现了与 Internet 的全功能连接，并设立了中国最高域名(CN)服务器。从此中国被国际上正式承认为真正拥有全功能 Internet 的国家。1995 年 5 月，邮电部开通了中国公用 Internet 网，即 CHINANET，作为公共商用网络向公众提供 Internet 服务。

第三阶段(1995 年以后)。这一阶段是商业应用阶段。此时的中国已广泛融入了 Internet 大家族。自进入商业应用阶段以来，Internet 这一新生事物以其强大的生命力与无可匹敌的优势席卷中国大地。

3. 计算机网络的组成要素

一个完整的计算机网络由硬件、软件和通信子网等构成。

1) 网络的硬件组成

组成一般计算机网络的硬件：一是网络服务器；二是网络工作站；三是网络适配器，又称为网卡；四是传输介质，主要是同轴电缆、双绞线、光纤等。如果要扩展局域网的规模，就需要增加通信连接设备，如调制解调器、集线器、网桥和路由器等。

2) 网络的软件组成

网络的软件主要包括网络操作系统、网络协议和网络应用服务软件。

网络操作系统是网络的心脏和灵魂，是向网络计算机提供服务的特殊的操作系统，它在计算机操作系统下工作，使计算机操作系统增加了网络操作所需要的能力。现在常用的 NOS 有 Novell NetWare、Windows NT、Unix 和 Linux 等。

网络协议是网络设备之间进行互相通信的语言和规范。常用的网络协议有：IPX、TCP/IP、NetBEUI、NWLink。其中 TCP/IP 是 Internet 使用的通用协议。

3) 通信子网和资源子网

计算机网络首先是一个通信网络，各计算机之间通过通信媒体、通信设备进行数字通信，在此基础上各计算机可以通过网络软件共享其他计算机上的硬件资源、软件资源和数据资源。从计算机网络各组成部件的功能来看，各部件主要完成两种功能，即网络通信和资源共享。把计算机网络中实现网络通信功能的设备及其软件的集合称为网络的通信子网，而把网络中实现资源共享功能的设备及其软件的集合称为资源子网。

项目二 电子商务的基础技术

就局域网而言，通信子网由网卡、网线、集线器、中继器、网桥、路由器、交换机等设备和相关软件组成。资源子网由联网的服务器、工作站、共享的打印机和其他设备及相关软件所组成。在广域网中，通信子网由一些专用的通信处理机及其运行的软件、集中器等设备和连接这些节点的通信链路组成。资源子网由网络中的所有主机及其外部设备组成。

2.1.2 Internet 技术

电子商务离不开网络，尤其是需要 Internet 的强有力支持，Internet 技术的发展最终会决定电子商务的发展。

1. TCP/IP 协议

Internet 是一个网络，凡是采用 TCP/IP 协议并且能够与 Internet 中的任何一台主机进行通信的计算机，都可以看成是 Internet 的一部分。Internet 的网络空间可以看作是受计算机控制的空间。Internet 采用了目前分布式网络最为流行的客户机/服务器方式，大大增强了网络信息服务的灵活性。

TCP/IP 协议是一组协议集的总称，TCP/IP 是这组协议的核心。这组协议的功能是利用已有的物理网络互连起来，屏蔽或隔离具体网络技术的硬件差异，建立成一个虚拟的逻辑网络，实现不同物理网络的主机之间的通信。

Internet 上使用的一个关键的底层协议是网际协议，通常称 IP 协议。利用一个共同遵守的通信协议，使 Internet 成为一个允许连接不同类型的计算机和不同操作系统的网络。要使两台计算机彼此之间进行通信，必须使两台计算机使用同一种"语言"。通信协议正像两台计算机交换信息所使用的共同语言，它规定了通信双方在通信中所应共同遵守的约定。

尽管计算机通过安装 IP 软件，保证了计算机之间可以发送和接收数据，但 IP 协议还不能解决数据分组在传输过程中可能出现的问题。因此，若要解决可能出现的问题，连上 Internet 的计算机还需要安装 TCP 协议来提供可靠的并且无差错的通信服务。TCP 协议被称作一种端对端协议。这是因为它为两台计算机之间的连接起了重要作用：当一台计算机需要与另一台远程计算机连接时，TCP 协议会让它们建立一个连接、发送和接收数据以及终止连接。

2. IP 地址和域名

1) IP 地址

在 Internet 上连接的所有计算机，从大型机到微型计算机都是以独立的身份出现，称它为主机。为了实现各主机间的通信，每台主机都必须有一个唯一的网络地址。在 Internet 网络中，网络地址就叫作 IP(Internet Protocol)地址。

目前，在 Internet 里，IP 地址是一个 32 位的二进制地址，为了便于记忆，将它们分为 4 组，每组 8 位，由小数点分开，用 4 个字节来表示，而且用点分开的每个字节的数值范围是 0~255，如 202.116.0.1，这种书写方法叫作点数表示法。IP 地址可确认网络中的任何一个网络和计算机，而要识别其他网络或其中的计算机，则是根据这些 IP 地址的分类来确定的。一般将 IP 地址按节点计算机所在网络规模的大小分为 A、B、C 3 类，默认的网络掩码是根据 IP 地址中的第一个字段确定的。

子网掩码也占用32位，它可以用来从IP地址内得到网络标识(Network ID)和主机标识(Host ID)，也可以用来将网络切割为若干个子网。当TCP/IP网络上的主机相互通信时，可以利用子网掩码得知这些主机是否处在相同的网络区段内，即Network ID是否相同。

A类IP地址的子网掩码为255.0.0.0；B类IP地址的子网掩码为255.255.0.0；C类IP地址的子网掩码是255.255.255.0。

2) IPv6协议

现有的互联网是在IPv4协议的基础上运行。IPv6是下一版本的互联网协议，它的提出最初是因为随着互联网的迅速发展，IPv4定义的有限地址空间将被耗尽，地址空间的不足必将影响互联网的进一步发展。为了扩大地址空间，拟通过IPv6重新定义地址空间。IPv4采用32位地址长度，只有大约43亿个地址，1~2年内将被完全分配完毕；而IPv6采用128位地址长度，几乎可以不受限制地提供地址。按保守方法估算IPv6实际可分配的地址，整个地球每平方米面积上可分配1000多个地址。

3) 域名

上面所讲到的IP地址是一种数字型网络和主机标识。数字型标识对使用网络的人来说有不便记忆的缺点，因而提出了字符型的域名标识。目前使用的域名采用一种层次型命名法，它与Internet的层次结构相对应。域名使用的字符包括字母、数字和连字符，而且必须以字母或数字开头和结尾。整个域名总长度不得超过255个字符。域名采用层次结构，每一层构成一个子域名，子域名之间用圆点隔开，域名的层次最少为2级，最多为5级，排列顺序是从右至左。例如，www.163.com就是二级域名，第一级是com，第二级是163。再如，www.sina.com.cn就是三级域名，第一级是cn，第二级是com，第三级是sina。

域名的分类一般有两种。一种是以网站的性质分类：com(通用)、gov(政府机构)、edu(教育机构)、org(非营利组织)、net(网络机构)，一般在商业中多选择com、cn、net、cc为一级域名，不过没有硬性规定(gov除外)；还有一种是以地域来划分，我国国家域名的代码是cn、日本是jp等。由于Internet起源于美国，所以美国通常不使用国家代码作为第一级域名，其他国家一般采用国家代码作为第一级域名。

Internet地址中的第一级域名和第二级域名由网络信息中心(NIC)管理。Internet目前有3个网络信息中心：INTERNIC负责北美地区，APNIC负责亚太地区，NIC负责欧洲地区。第三级以下的域名由各个子网的NIC或具有NIC功能的节点自己负责管理。我国国内域名由CNNIC负责管理，国际域名则在美国管理。

一台计算机可以有多个域名(一般用于不同的目的)，但只能有一个IP地址。域名是企业在互联网上的电子商标，具有唯一性，也是计算机处理过程中IP地址的助记符。域名是企业开展电子商务必不可少的要素，企业没有域名，就像房子没有门牌号码，在互联网中没有人可以找到你，也就难以建立起良好的企业形象。在如今科技信息时代的浪潮中，注册企业自己的域名，可以保护企业的无形资产，树立良好的企业形象。

IP地址是网络中标识网站的数字地址，为了简单好记，采用域名来代替IP地址表示网站地址。域名解析就是使用域名服务器(DNS)将域名解析成IP地址，使之一一对应的过程。DNS的功能相当于一本电话号码簿，已知一个姓名就可以查到一个电话号码，号码的查找是自动完成的。完整的域名系统可以进行双向查找。

3. Internet 基本服务

1) 信息浏览服务(WWW)

WWW 是环球信息网(World Wide Web)的缩写,也称为万维网、3W 或 Web。WWW 是一个基于超文本方式的信息检索服务工具。它是由欧洲粒子物理实验室研制的,将位于全世界 Internet 上不同地点的相关数据信息有机地编织在一起。WWW 提供友好的信息查询接口,用户仅需要提出查询要求,而到什么地方查询及如何查询则由 WWW 自动完成。

WWW 的成功在于它制定了一套标准的、易为人们掌握的超文本标记语言(HTML)、信息资源的统一定位格式(URL)和超文本传送通信协议(HTTP)。

2) 电子邮件服务(E-mail)

电子邮件是用户或用户组之间通过计算机网络收发信息的服务。目前电子邮件已成为网络用户之间快速、简便、可靠且低成本的现代通信手段,也是 Internet 上使用最广泛、最受欢迎的服务之一。

电子邮件使网络用户能够发送或接收文字、图像和语音等多种形式的信息。目前互联网上 60%以上的活动都与电子邮件有关。使用电子邮件服务的前提是:拥有自己的电子信箱,一般又称为电子邮件地址。电子信箱是提供电子邮件服务的机构为用户建立的,实际上是该机构在与 Internet 联网的计算机上为用户分配的一个专门用于存放往来邮件的磁盘存储区域,这个区域是由电子邮件系统管理的。

3) 文件传输协议(FTP)

文件传输协议是 Internet 文件传送的基础。通过该协议,用户可以从一个 Internet 主机向另一个 Internet 主机复制文件。FTP 曾经是 Internet 中的一种重要的交流形式。目前,常常用它来从远程主机中复制所需的各类软件。与大多数 Internet 服务一样,FTP 也是一个客户机/服务器系统。用户通过一个支持 FTP 协议的客户机程序,连接到在远程主机上的 FTP 服务器程序。用户通过客户机程序向服务器程序发出命令,服务器程序执行用户所发出的命令,并将执行的结果返回到客户机。

在 FTP 的使用当中,用户经常遇到两个概念:下载(Download)和上传(Upload)。下载文件就是从远程主机复制文件至自己的计算机上;上传文件就是将文件从自己的计算机中复制至远程主机上。

4) 远程登录服务(Telnet)

远程登录是 Internet 提供的最基本的信息服务之一,远程登录是在网络通信协议 Telnet 的支持下,使本地计算机暂时成为远程计算机仿真终端的过程。在远程计算机上登录,必须事先成为该计算机系统的合法用户,并拥有相应的账号和口令。登录时要给出远程计算机的域名或 IP 地址,并按照系统提示,输入用户名及口令。登录成功后,用户便可以实时使用该系统对外开放的功能和资源。

Telnet 有很多优点,如果用户的计算机中缺少什么功能,就可以利用 Telnet 连接到远程计算机上,利用远程计算机上的功能来完成你要做的工作。可以这么说,Internet 上所提供的所有服务,通过 Telnet 都可以使用。不过 Telnet 的主要用途还是使用远程计算机上所拥有的信息资源,如果只是在本地计算机与远程计算机之间传递文件,则使用 FTP 会更有效。

5) 电子公告牌系统(BBS)

最初的 BBS 只是利用调制解调器，通过电话线拨到某个电话号码上，然后通过一个软件，阅读其他人放在公告牌上的信息，发表自己的意见；后来 BBS 以 Internet 为基础，用户必须首先连接到 Internet 上，然后利用一种 Telnet 软件，登录到一个 BBS 站点上，这种方式使可以同时上站的用户数大大增加，使多人之间的直接讨论成为可能。

BBS 发展到现在的主要形式就是"论坛"。它是一种交互性强、内容丰富而及时的 Internet 电子信息服务系统，每个用户都可以在上面书写，可发布信息或提出看法。用户在 BBS 站点上可以获得各种信息服务、发布信息、进行讨论、聊天等。国内的"天涯社区""猫扑社区""百度贴吧"都是典型的论坛。

论坛发展到现在出现了另一种形式——社交网络。这其中包括博客、微博、即时聊天工具等。Facebook、Twitter 都是国际著名的社交网站。其中，Facebook 的用户数超过 10 亿；Twitter 用户数超过 5 亿。作为手机聊天工具的代表——微信，截至 2013 年 11 月，用户数量也突破了 6 亿。

博客是 Weblog 的简称，其实是 Web 和 Log 的组合词。Web 指互联网；Log 的原意是"航海日志"，后指任何类型的流水记录。合在一起来理解，Weblog 就是在网络上的一种流水记录形式或者简称"网络日志"。微博，即微型博客，它是一个基于用户关系的信息分享、传播以及获取平台，用户可以通过 Web、Wap 以及各种客户端组件，以 140 字左右的文字更新信息，并实现即时分享。

4. WWW 技术

WWW 与传统的 Gopher、WAIS 等互联网信息查询工具的区别在于：它提交给用户的是十分直观的多媒体文档，而不是令人费解的菜单说明。用户只要点击鼠标，就可以从互联网上的主机中获取所需的文本、图像、视频和声音等。

WWW 由互联网上的成千上万台服务器组成。一个服务器除了提供它自身的信息服务外，还存在链接其他服务器的信息，其他服务器又存在链接更多服务器的信息。互联网上的服务器被称为 Web 服务器。

WWW 以浏览器/服务器方式进行工作。在互联网上的一些 Web 服务器运行 Web 服务器程序，它们是信息的提供者。用户的计算机称为客户机，客户机上运行的浏览器程序，用来帮助用户完成信息查询。

蒂姆·伯纳斯·李于 1991 年 8 月 6 日建立了世界上第一个网站(http://info.cern.ch/)，如图 2.1 所示。它解释了 Web 是什么，如何使用网页浏览器和如何建立一个网页服务器等。蒂姆·伯纳斯·李后来在这个网站里列举了其他网站，因此它也是世界上第一个 Web 目录。

1) Web 的特点

(1) Web 是图形化的和易于导航的。Web 可以在一页上同时显示色彩丰富的图形和文本的性能。在 Web 之前，Internet 上的信息只有文本形式。同时，Web 是非常易于导航的，只需要从一个链接跳到另一个链接，就可以在各个网页、各个站点之间进行浏览了。

(2) Web 与平台无关。无论用户的系统平台是什么，都可以通过 Internet 访问 WWW。浏览 WWW 对系统平台没有什么限制。对 WWW 的访问是通过浏览器的软件实现的。

项目二　电子商务的基础技术

图 2.1　蒂姆·伯纳斯·李和世界上第一个网站

(3) Web 是分布式的。大量的图形、音频和视频信息会占用相当大的磁盘空间。对于 Web 没有必要把所有信息都放在一起，信息可以放在不同的站点上。只需要在浏览器中指明这个站点就可以了。这使在物理上并不一定在一个站点的信息在逻辑上一体化，从用户来看这些信息是一体的。

(4) Web 是动态的。由于各 Web 站点的信息包含站点本身的信息，信息的提供者可以经常对站点上的信息进行更新。一般各信息站点都尽量保证信息的时间性。所以 Web 站点上的信息是动态的，经常更新的，这一点是由信息的提供者保证的。

(5) Web 是交互的。首先表现在它的超链接上，用户的浏览顺序和所到站点完全由自己决定；另外通过 Form 的形式可以从服务器方获得动态的信息，用户通过填写 Form 可以向服务器提交请求，服务器可以根据用户的请求返回相应信息。

2) Web 服务器

从硬件角度解释，Web 服务器就是在互联网上保存 Web 页的计算机；从软件角度解释，Web 服务器是指提供 Web 服务的服务程序。Web 服务器以及相应的浏览器技术的出现和商品化，为企业在网上发布信息和查询信息提供了强有力的工具。

Web 服务器采用超文本标记语言 HTML 来组织互联网上的资源，并以 HTML 数据文件的形式存放在服务器中。HTML 数据文件由标准的 ASCII 码组成，利用排版命令描述页面，并利用超链接来表明信息间的关系。

Web 服务器的主要任务包括：接受请求；检查请求的合法性，安全性屏蔽；针对请求获取并制作数据；把信息发送给提出请求的客户机。

3) Web 浏览器

Web 浏览器是一种 Web 客户端程序，是 Internet、Intranet、Extranet 等网络提供给最终用户的用户界面管理软件。Web 浏览器的根本目的在于让用户在自己的计算机上检索、查询和获取 WWW 上的各种资源。Web 浏览器的界面是基于 HTTP 协议的，通过 Web 浏览器，用户可以使用 URL 地址来指定网络文件、超文本传输协议、文件传输服务器、Gopher 服务器、远程登录和电子新闻组等信息资源的 Web 地址。目前，市场上比较流行的浏览器有 Internet Explorer、Opera、Mozilla Firefox、Google Chrome 等。

2.1.3　EDI 技术

随着国际贸易的发展，各种与贸易有关的单证、纸面文件激增，平均一笔生意往往需要 30～40 份纸面单证。因贸易活动而产生的纸面文件数以十亿计，人工处理单证、纸面文件劳动强度大、效率低、出错率高、速度慢、费用大。纸面文件成了阻碍贸易发展的一个突出因素。制造商、供应商、用户之间、跨国公司与各分公司之间要求提高商业文件传递和处理速度、空间跨度和正确度，因此追求商业贸易的"无纸化"成为所有贸易伙伴的共同需求。这种需求刺激了信息技术及其应用的飞速发展，并促使以计算机、网络通信和数据标准化为基本框架的 EDI 的产生。

1. EDI 的概念

EDI(Electronic Data Interchange，即电子数据交换)，是指按照各种协议，对具有一定结构性的标准经济信息，利用电子数据通信网络，在商业贸易伙伴的计算机系统之间进行的数据交换和数据自动处理过程。也就是说，EDI 是一种在公司之间传输订单、发票等商业文件的电子化手段。

这里需要指出，EDI 不是用户之间简单的数据交换，EDI 用户需要按照国际通用的消息格式发送信息，接收方也需要按国际统一规定的语法规则，对消息进行处理，并引起其他相关系统的数据综合处理。整个过程都是自动完成，无需人工干预，减少了差错，提高了效率。

2. EDI 的优点

(1) 降低了纸张的消费。根据联合国组织的一次调查，进行一次进出口贸易，其纸张、行文、打印及差错等可能引起的总开销大约为货物价格的 7%。据统计，美国通用汽车公司采用 EDI 后，每生产一辆汽车可节约成本 250 美元，按每年生产 500 万辆计算，可以产生 12.5 亿美元的经济效益。

(2) 减少了许多重复劳动，提高了工作效率。如果没有 EDI 系统，即使是高度计算机化的公司，也需要经常将外来的资料重新输入本公司的计算机系统。调查表明，从一部计算机输出的资料有多达 70%的数据需要再输入其他的计算机，既费时又容易出错。

(3) EDI 使贸易双方能够以更迅速有效的方式进行贸易，大大简化了订货或存货的过程，使双方能及时地充分利用各自的人力和物力资源。美国 DEC 公司应用了 EDI 后，使存货期由 5 天缩短为 3 天，每笔订单费用从 125 美元降到 32 美元。新加坡采用 EDI 贸易网络之后，使贸易的海关手续从原来的 3～4 天，缩短到 10～15 分钟。

(4) 通过 EDI 可以改善贸易双方的关系，厂商可以准确地估计日后商品的寻求量，货运代理商可以简化大量的出口文书工作，商户可以提高存货的效率，大大提高他们的竞争能力。

由于 EDI 的使用可以完全代替传统的纸张文件的交换，因此，它的出现标志着"无纸贸易"时代的到来。

3. EDI 业务应用领域

EDI 在现代社会的各个领域都有着广泛的应用，但当前主要还是集中在经济领域。

(1) 商业贸易领域。在商业贸易领域，通过采用 EDI 技术，可以将不同制造商、供应商、批发商和零售商等各自的生产管理、物料需求、销售管理、仓库管理、商业 POS 系统有机地结合起来，从而使这些企业大幅度提高其经营效率，并创造出更高的利润。

商贸 EDI 业务特别适用于那些具有一定规模，并具有良好计算机管理基础的制造商，采用商业 POS 系统的批发商和零售商，以及为国际著名厂商提供产品的供应商。

(2) 制造业、运输业和仓储业。制造业利用 EDI 能充分理解并满足客户的需要，制订出供应计划，达到降低库存、加快资金流动的目的。在运输行业，通过采用集装箱运输电子数据交换业务，可以将船运、空运、陆路运输、外轮代理公司、港口码头、仓库、保险公司等企业之间各自的应用系统联系在一起，从而解决传统单证传输过程中的处理时间长、效率低下等问题，可以有效提高货物运输能力，实现物流控制电子化。对仓储业，可加速货物的提取及周转，减缓仓储空间紧张的矛盾，从而提高利用率。

(3) 通关自动化。在外贸领域，通过采用 EDI 技术，可以将海关、商检、卫检等口岸监管部门与外贸公司、来料加工企业、报关公司等相关部门和企业紧密地联系起来，从而可以避免企业多次往返多个外贸管理部门进行申报、审批等。大大简化进出口贸易程序，可加速货物通关，提高对外服务能力，减轻海关业务的压力，防止人为弊端，实现货物通关自动化和国际贸易的无纸化。

(4) 金融、保险和商检。EDI 用于金融、保险和商检，可以实现对外经贸的快速循环和可靠支付，降低银行间转账所需的时间，增加可用资金的比例，加快资金的流动，简化手续，降低作业成本。

4. EDI 系统的组成要素

数据标准、EDI 软件硬件和通信网络是构成 EDI 系统的三要素。

(1) 数据标准。EDI 标准是由各企业、各地区代表共同讨论、制定的电子数据交换共同标准，可以使各组织之间的不同文件格式，通过共同的标准达到获得彼此之间文件交换的目的。

(2) EDI 的软硬件。实现 EDI 需要配备相应的 EDI 硬件和软件。EDI 系统需要的硬件设备主要是服务器、客户机和各种网络设备等。

EDI 软件具有将用户数据库系统中的信息译成 EDI 的标准格式以供传输交换的能力。一个 EDI 系统由转换、翻译、通信等几种软件组成。

(3) 通信网络。EDI 通信方式有多种，它由一个 EDI 通信系统和多个 EDI 用户组成。EDI 的开发、应用就是通过计算机通信网络实现的。

5. EDI 标准

EDI 的根本特征在于标准的国际化，标准化是实现 EDI 的关键环节。早期的 EDI 标准，只是由贸易双方自行约定，随着使用范围的扩大，出现了行业标准和国家标准；最后形成了统一的国际标准。国际标准的出现，大大地促进了 EDI 的发展。随着 EDI 各项国际标准的推出,以及开放式 EDI 概念模型的趋于成熟,EDI 的应用领域不仅只限于国际贸易领域,而且普及至行政管理、医疗、建筑、环境保护等各个领域。可见 EDI 的各项标准是使 EDI 技术得以广泛应用的重要技术支撑,EDI 的标准化工作是在 EDI 发展进程中不可缺少的一项基础性工作。

2.1.4 电子商务系统的体系结构

在电子商务系统的建设中需要运用大量的计算机、网络、通信技术,一个电子商务系统的建设是一个漫长、复杂的过程,要使用各种软硬件及网络设备。

从总体上来看,电子商务系统是 3 层体系结构,如图 2.2 所示。最底层是网络基础平台,是信息传递的载体和用户接入的手段,它包括各种各样的物理传送平台和传送方式;中间层是电子商务基础平台,包括 CA 认证中心接口、支付网关接口和客户服务中心 3 个部分,其真正的核心是 CA 认证;最上层是各种各样的电子商务应用系统。电子商务基础平台是各种电子商务应用系统的基础。

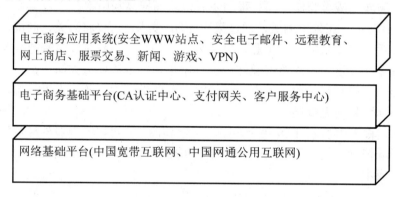

图 2.2 电子商务体系结构

1. 网络基础平台

网络环境是电子商务系统的底层基础,一般而言,电子商务的开展可以利用电信网络,同时也可以利用无线网络和原有的行业性数据通信网络,如石油、铁路、有线广播电视网络等。它为整个体系结构提供了一个安全的可伸缩的分布式网络平台,包括 TCP/IP 和网络服务、安全服务、目录服务、文件和打印服务等几个基于开放标准的服务。

2. 电子商务基础平台

电子商务基础平台为企业的电子商务应用提供运行环境和管理工具及内部系统的连接,是保证电子商务系统具有高扩展性、集中控制与可管理性、高可靠性的基础,一般包括以下组成部分。

(1) 支付网关接口。位于电子商务系统和银行中间的一个接口,它负责通过 Internet 和 Extranet 与客户和银行之间进行交互,完成与商品交易相关的在线支付。

(2) CA 认证中心接口。要保证在线交易的真实性、不可抵赖性,就需要特定的中介机构担保和确认交易双方的身份。认证中心就是完成该职能的商务中介,在电子商务系统中,

项目二　电子商务的基础技术

所有实体的证书都是由 CA 认证中心分发并签名的。一个完整、安全的电子商务系统必须建立起一个完整、合理的 CA 体系。CA 体系由证书审批部门和证书操作部门组成。目前，在全球处于领导地位的认证中心是美国的 VeriSign 公司。

(3) 客户服务中心。也称为呼叫中心，不仅支持电话接入的方式，也能够支持 Web、E-mail、传真等多种接入方式，使得用户的任何疑问都能很快地获得响应与帮助。客户服务中心不是以往每个企业独立建设和运作的概念，而是统一建设再将席位出租，从而大大简化和方便中小企业进行电子商务，提供客户咨询和帮助。

3. 电子商务应用系统

电子商务应用系统可以分为两类：商务服务(为特定的应用软件提供保证，为电子商务系统提供软件平台支持和技术标准)和应用服务(利用电子手段展开商务活动的核心)。从技术角度看，电子商务的应用系统主要由 3 部分组成：企业内部网、企业内部网与互联网连接及电子商务应用系统。

(1) 企业内部网(Intranet)。由 Web 服务器、电子邮件服务器、数据库服务器以及电子商务服务器和客户机等组成。所有这些服务器和客户机通过网络设备集线器或交换机连接在一起。Web 服务器最直接的功能是可以向企业内部提供一个 Web 站点，借此可以完成企业内部日常的信息访问；电子邮件服务器为企业内部提供电子邮件的发送和接收；电子商务服务器和数据库服务器通过 Web 服务器对企业内部和外部提供电子商务处理服务；协作服务器主要保障企业内部某项工作能协同进行；账户服务器提供企业内部网络访问者的身份验证，不同的身份对各种服务器的访问权限将不同。

(2) 企业内部网与互联网连接。为了实现企业与企业之间，企业与用户之间的连接，企业内部网必须与互联网进行连接，但连接后会产生安全性问题。所以在企业内部网与互联网连接时，必须采用一些安全措施或具有安全功能的设备。

(3) 电子商务应用系统。在建立了完善的企业内部网和实现了互联网之间的安全连接后，企业已经为建立一个好的电子商务系统打下良好基础。在这个基础上，再增加电子商务应用系统，就可以进行电子商务了。一般来讲，电子商务应用系统主要以应用软件形式实现，它运行在已经建立的企业内部网之上。

电子商务应用系统分为两部分：一部分是完成企业内部的业务处理和向企业外部用户提供服务，比如用户可以通过互联网查看产品目录、产品资料等；另一部分是极其安全的电子支付系统，使得用户可以通过互联网在网上购物、支付等，真正实现电子商务。

2.1.5　电子商务中的大数据应用

IBM 将大数据归纳为 3 个标准，即 3V：类型(Variety)、数量(Volume)和速度(Velocity)。其中类型指数据中有结构化、半结构化和非结构化等多种数据形式；数量指收集和分析的数据量非常大，一般在 10TB 以上；速度指数据处理速度要足够快。

大数据技术已经成为当前电子商务发展的重要推动力，通过大数据可以更好地为消费者提供优质服务。

当前，国内的比价购物网站很多，比较知名的有一淘网、9518 比价网、聪明点购物搜索、51 比购网等，他们也都采用了大数据、云计算等电子商务技术，力争做到与 Decide 网站相似的功能。下文以一淘网为例进行介绍。

一淘商品搜索是淘宝网推出的一个全新的服务体验。网站主旨是解决用户购前和购后遇到的种种问题，能够为用户提供购买决策、更快找到物美价廉的商品。根据用户搜索的关键词提供最相关、销量最高的产品结果，并提供用户的评价、点评信息和参考价格。并且还可以显示几分钟内其他用户最新的购物信息；通过专业的统计数据，让用户了解一个月内人们的购物趋势；还可以查看不同类型的商品以及不同价格区间商品的销量分布，为用户提供购买决策。一淘网首页如图 2.3 所示。

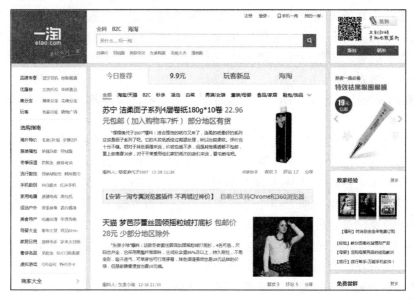

图 2.3　一淘网首页

(1) 搜索商品。在一淘网的主页上可以直接输入关键字进行商品的精确搜索。在精确搜索中还可以选择不同类型的商家。"全网"是指国内所有的与一淘网合作的卖家；"B2C"是指国内所有的与一淘网合作的 B2C 网站；"海淘"是指所有的与一淘网合作的海外卖家。并且，"海淘"还具有"自动计算人民币到手价""自动填写转运地址"等功能，如图 2.4 所示。

除了可以搜索商品外，还可以在页面左侧的"选购指南"中按分类选购相关的商品。当选择了某类商品后，一淘网的后台将通过相关的数据仓库、数据挖掘、大数据等技术，将人们近期的关注商品、购买意向、购买结果以及购买的趋势都展现给消费者。图 2.5 显示了近期人们购买手机时，对品牌、价格、型号的关注排名。

(2) 商品介绍与评价。一淘网具有类似于 Decide.com 的一些大数据计算功能。在这款 iphone 5s 手机详细页面中，通过对互联网的全面搜索与计算，列出了这款产品的售价、评价、用户的关注度、基本参数以及同类其他产品的排名，如图 2.6 所示。

项目二　电子商务的基础技术

图 2.4　一淘网中的"海淘"

图 2.5　近期消费者对手机品牌、价格、型号的关注排名

图 2.6　商品介绍

图 2.7 显示的是这款 iphone 5s 手机在各大 IT 门户网站的综合评价，这种评价以得分的形式直接呈现给消费者，直观明了。并且还列出了产品的特点，以及每种特点的得票情况。

图 2.7　商品评价

图 2.8 显示的是这款 iphone 5s 手机在各大 IT 门户网站中消费者对它的具体评价。

图 2.8 消费者的具体评价

(3) 商品购买决策。当用户要决定是否购买时，图 2.9 显示了一淘网为该商品计算出的近期价格趋势，通过这个趋势辅助消费者进行购买的决策。

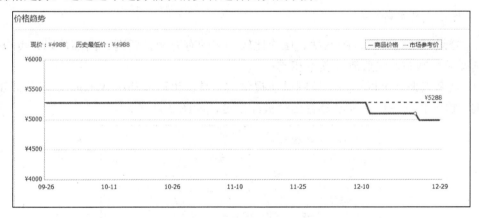

图 2.9 产品近期的价格趋势

并且，一淘网还会把销售该商品商家的报价、到手价、邮费、评价、承诺、送货等内容一并显示出来，供消费者比较，如图 2.10 所示。

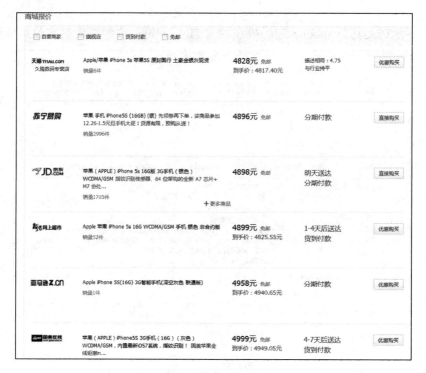

图 2.10　商家比较

任务实施

1. 收费域名申请

（1）登录域名代理机构的网站。国内比较知名的有万网、新网、西部数码、美橙网等。无论选择哪个网站，注册流程基本相同。

（2）域名查询。可以利用上述网站所提供的工具，也可以利用 Whois 域名信息工具进行查询，检验将要注册的域名是否已经被注册过，如图 2.11 所示。

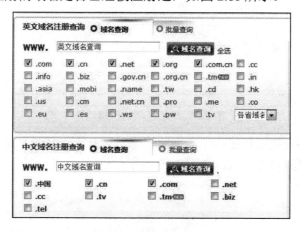

图 2.11　域名信息查询

项目二　电子商务的基础技术

输入域名后，单击【域名查询】按钮，可以看到域名是否被注册。如果没有被注册，则单击【立即注册】按钮，如图2.12所示。

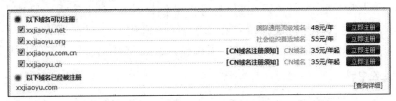

图2.12　域名查询结果

(3) 填写注册信息。注册域名需要填写真实、准确、完整的信息，具体内容如图2.13所示。

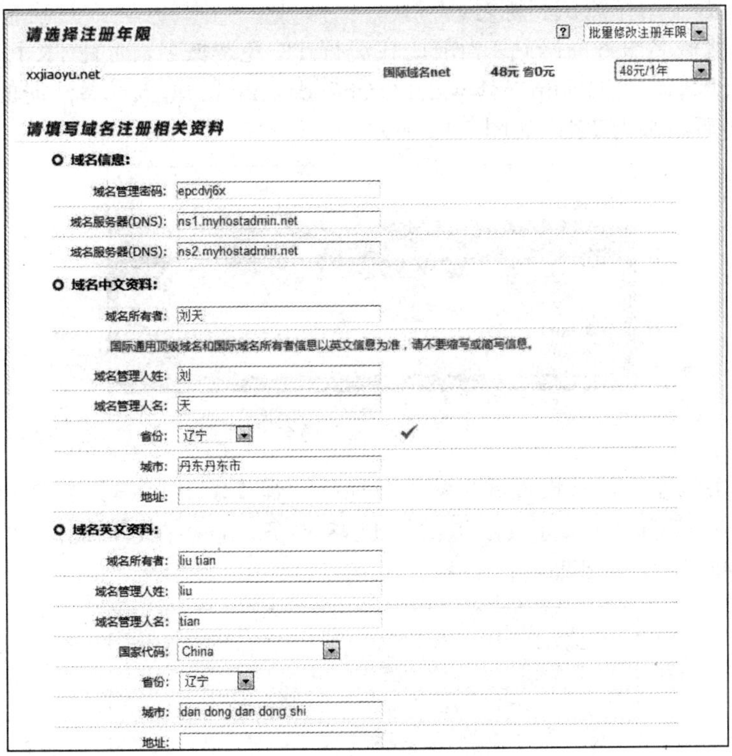

图2.13　填写域名注册信息

(4) 支付域名使用费，等待域名开通。当前普通的域名每年的使用费在几十元到几百元不等，付款后，域名很快就会生效，如图2.14所示。

图2.14　付款流程

但是，如果注册的是.cn 域名，则付款后还要提交相关资料进行审核。对于企业用户，需要7天内提交相关资料，包括注册企业证件号码及证明材料(组织机构代码证或营业执照的扫描件)和注册人身份证号码及证明材料(身份证扫描件)。对于个人，则需要提交注册人的身份证号码及证明材料(身份证扫描件)。域名代理机构收到材料后将会初审，通过后将提交 CNNIC 进行审核。如果审核不通过，则域名代理机构将会把域名使用费退给注册人。

2. 免费域名申请

免费域名，一般是指免费二级域名。现在一些服务商注册一个一级域名，以此为基础提供免费二级域名注册服务。注册者可以免费注册一个格式为"一级+二级"的域名，然后利用它实现域名解析、域名转发等服务功能。由于这种域名没有产权保障，可以重复，并非全球唯一，使用者对域名没有所有权，可能随时被丢弃、失效。由于存在这些问题，因此免费域名只适合于用作测试和练习。

(1) 登录免费域名服务商网站。当前比较流行 TK 免费域名，而且 TK 可以像.com、.net 等一样作为顶级域名。登录 http://www.dot.tk/zh/index.html，输入准备注册的域名，注意：在此注册的域名后缀都为.TK，如图 2.15 所示。

图 2.15 输入域名

(2) 输入相关信息，并且设置域名解析。如果选择【使用 DNS】选项、【Dot TK DNS Service】选项，则表明你选择了 TK 提供的 DNS 服务，直接在它后面的 IP 地址栏中输入你所申请网站空间的 IP 地址即可，如图 2.16 所示。

图 2.16 填写域名解析信息

项目二　电子商务的基础技术

(3) DNS 设置。如果选择【使用 DNS】选项、【你自己的 DNS】选项，则表明使用国内已有的 DNS 解析服务，相对于使用 TK 提供的 DNS，这种方式网站响应速度会比较快，当然首先需要找一个国内的 DNS 服务器地址，如图 2.17 所示。这里直接填写了 DNS 服务器的名字，IP 地址可以不填。

图 2.17　使用国内的 DNS

另外，域名解析可以在域名注册后随时修改，如图 2.18 所示，登录你在 TK 中注册的账户，所有注册过的域名都在其中，可以随时进行修改和管理。

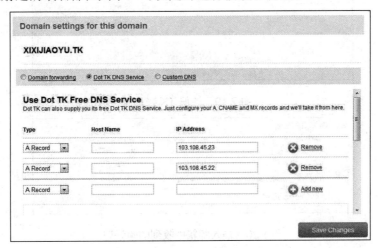

图 2.18　使用国内的 DNS

在域名解析过程中出现了"A 记录"等一些术语，这里解释一下。

① A 记录。又称 IP 指向，就是域名所直接指向的网站 IP 地址。

② CNAME。称为别名指向，当为网站设置一个别名时，可以利用别名直接访问这个网站。例如设置 test.html.com 这个别名来指向网站 www.xxjiao.tk，那么以后就可以用 test.html.com 来代替访问 www.xxjiao.tk 了。CNAME 的目标地址只能使用网站名，不能使用 IP 地址，而且网站名前不能有任何其他前缀。

③ MX 记录。也称邮件交换记录，用于将以该域名为结尾的电子邮件指向对应的邮件服务器进行处理。例如用户所用的邮件是以域名 xxjiao.tk 为结尾的，则需要在管理界面中添加该域名的 MX 记录，来处理所有以@ xxjiao.tk 结尾的邮件。MX 记录可以使用网站名或 IP 地址。

④ NS 记录。称为解析服务器记录，用来表明由哪台 DNS 对该域名进行解析，NS 记

49

录只对子域名生效。例如希望由 101.100.100.12 这台服务器解析 zs.xxjiaoyu.tk，则需要设置 zs.xxjiaoyu.tk 的 NS 记录。

⑤ TTL 值。是 Time To Live 的缩写，即生存时间。表明 DNS 记录在 DNS 服务器上的缓存时间，一般设置不超过 15 分钟即可。

(4) 后续工作。设置完 DNS 后，还需要用户在 TK 网站上注册一个用户，一般用谷歌或微软的邮箱进行注册。注册成功后，在邮箱中就会收到一个验证码，输入验证码，完成域名注册的全过程，如图 2.19、图 2.20 所示。一般 24 小时内可以完成域名解析，以后可以用自己的用户名登录 TK，在账户中管理所有自己注册过的域名。

图 2.19　注册 TK 账户

图 2.20　输入邮箱中收到的验证码

另外，如果注册的域名不是免费的，那么在域名注册代理商的页面下设置 DNS，过程与上面的类似，或者设置步骤更加简单。

3. 域名备案

域名备案，也就是网站备案，即为网站申请 ICP 备案号。网站的所有者向国家有关部门申请备案，主要是为了防止在网上从事非法的网站经营活动，打击不良互联网信息的传播。如果网站不备案的话，很可能将被关停。网站提供的信息服务可分为经营性信息服务和非经营性信息服务两类。

经营性信息服务，是指通过互联网向用户有偿提供信息或者网页制作等服务活动。从事经营性信息服务业务的企事业单位应当向主管部门申请办理"互联网信息服务增值电信业务经营许可证"，申请人取得经营许可证后，应当持经营许可证向企业登记机关办理登记手续。非经营性信息服务，是指通过互联网向用户无偿提供具有公开性、共享性信息的服务活动。从事非经营性互联网信息服务的企事业单位应当向主管部门申请办理备案手续。非经营性互联网信息服务提供者不得从事有偿服务。

项目二 电子商务的基础技术

在网站备案时需要注意一些事项：网站所有人的证件及通信地址要详细无误；网络购物、WAP、即时通信、网络广告、搜索引擎、网络游戏、电子邮箱、有偿信息、短信彩信服务为经营性质；综合门户为企业性质，网站所有人应以企业名义报备，个人只能报备个人性质网站。

一般企业网站备案所需要提交的资料包括营业执照的扫描件、网站负责人的身份证扫描件、负责人照片、主办单位所在地的详细联系方式；个人备案需要网站负责人身份证的扫描件。

当前，许多域名注册代理机构也为用户代办网站备案业务。

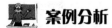
案例分析

大数据为1号店的供应链发展提供新动力

【案例简介】

2012年沃尔玛收购了国内知名的B2C电子商务网站"1号店"，沃尔玛希望通过1号店能够进入中国的电子商务市场，把它构建成中国的"网上沃尔玛"。

沃尔玛的供应链是全球零售商中最先进的，通过全球网络，沃尔玛数千家门店可在一小时内对每种商品的库存、在架以及销售盘点一遍。作为"网上沃尔玛"，1号店同样注重利用信息技术对供应链进行整合。1号店将供应商平台、结算系统、仓储管理系统、运输管理系统、数据分析系统以及客服系统集成于自主开发的1号店SBY平台，从而实现数据统一管理。

那么，1号店如何利用电子商务技术使得其供应链更加快捷有效？1号店如何把控与供应商的合作呢？

1．收集信息，预测需求

12月6日中午，家住天津河西区的小张从1号店网站订购了一盒巧克力。小张不知道，就在他单击"确定付款"按钮的一瞬间，在整个1号店信息系统及供应链体系中就产生了复杂的变化。

首先，当小张将自己购买的巧克力放入购物车的一瞬间，1号店信息系统已经将该商品"冻结"了。在1号店位于北京的配送中心库存里面，该商品数量减少了一套，尽管它的物理位置并没有发生变化。其次，当小张付款完成之后，他订购的这盒巧克力便形成一个订单，以每秒10GB的速度迅速传输到仓储管理系统。由于仓储管理系统与1号店的购物平台数据进行无缝链接，收到订单后便形成一个拣货"任务"，根据系统的计算，安排人员以最佳的路径进行拣货、打包并发货。第二天下午，小张已经收到包裹，等确认商品完好后，小张便签收快递，而这一信息又被及时回传到1号店信息系统。

事实上，小张通过鼠标触发的"蝴蝶效应"并不局限于此。作为1号店的老顾客，小张的购物习惯已被1号店信息系统记录并且分析。因此，小张登录自己的账号时，他之前的浏览记录，他经常购买的商品以及他有可能喜欢的商品都会被推荐在页面上。

仅小张这一笔订单就引发了1号店整个系统的连锁反应，而目前1号店的会员数是3 000万，其中每天都有500万在1号店网站进行浏览。大量会员产生的巨大信息，使得1号店叩开了大数据时代的大门。为了处理这样巨大的数据，1号店独立开发全套系统，并且有一支数量巨大的技术团队。据了解，仅1号店在武汉的IT基地就有千人。

1号店非常重视对数据的整理和挖掘。在传统门店，一个消费者拿起一瓶水，看了一下，然后又放回货架。对于传统零售商而言，这一轻微的举动很容易被忽视掉，但其背后反映出消费者的购物习惯。对于1号店而言，由于能够保存消费者的浏览和购买记录，从而能更加精准地预测订单，使得供应链相应更加快捷。1号店利用这些规律进行数据挖掘，把顾客过去的购买、搜索、收藏，甚至商品浏览的路径信息全部记录下来，把这样的记录作为顾客行为模型，用顾客行为模型去预测顾客会有什么样的需求。同时为顾客开展个性化的服务，提醒顾客购买自己喜欢的商品。这就是传统商务所无法比拟的优势。

2．波次拣货与路径优化

在1号店总部大厦的监控中心中有数十台显示器整齐排列在一面墙壁上，实时显示1号店的数据。例如，首页和每个频道的浏览量、实时订单分布地图、订单趋势图、商品销售排行榜以及用户搜索关键词等，1号店每时每刻的运营状况都能在上面体现。在1号店每一秒都有订单下达，每笔订单的商品品类、数量以及配送地址都不一样。以小张为例，在他订购一盒巧克力的同时，与他同一小区的其他客户订购了别的东西，为了减少物流成本，当然将同一位置的订单归结在一起最好。但问题是，1号店系统如何能够自动识别每个订单的关联性，并且将来自四面八方、杂乱无章的订单与配送中心整齐存放的商品一一对应？

为此，1号店发明了"订单池"概念。1号店配送中心接收到订单之后并不是立即按照订单内容进行拣货，而是把订单投入订单池。如同水池一样，订单池里面永远"沉淀"一定数量的订单，系统根据每个订单的关联进行"分波"，每15~20个订单为一个波次，具有相同属性的订单都归结为一个波次。所谓的"相同属性"是为了提高效率，将具有关联的订单合并为一个波次，这些关联度完全是从数学的角度计算而来的。当一个波次在订单池形成之后，拣货人员的数据采集器就会出现相应的指令，告诉他到什么位置去拣什么样的商品等。这里面涉及一个路径优化的问题。

1号店的库位按照商品的关联度和畅销度来决定。一般有个畅销商品区，离包装区很近，以便快速拣货。商品的关联度越大则放得越近，拣完一个马上可以拣另一个。货品上架可按预先计算好的库位配置，也可动态地随机摆放。后者库位的利用率要高不少，但需要射频识别技术支持，实时定位。商品在入库前都会规划自己的位置，这些位置也将输入系统。订单池形成一个波次之后，系统就会根据该波次中订单的情况以及商品的位置为拣货员规划一条最优路径。一般情况下，最优路径是拣货员行走的最短距离，或者是先拣较轻的商品，后拣较重的商品，以节省拣货员的体力。当每个波次拣货完毕之后，拣货员就会将商品进行打包，随后该商品进入分拣中心，根据订单的地址通过自动滑轨进入相应的发货区。在该发货区，早有车辆在等候。

通过波次分配和路径优化，1号店的拣货效率得到了很大的提高。一个1号店仓库拣货员在上海单个面积30 000平方米毗邻的4个仓库里，从约30万件商品中拣出16.7件产品(16.7件是1号店平均每单的数量)，需时不超过80秒。

【案例分析】

供应链管理是当前电子商务企业的核心竞争力，因为它直接关系到顾客体验，关系到电子商务企业能否把成本足够降低，使商务模式更加优化。其中关键的一个因素是集成化，所有的系统在一个大平台上共享数据、共享服务；另一个就是所有的数据必须实时提供，让供应链透明，可以随时改变商务模式，随着规模做大，成本逐渐下降。通过对上述案例的分析，可以发现电子商务的发展需要在信息技术方面进行大量、持续地投入，这其中既包括计算机设备、网络设备、物流设备等硬件部分，更包括引入如大数据、云计算、数据挖掘等技术。当然，各种管理技术在电子商务中也是不可或缺的。通过案例可以看到，1号店也是通过几年来不断引入电子商务技术，才使得供应链上的成本持续下降，物流效率不断提高，周转率进一步加快。并且，可以预见未来1号店在供应链管理领域还会有更大的改善空间。

当人们准备使用电子商务时，很多情况下，弄清楚"是什么"比寻找"为什么"更加重要，因为前者表明事实才是人们生活和思维的基础；而后者可能没有答案。以大数据、云计算为标志的电子商务技术应用，标志着电子商务时代真正地到来。人们在网络活动中使用过的各种信息现在都可以用新的形式加以利用，互联网将会变得更加"聪明"，可以为消费者提供更加便利、舒适的生活方式。

(资料主要来源：网易科技 http://tech.163.com/13/0609/09/90TSB6RA000915BF.html)

项目二　电子商务的基础技术

2.2 习　　题

一、单项选择题

1. 下面的哪种技术不属于常见的电子商务技术？（　　）
   A．数据仓库　　　B．云计算　　　C．3G　　　D．CAI
2. 计算机网络按照地理范围分类为：局域网、城域网和（　　）。
   A．无线网　　　B．互联网　　　C．有线网　　　D．广域网
3. 在高校的计算机房中，（　　）是最为常见的局域网拓扑结构。
   A．星型　　　B．总线型　　　C．环型　　　D．树型
4. 在 OSI 参考模型中，最上层是（　　）。
   A．表示层　　　B．应用层　　　C．物理层　　　D．网络层
5. 在计算机网络中实现资源共享功能的设备及其软件的集合称为（　　）。
   A．通信子网　　　B．资源子网　　　C．应用子网　　　D．路由子网
6. 下面的（　　）属于 Internet 基本服务。
   A．WWW　　　B．CAD　　　C．3G　　　D．GIS
7. （　　）、EDI 软件硬件和通信网络是构成 EDI 系统的三要素。
   A．数据类型　　　B．加密解密　　　C．操作系统　　　D．数据标准
8. 电子商务基础平台，包括（　　）、支付网关接口和客户服务中心 3 个部分。
   A．网络接口　　　　　　　　B．通信接口
   C．CA 认证中心接口　　　　D．数据分析接口
9. 电子商务网站的建立主要有 3 种方式，包括（　　）、专线接入和主机托管。
   A．虚拟网络　　　B．虚拟主机　　　C．主机租赁　　　D．主机服务
10. （　　）是计算机系统中用来管理各种软硬件资源，提供人机交互使用的软件。
    A．操作系统　　　B．应用软件　　　C．杀毒软件　　　D．数据库

二、操作与实践

1. 一个生产啤酒的企业将要建立一个小型电子商务网站，向你进行咨询。请根据企业的实际情况，给出一个建议，包括采取何种建站方式，如何申请域名，需要采购什么样的软硬件和网络设备，做什么样的前期准备，需要什么样的人员，建立网站需要多少资金，每年需要多少运行、维护费用等，最终形成一份可行性分析报告，以供企业参考。

2. 实际操作不同类型的手机、平板电脑等移动设备，并且通过互联网查找相关的文章，了解一下 iOS、Android、Windows 8 各自有什么主要的优缺点，并预测一下它们未来的发展。

项目三 电子商务基本模式的交易流程

📌 教学目标

通过本项目的学习，使学生掌握电子商务常见的几种模式的功能、类别、特点，以及主要模式的基本交易流程。

📌 教学要求

知识要点	能力要求
BtoB 模式	(1) 掌握 BtoB 模式的概念、模式、特点 (2) 了解并掌握第三方 BtoB 电子商务平台的优势 (3) 了解并掌握中小企业对第三方 BtoB 平台的选择技巧
BtoC 模式	(1) 掌握 BtoC 模式的概念 (2) 掌握 BtoC 模式 (3) 了解 BtoC 电子商务的基本交易流程
CtoC 模式	(1) 掌握 CtoC 模式的概念 (2) 了解 CtoC 电子商务的基本交易流程

📌 重点难点

- ➤ BtoB 模式的概念、类别
- ➤ BtoB 电子商务的基本交易流程
- ➤ BtoC 模式的概念、类别
- ➤ BtoC 电子商务的基本交易流程
- ➤ CtoC 电子商务的基本交易流程

项目三 电子商务基本模式的交易流程

3.1 任务 第三方 BtoB 平台的使用

任务引入

大连海洋大学职业技术学院是一所全日制高等职业技术学院。学院计算机系负责管理的计算机实训室，既为本专业的计算机有关课程服务，也为全校的与计算机有关的课程服务。为了适应计算机教学的需要，计算机系领导决定淘汰一批方正文祥电脑，并配备一些电脑桌，准备于 2014 年秋季投入教学使用。听说网上购物可以货比三家，而且价格也比较便宜，系领导决定到网上试试，希望能够通过互联网交易平台把淘汰的方正文祥电脑销售出去，并买到质量优、价格适宜、后续服务完善的电脑桌。系领导把这一任务交给了主管计算机实训室工作的葛老师，并要求葛老师能够在半个月内买到所需物品。

任务分析

葛老师接受任务后，进行了如下分析：

(1) 学校淘汰的方正文祥电脑，有一定的使用价值，到哪个网站销售较好，以什么形式销售呢？购买电脑桌要考虑物流和后续服务问题，供应商要限定在什么范围内呢？

(2) 虽然听说第三方 BtoB 平台应用方便，但它具体有哪些功能模块，应该如何使用呢？

(3) 现在国内比较知名的第三方 BtoB 平台有阿里巴巴网、慧聪网、中国制造网等，应该选择哪个平台呢？

相关知识

3.1.1 BtoB 电子商务概述

BtoB 模式，即企业对企业(Business to Business，B2B 或 BtoB)的电子商务，是企业与企业之间通过互联网进行产品、服务及信息的交换。通俗地说，BtoB 模式是指进行电子商务交易的供需双方(商家或企业)，使用互联网的技术或各种商务网络平台，完成商务交易的过程。这些过程包括发布供求信息、订货及确认订货、支付过程及票据的签发、传送和接收、确定配送方案并监控配送过程等。

从供应链角度来理解，BtoB 主要是针对企业内部，以及企业(B)与上下游协作厂商(B)之间的资讯整合，并在互联网上进行的企业与企业间交易。借由企业内部网(Intranet)建构资讯流通的基础，及外部网络(Extranet)结合产业的上中下游厂商，达到供应链的整合。因此透过 BtoB 的商业模式，不仅可以简化企业内部资讯流通的手续，更可加快企业与企业之间的交易流程，减少成本的耗损。

3.1.2 BtoB 电子商务的模式

在分工日益细致的今天，BtoB 电子商务领域也存在着多种经营模式，从不同的角度划分为不同的类型。

1. 从5种基本市场交易中枢划分

从5种基本市场交易中枢划分，企业间电子商务模式可以分为5类。

(1) 买方市场。这是一种以买家为中心，专门为某一家公司所设计的采购型网站，是由买方自己投资建设的，例如英特尔、沃玛特、IBM、通用汽车等。

(2) 卖方市场。这是一种以供应商为中心，专门为某一家公司所设计的推广型网站，它是由供应商自己投资建设的，如Dell公司。

(3) 采购入口网站。是指集中几家大买家共同构建的用来联合采购的网站，投资者希望通过联合买家的议价力量得到价格上的优惠。这类网站最适合的是企业的非直接性物料采购，例如办公室文具等。这类网站有一个显著的特征，它是比较偏向于为买家提供服务，而不会更多兼顾到供应商的利益。如 www.worldwideretailexchange.org(零售业交换市场)，就是大约有27家零售商联合创办的。www.covisint.com 是通用、福特、戴姆勒-克莱斯勒汽车公司共同建立的用来进行零部件采购的电子商务网站。这类网站，由于买家之间本身就存在着同行业的竞争，因此不太容易运作，目前已经有许多家网站开始解散。

(4) 供货入口网站。这是指以供应商为中心，结合几家大型的供应商，给多家买家供货。例如位于芝加哥的 www.grainger.com，它主要是供应工程设备，但它并不是什么都有，所以它就与其他的供应商联合。比如说，我供应锤子，而与我联合的供应商供应钉子，作为房产建造商到该网站上来寻找他所要的产品就容易多了。这类网站的一个显著特征是，它比较偏向于为供应商提供服务，而不会更多兼顾到买家的利益。例如第一商务(CommerceOne)、艾瑞巴(Ariba)、甲骨文(Oracle)等就是这种类型的网站。

(5) 独立第三方市场。这是一种没有买方和卖方的投资而自行建立起来的中立的网上市场交易中枢。这种独立的市场交易中枢的角色是非常特别的，它既不偏向买家，也不偏向于供应商一方。例如 PlasticNet、PurchasePro 以及 GlobalSources 等都是属于这种类型。独立市场交易中枢模式目前面临的最大挑战，就是如何成功建立一个拥有买家及供应商的重要社群，建立一个确实有效的商业市场及获得盈利的途径。这个独立市场交易中枢必须可以弥补以买家或供应商为主导的市场交易中枢的不足。

2. 从技术上划分

从技术上划分，BtoB电子商务模式可以分为3类。

1) 基于ERP的企业间电子商务模式

随着市场竞争的进一步加剧，企业竞争空间与范围的进一步扩大，以及市场与客户需求的差异化，20世纪80年代物资需求计划(MPRII)主要面向企业内部资源的全面计划与管理，到20世纪90年代逐步发展成为面向全社会资源怎样进行有效利用与管理。企业资源计划(Enterprise Resource Planning, ERP)就是在这种时代背景下产生的。在ERP系统设计中，考虑仅靠自己企业的资源不可能有效地参与市场竞争，还必须把经营过程中的有关各方，如供应商、制造工厂、分销网络、客户等纳入一个紧密的供应链中，才能有效地安排企业的产、供、销活动，满足企业利用全社会一切市场资源快速高效地进行生产经营的需求，以期进一步提高效率，在市场上获得竞争优势。

项目三 电子商务基本模式的交易流程

ERP 是最原始的企业间电子商务模式。它是从企业内部管理需要出发，将与企业紧密关联的供应商纳入网上交易环节。这种网上交易，采用的是专用的增值网络(Value Added Network，VAN)，入网的使用者必须安装专有软件，并且这些使用者都是与企业有业务往来的单位。对于这种网上交易，其实主要的作用是传输信息和订单。由于网络的封闭性和使用者的有限性，通过 ERP 实现网上原始交易(信息交换)时比较安全和可靠，而且交易后不容易出现法律问题，因为企业之间是紧密的伙伴关系。存在的问题是，网上交易对象比较局限，而且系统维护成本比较高。

2) 基于 EDI 的企业间电子商务模式

EDI 的实现过程就是用户将相关数据从自己的计算机信息系统传送到有关交易方的计算机信息系统的过程。该过程因用户应用系统以及外部通信环境的差异而不同。

3) 基于 Web 的企业间电子商务模式

基于 Web 的企业间电子商务模式，即企业通过建设 WWW 网站，访问者在站点规定权限内，可以通过浏览器访问企业站点。访问是交互式的，一方面可以从网站获取需要的信息，另一方面可以直接发送信息(如订单、要求)给网站。

这种电子商务模式，由于有标准的软件支持平台，对使用者要求非常低，但对企业提出很高的要求。因为企业建设的网站必须有丰富的产品信息和提供相关支持服务，所以要建设一个功能比较完善的、支持电子商务的企业网站需要投入很大的费用。

基于 Web 的企业间电子商务模式包括以下几种类型。

(1) 网上直销型。这种方式是一些大型企业经常采用的，虽然这种方式投入比较大，但企业节约的成本和扩大销售的收入也是非常可观的。如 Dell 公司将其产品目录、类型、规格和相关信息在其网站公开，顾客可以根据需要进行查询和订购。

(2) 专业服务型。服务已经成为国际贸易和商务活动中的重要部分，服务成本上升非常快，许多企业对服务的要求越来越高。专业服务型电子商务网站就是顺应这种需要建设的。这种网站的费用比较高，技术支持和运转费用也比较高，但比传统依赖人工方式实现服务的成本要低得多。如 FedEx 公司为方便顾客查询包裹投递情况，建立网站提供网上实时查询服务；对于一些大型客户还专门提供终端，方便客户在办公室进行邮寄。

(3) 混合型。许多企业在提供产品的同时还涉及服务，因此上面两种类型的商务网站经常是融合在一起的，即在提供产品网上销售的同时，还提供技术支持和售后服务。如 Dell 公司的网站就可以为用户提供软件下载、技术支持和订单查询等服务。

(4) 中介型。对于许多小型企业，由于无法单独承担昂贵的网站建设和维护费用，又要利用互联网络进行企业间电子商务活动，这些小型企业可以借助一些提供中介服务的电子商务站点实现企业间商务活动。这类中介的站点一般是将相关的供应商和采购商汇集在一起，客户只需要向站点交纳一定的费用即可。如美国著名的计算类产品中介站点 www.openmarket.com。此外，提供企业间商务交易辅助服务的电子商务网站也属于中介型，如网上银行提供网上支付服务，认证中心提供网上商务活动中需要的第三方认证服务等。

3.1.3 BtoB 电子商务的特点

1. 交易额大

BtoB 相对 BtoC 来说是次数少,但每次的交易金额数量大,而且 BtoB 的交易对象比较集中。

2. 交易规范

BtoB 是过去商务关系和商务活动的延续,而这一商务关系是构筑在高信任度和电子合同基础上的。

电子合同,即通过计算机网络系统订立的、以数据电文的方式生成、储存或传递的合同。交易双方对所有交易细节经过认真谈判和磋商后,将双方在交易中的权利、所承担的义务,对所购买商品的种类、数量、价格、交货地点、交货期、交易方式和运输方式、违约和索赔等合同条款,全部通过电子合同做出全面具体的规定,并使用数字签名等方式签名。

电子合同与传统合同有着明显的不同。

(1) 订立的环境。传统合同发生在现实世界里,交易双方可以面对面协商;电子合同发生在虚拟空间中,电子合同当事人的身份依靠密码的辨认或认证机构的认证,交易双方一般互不谋面。

(2) 订立的环节。电子合同要约与承诺的发出和收到的时间比传统合同复杂,合同成立和生效的构成条件也有所不同。

(3) 合同形式。电子合同所载信息是数据电文,传统合同是白纸黑字。电子合同不存在原件与复印件的区分,无法用传统的方式进行手写签名和盖章。

(4) 对相关法律的影响。电子合同形式上的变化,对与合同密切相关的法律产生了重大影响,如知识产权法、证据法等。

3. 交易复杂

BtoB 一般涉及多个部门和不同层次人员,因此信息交互和沟通比较多,而且对交易过程控制比较严格。

4. 对象广泛

BtoB 的交易对象可以是任何一种产品,而在网上销售给消费者的产品由于受到消费者的消费习惯限制,一般都集中在图书等标准化商品或者与信息技术相关的商品。BtoB 是目前电子商务发展的主要推动力。

3.1.4 第三方 BtoB 平台概述

第三方交易平台模式中,由第三方建设的电子商务平台是为多个买方和多个卖方提供信息和交易等服务的电子场所。

随着电子商务行业应用进一步普及,第三方服务平台发展良好。2010 年我国 BtoB 电子商务服务企业达 9 200 家,同比增长 21.3%。使用第三方电子商务平台的中小企业用户规模已经突破 1 400 万,行业电子商务平台的数据和资料都有了大幅度的提高。

项目三　电子商务基本模式的交易流程

1. 第三方 BtoB 平台的优势

第三方 BtoB 平台与自建网站模式相比,有着很多优势。

(1) 网络营销成本低。相对于大多数企业通过企业网站、搜索引擎开展网络营销而言,通过 BtoB 第三方平台交易最为直接的特点就是成本相对较低,可以大大降低网站开发和维护的费用。一般来说,企业建设网站、维护网站、搜索引擎营销一年费用大约需要几万,而通过第三方 BtoB 平台费用才要千余元,且应用简便,可以节省大量人力、物力。比如慧聪买卖通会员年费 2 580 元,阿里巴巴中文站会员年费 2 800 元。

(2) 针对性强。阿里巴巴的"诚信通"通过提供网上贸易的高级服务,为发展中企业量身定制,通过为企业进行认证和提供强大的服务,来提高成交机会。慧聪通过做商情网刊建立数据库,在商情的客户基础和数据库基础上再做市场研究,再在市场研究的基础上开展广告代理与展览业务。每一次业务的拓展,都是一个叠加的过程。慧聪推出的"买卖通"主要是推出网上交易 VIP 服务,是中小企业获得全面服务的通行证,通过强大的资讯网络且汇集各专业市场优势,为企业提供全面、专业、贴心的网上交易服务。慧聪有几百人的慧聪研究院,专门针对每一个细分的行业进行信息的整理分析,相比 Google 和 Yahoo!,慧聪能让用户更准确地覆盖到他们的有效客户群。

(3) 交易信息充分。第三方平台集成了大量买方需求信息和卖方供应信息。与其他形式的网络营销(如企业网站、搜索引擎)相比,通过 BtoB 第三方平台交易最为突出的特点就是不仅针对性强,而且人流量大,交易信息充分,营销效果明显。第三方交易平台拥有大量已经注册的有买卖意向的会员,以及这些会员发布的买卖交易信息,蕴藏了无限的商机。如易观国际数据显示:2010 年,阿里巴巴的国际、国内付费会员分别达到了 12 万和 63 万。买卖双方企业在第三方平台集成,能够很好地利用第三方平台的规模效益。

(4) 达成交易概率高。大量卖方通过第三方平台发布信息,可以吸引更多的买方访问平台,从而增加卖方的商业机会。买方不限于和特定的卖方交易,这使卖方不只在价格上,还要在质量、交货时间、定制化等方面进行竞争。第三方平台撮合买卖双方、支持交易,能够帮助企业更好地在网络上宣传企业和推广产品,促成交易的达成。第三方电子商务平台可以使买方搜寻需要的产品和服务。如图 3.1 所示。

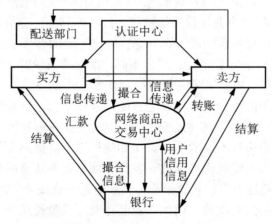

图 3.1　第三方电子商务平台

(5) 交易比较安全。网络交易本身的特点就是虚拟性，这种虚拟性使买卖双方在交易过程中容易产生不信任，从而制约了网上交易的顺利进行。而第三方 BtoB 平台会对会员企业进行身份认证。比如要想成为慧聪网的正式会员或阿里诚信通会员，必须经过第三方独立认证机构，比如华夏邓白氏、上海杰胜、澳美资讯等的核实。

(6) 极具生态性的增值服务。第三方电子商务平台是以客户为中心的开放式中立商务平台，是一种有盈利潜力的电子商务模式，其以创新的方式提供传统的功能，用增值功能的形式服务于买卖双方企业，包括资讯服务、博客、论坛、竞价、广告等服务。这些附加服务的存在扩展了平台的功能性，增强了客户凝聚力，为市场平台聚集了人气，强化了平台原有的市场销售功能，使平台更具生态性。易观数据显示：2010 年，阿里巴巴的增值服务收入占比从 2009 年的 17%提升至 2010 年的 23%；同时慧聪、网盛生意宝等 BtoB 上市公司，都开始推出增值服务，并将其作为重要的战略计划实施。

2. 中小企业选择第三方 BtoB 平台的技巧

在市场竞争日益激烈的当下，中国中小企业面临着扩大客户群体、进一步消化内部产能的压力。通过传统渠道寻找客户的方式已陆续被互联网营销所取代。作为最精准的客户来源地，BtoB 电子商务平台较普通大众搜索有着更大的优势。然而，在国内众多 BtoB 平台中，中小企业又应如何选择？

(1) 企业自身定位。当前的 BtoB 平台已经不仅仅是企业营销的重要渠道，还是品牌营销的重要阵地。投身 BtoB，企业要考虑通过平台实现什么。仅仅是多一个营销渠道，还是希望完成从品牌建设、客户关系建设、市场销售乃至上游供应链管控的多种企业行为。站在这个角度，综合平台将更有优势。阿里巴巴与慧聪网都是国内著名的综合性平台，但发展方向上略有区别：阿里更在乎营销，慧聪则更在乎品牌。阿里在程序设计、视觉效果上给用户带来了更佳体验，面向线上营销是阿里重要的主题，而慧聪在重视营销的前提下更在乎企业的整体品牌塑造。

(2) 第三方 BtoB 平台有效用户和有效信息的数量。第三方 BtoB 平台汇集了大量的注册会员。这些会员每天发布大量的供求信息。丰富而有效的信息可以帮助企业及时了解市场形势，定位发展方向。点击"海外商机""供货信息""求购信息""合作信息""产品目录""样品库""企业名录""企业报价"等链接，可以得到各种有价值的商业需求信息。因而有效用户量、有效的信息量自然成了企业选择网络平台的首要依据。

(3) 第三方 BtoB 平台的行业定位。产品不同，面对的消费群体就有所不同。企业只有进行准确的行业市场定位，才能使网络营销行之有效。通常，第三方 BtoB 平台按照面对的行业不同，可以分为水平的综合性平台和垂直的行业性平台。综合性平台行业范围广，人流量大；行业性平台纵深性好，且专业服务突出。因此企业在选择第三方 BtoB 平台的时候，要针对自己产品的特点，进行不同的选择。比如阿里巴巴借助淘宝的优势，在内贸消费品行业中可谓家喻户晓，占有绝对优势地位。但是，如果企业从事的是汽配行业，阿里却不是最佳选择，慧聪反倒超过阿里。慧聪企业三大战略之一就是"垂直细分"，在很多垂直行业，慧聪有着不可比拟的绝对优势。比如工业品行业，慧聪长期处于行业第一；工艺品位列国内第二；其他，如五金建筑、服装家纺、汽车汽配等行业也都处于领先地位。行业优势、

项目三 电子商务基本模式的交易流程

网站流量应该成为平台选择优先考虑的内容。企业需要区分大众流量与精准流量，而只有后者才是企业真正的目标人群。

(4) 第三方 BtoB 平台的增值服务。第三方 BtoB 平台在应用的过程中之所以能够受到客户的欢迎，除了因为它的平台功能外，还在于它为客户提供了很多增值服务。比如在阿里平台上的附加功能有：即时为客户提供服务，带来无穷商机的阿里旺旺；提高在阿里社区知名度的阿里博客、阿里论坛；增加可见度的竞价排名，以及商机订阅和黄金广告等。而环球资源既有丰富的网上资源，又有周期性的线下展览会、强大的媒体杂志等。

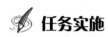

任务实施

1. 注册会员

要想享受阿里巴巴中文站提供的功能，首先要成为该站点的会员。

1) 填写会员信息

单击阿里巴巴中文站首页左上方【免费注册】按钮，按要求填写会员注册信息，如图 3.2 所示。如果填写正确，提交后，会有如图 3.3 所示的注册成功的提示。

图 3.2　阿里会员注册

【提示】

(1) 会员登录名为 4～20 位字母开头的字母或数字，不支持中文和特殊字符(@、#、$、%等)。

(2) 密码是 6～20 位字母或数字，请勿包含登录名、姓名等个人信息，不要使用相同和连续的字母或数字。

(3) 电子邮箱要填写正确，这涉及后面的邮箱确认。

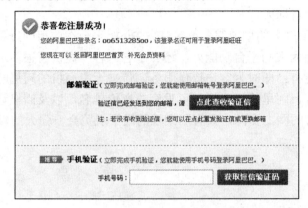

图 3.3　阿里会员注册成功提示

2) 邮箱验证

进入邮箱，可以看到阿里巴巴会员注册中心发来的验证信，如图 3.4 所示。

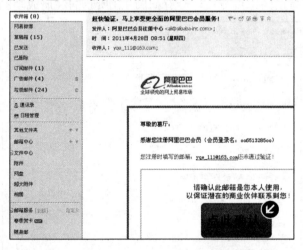

图 3.4　阿里巴巴会员注册中心发来的验证信

3) 注册成功

单击图 3.4 中的【点此确认】按钮，会出现邮箱验证成功的提示，如图 3.5 所示。

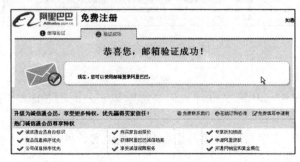

图 3.5　邮箱验证成功的提示

项目三 电子商务基本模式的交易流程

成为阿里中文站的会员后就可以登录网站,享受阿里提供的诸多服务了。但要真正成为诚信通会员还要经过4个环节,如图3.6所示。

图3.6 完成诚信通注册流程

【提示】

普通会员和诚信通会员功能有所差别,见表3-1。

表3-1 诚信通会员与普通会员功能对比

对比项目	诚信通会员	免费会员
认证	有一个营业执照的认证,要通过华夏认证机构等国家权威认证机构认证	手机验证
买家信息浏览	查看阿里巴巴网上最新求购信息及独享买家联系方式	无法看到买家联系信息
发布相册	可发布	不能发布
信息附图片	3张	1张
信息排名	靠前(竞价除外)在阿里巴巴独享购买竞价排名和黄金展位的权利	靠后
关键字竞价	有权参与	无权参与
独立网站	一级域名	无
企业商铺	可以容纳200张图片的商铺	无
诚信通指数	有	无
可交易信息	可发布并用支付宝交易	只能用支付宝购买

以上几点是企业对比选择会员类型的主要依据,由于阿里国内站的主要价值就体现在诚信通服务上,因此建议选择"诚信通会员"。

2. 卖家交易流程

1) 发布供应信息

(1) 进入供应商专区。用注册的会员账号登录后,可以再单击首页中的【供应商入口】按钮,进入供应商专区页面,如图3.7所示。

图 3.7 供应商专区页面

(2) 进入阿里助手页面。单击左侧【服务入口】列表中的【发布供应信息】按钮，进入阿里助手页面。阿里助手是个人阿里账户管理的后台，在这里集合了用户的多项操作功能：供求信息管理、公司介绍、留言、会员资料、交易管理、支付宝账户、客户关系管理等，如图 3.8 所示。

图 3.8 阿里助手页面

(3) 选择信息所属类目。单击页面中的【发布产品供应信息】按钮，进入【选择信息所属类目】页面。在发布供应信息时，可以通过输入产品名称等关键词，快速查找并选择正确的产品类目；也可以按照类目结构，逐级选择产品所对应的类目。输入产品关键词"电脑"，单击【查找类目】按钮，根据输入的关键词，阿里助手可以查找到和关键词相关的类目，如图 3.9 所示。

项目三　电子商务基本模式的交易流程

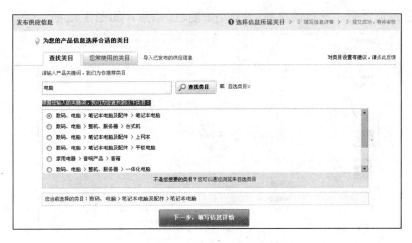

图 3.9　选择信息所属类目

(4) 填写信息详情。选择某一个类目，单击【下一步，填写信息详情】按钮，进入信息填写页面，如图 3.10 所示。详尽填写产品属性，交易条件、产品标题、图片以及关于产品的详细信息，物流运费信息及其他信息后，阅读"阿里巴巴服务条款"，单击【同意协议条款，我要发布】按钮提交成功，等待审核，如图 3.11 所示。

产品属性：在信息发布过程中，产品属性是非常核心的填写内容，建议完整、正确地填写产品属性，可以提高信息在搜索时的命中率，大大提高曝光机会，也能够让买家在第一时间更全面地了解产品。

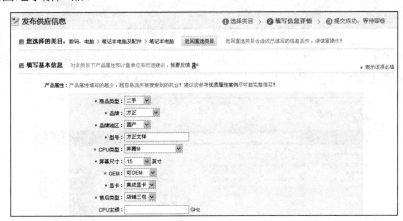

图 3.10　填写信息

图 3.11　提交成功，等待审核

(5) 信息预览页面。发布信息前，可以预览页面信息，如图 3.12 所示。

图 3.12　信息预览页面

2) 寻找买家，达成交易

(1) 在供应商专区，在搜索框上选择【求购】选项卡，并在搜索框中输入要采购的产品名称"电脑"，如图 3.13 所示。

图 3.13　搜索框上选择【求购】

单击【搜索】按钮，所有发布了该产品采购信息的买家都会被搜索出。这样能发现搜索结果中有大量买家发布的需求"电脑"的信息，如图 3.14 所示。

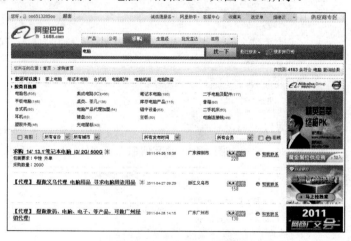

图 3.14　大量买家发布的需求"电脑"的信息

项目三　电子商务基本模式的交易流程

(2) 经过详细浏览后，葛老师发现如图 3.15 所示信息结果比较符合企业的需要，这样就点击查看其详细需求情况。

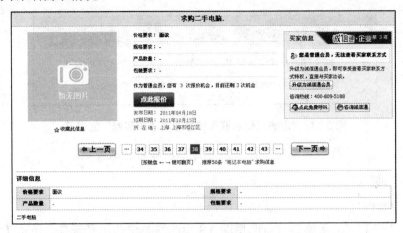

图 3.15　查看其详细需求情况

(3) 在图 3.15 信息详情页面中单击【点此报价】按钮，进入"留言单"页面，如图 3.16 所示。修改标题内容，以吸引对方注意，得到优先回复；留言详细内容不超过 1 500 个汉字。单击【确认发送报价】按钮，留言即可发送到对方的阿里助手留言箱。

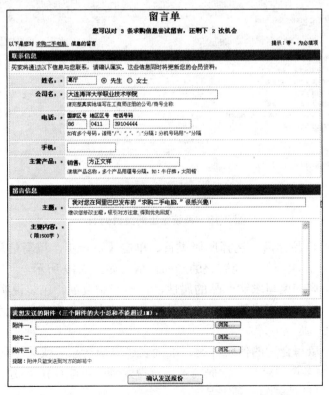

图 3.16　"留言单"页面

67

(4) 单击图 3.16 中的【确认发送报价】按钮,会出现"您的报价和联系信息已发送给买家"的提示,如图 3.17 所示。

图 3.17 "您的报价和联系信息已发送给买家"的提示

(5) 买家通过阿里助手后台交易管理发起订单,即可达成交易。

3. 买家交易流程

1) 发布求购信息

(1) 选择正确的产品所属类目。选择图 3.8 中的发布求购信息选项,单击【发布产品求购信息】按钮,进入发布求购信息中选择类目页面,输入要采购的产品名或关键词"电脑桌",单击【查找】按钮,系统会给出类目列表供您选择,如图 3.18 所示。

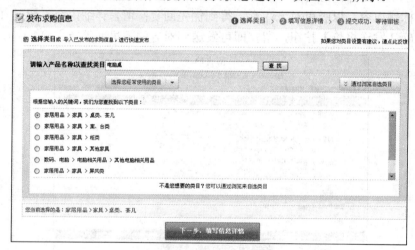

图 3.18 系统给出的类目列表

(2) 填写完整的产品详情。选择所属类目,单击【下一步,填写信息详情】按钮,在打开的信息发布页面,填写尽可能完整的产品详情,如图 3.19 所示。

① 产品属性。详细填写求购产品的属性,包括产品数量、包装说明、价格说明(可以填写期望价格区间)、产品规格等。产品属性填写完整有助于卖家更快速地找到您的求购信息。

② 信息标题。填写合适的信息标题,准确表述求购产品名或关键词(产品若有其他别名,可在标题中填写多个关键词,以提高被卖家搜索到的可能性)。不建议在标题内描述产品属性,一条求购信息只求购一种产品。

③ 产品图片。为进一步让卖家准确了解您的采购需求,建议上传求购产品的图片。

项目三 电子商务基本模式的交易流程

④ 具体要求。描述求购产品的其他相关属性(如材质、型号、相关认证等);描述对供应商的具体要求(如是否要求供应商需要是生产厂家等);描述期望供应商所在地域、交货期、交货地以及其他信息。

⑤ 选择联系方式和信息有效期。请按照实际采购需求选择联系方式,填写求购信息有效期。

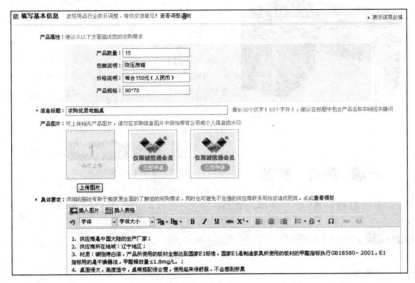

图 3.19　信息发布页面

(3) 发布信息。单击【同意协议条款,我要发布】按钮,会出现"发布成功,您的信息已提交审核!"的提示。

2) 向供应商询价

可以通过多种方式向供应商询价,如:

(1) 直接和供应商旺旺洽谈。

(2) 在供应商旺铺导航上侧单击"在线留言",通过留言询价。

(3) 通过供应商的联系方式、电话进行询价。

3) 网上订购产品

(1) 选择货品。在中国站网页,选中想要买的产品,并查看产品的详细信息,如图 3.20 所示。

(2) 确认订单信息。单击【立即订购】按钮,会进入"确认订单信息"页面,如图 3.21 所示。

① 首先进行收货地址的确认。这里会默认显示您在阿里助手里"交易管理—我是买家—收货地址管理"菜单中设置的收货地址;如您还未做过设置,但绑定了支付宝账户,会把您绑定的支付宝账户中保存的收货地址带过来;如您没有默认使用地址,也可以在"使用其他地址"中进行设置。

② 填写准确的订购信息,带红*的都是必填项。订购数量:填写大于最小起订量、小于可售总量的整数。运费:根据与卖家商定的金额,或根据运费说明来填写。

③ 给卖家留言。可以在本处写上对货品的补充要求，以及记录下和卖家协商过程中所达成的一致意见，提醒卖家发货时注意。

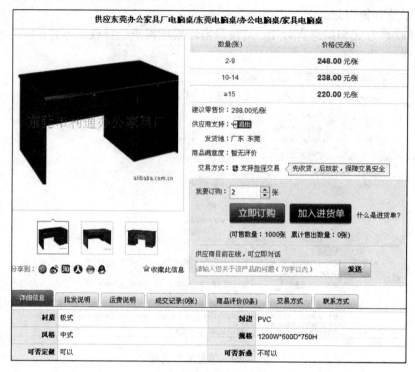

图 3.20 信息发布页面

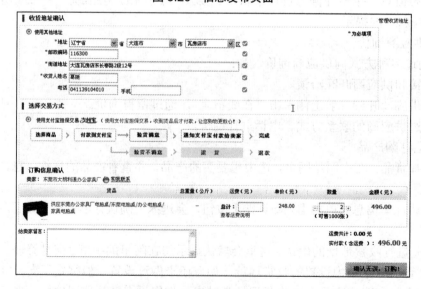

图 3.21 "确认订单信息"页面

(3) 以上内容都填写完毕，输入验证码，单击【确认无误，订购！】按钮，即下单成功。
(4) 付款。订单下单成功后，会进入付款到支付宝的环节。如买家和卖家都已绑定了

项目三 电子商务基本模式的交易流程

支付宝，买家可以直接在阿里助手的"交易管理—我要采购—已买到的货品"中，单击相应货品下面的【付款】按钮，即可进入支付宝收银台付款页面。如卖家未绑定支付宝，页面会提示"订单提交成功！等待卖家绑定支付宝"，需要联系卖家尽快完成支付宝账户的绑定。

如买家未绑定支付宝，页面会提示"还有1步，绑定支付宝后就可以付款啦"，您可以按照提示来进行支付宝账户的绑定，如图3.22所示。

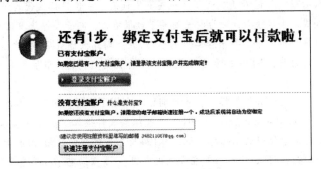

图 3.22 买家未绑定支付宝的提示页面

(5) 卖家发货，交易完成。
(6) 评价。买家进行交易评价，如果是好评，则卖家诚信通指数提高。

 案例分析

电子化集中招标：公开透明 集约高效

【案例简介】

自 2005 年起，国家电网公司开始实行和推进采购活动的集中招标，将所辖省电力公司的输变电物资集中统一招标。经过多年的创新与探索，按照"集团化运作，集约化发展，精益化管理，标准化建设"的运营发展战略，公司集中规模招标采购工作从采用传统的纸质手段，转变为电子化信息手段，发生了日新月异的变化。

"国家电网公司变电项目 2013 年第 4 批货物集中招标 27 个公开招标项目开标会议开始。国网物资公司作为招标代理机构，主持本次开标会议。"8 月 5 日，国网物资公司第二次在集中规模招标采购中实行电子化单轨制开标。

与以往开标大厅现场座无虚席不同的是，这次台下有很多空位。面对记者的疑惑，现场招标工作人员说："自电子化单轨制开标以来，来现场的人少了，而且以后会越来越少。在投标截止时刻起，系统依法依规定自动解密，所有开标数据信息文件以解密后现场和网络同步公示的为准。投标人可以在互联网登录国家电网公司电子商务平台，自行查阅开标数据，远程参加开标会议。"

"不光是人少了，投标人只需要在电子商务平台加密上传电子版投标文件，不需要再重复递交纸质文件。"工作人员补充道。

"以前每次来的时候要拖着箱子，厚厚的报价文件很沉重；现在好了，只需要带着这薄薄的资质证明，真是方便多了。而且现在实行单轨制以电子化文件为准，我们只要在截止时间前成功加密上传电子文件就安心了，也节约了不少成本。"现场的投标人代表说。

国网物资公司档案文件管理人员也深有感触。记得以前批次招标收投标文件时，一箱箱文件堆了几米高，用十几辆车运送文件。批次主设备开投标文件实施电子化后，极大减轻了评标现场的资料管理工作量。与2012年第3批次集中规模招标相比，2013年第3批次电子化单轨制开标整理后的文件资料数量，由原来的344箱减少到47箱，同比减少86%。评标现场需邮寄的开投标文件箱数由原来的512箱减至26箱，同比减少95%。文件资料节约了大量费用成本，也大量减少纸张使用，节约了自然资源。

"现在实行电子化单轨制，一切都以上传到电子商务平台的电子版文件为准，使用电子钥匙远程参与开标，不来现场你们放心吗？"记者随机问了几位投标人代表。一位投标人代表笑着说："我参加过几次国家电网公司的开标仪式，非常放心，因为电子商务平台很给力，电子文件从没出现过问题，我还作为供应商代表参加过国家电网公司电子商务平台操作的培训，开标前几天还有24小时热线，没什么可担心的。"旁边一位投标人代表接过话头，"上次的第3批次集中招标就是单轨制，最后都很顺利，而且确实方便，我们也就放心了。"

封闭评标结束后，国网物资公司招标工作人员向记者介绍了下面的数字：本次2013年第4批货物集中招标项目的报价文件达19 194份，投标人591名。按纸质文件换算，仅开标唱标需要超过70个小时，投标文件超过60吨。使用电子化单轨制招标，完成19 194份报价的解密仅用40秒时间，解密成功率100%，开标仪式在1小时30分钟内完成，评标工作在5天内完成。"不借助电子化信息手段，要完成如此繁复的工作是难以想象的。"工作人员笑着说。

【案例分析】

该公司成功的原因可归为以下几方面。

1．节约成本方便快捷

实施集中招标，可以降低投标人的投标成本，和投标人建立彼此的信任。通过招标文件标准化，使投标人制作投标文件更加方便，大幅度精简了招投标文件的篇幅，投标文件的质量提高了，也减轻了电子交易系统运行的压力。

2．安全可靠，公开透明

国家电网公司电子商务平台的安全性和可靠性是经过验证的。该平台已经通过了具有中国信息安全评测中心认证资质的信息系统安全实验室和中国合格评定国家认可委员会认证的信息安全技术工程中心的评测。该平台应用的是国家级权威安全认证机构——中国金融认证中心的认证体系。

国家电网公司集中规模招标采购以信息化、标准化、专业化为强大支撑，依托电子商务平台，实现了对供应链全流程的闭环管控。集中规模招标始终力求做到以公开促公平、求公正，通过电子商务平台提供标准化信息，信息完全公开透明，除法律和法规规定的保密事项，信息对投标人完全公开；公开参数设计选型的采购标准；公开评标标准和评标办法。此外，还做到了一对一告知具体废标事项。经过一次次成功招标采购的磨合，逐步赢得了投标人对电子化招标的信任。

3．强大的技术支撑，各方协同配合

一次成功的电子化招投标工作背后，有电子商务平台提供强大的技术支撑，也有各方协同配合提供支持。

(1) 设计选型。质量优先，源头把关，确保公平竞争。在设计选型环节，国家电网公司按照统一分类编码、统一型号种类、统一技术参数、统一技术规范、统一技术接口的原则，合理归并设备型号、统一技术参数要求，先后制定出版了变压器、组合电器等13大类产品的采购标准，共计106卷3 694万字，基本覆盖集中采购范围内的各类物资。目前，所有采购标准以电子化形式固化在电子商务平台中。

在设计选型时，设计院只能从电子商务平台固化的采购标准中选择标准化参数，杜绝了设计环节按特定供应厂商确定技术参数、排斥其他投标人的现象，确保公平竞争。招标文件根据选择的参数，由系统自动生成结构化文本。通过电子商务平台，实现了采购标准结构化、数据化管理。

项目三　电子商务基本模式的交易流程

该公司坚持质量优先原则，严格执行采购标准，物资需求单位直接选用公司系统推广应用的标准化物资，从源头上把好设备入网关。

（2）专家管理。一级部署，两级应用，系统方式解决难题。评标是集中规模招标采购的重要环节，专家管理关系重大，也一直是难题。国网物资公司通过系统方式逐步解决难题，加强专家管理水平。

2012年4月，国网物资公司组建了"一级部署，两级应用"的国家电网公司综合评标专家库，评标专家就是在监察人员的监督下，利用电子商务平台随机抽取的。评标专家抽取、通知管理工作是专家管理的核心工作之一。专家抽取主要分为3个步骤：首先是制定抽取方案，主要是根据法律法规和项目需求，设定评标委员会的专业人员数、回避条件；其次是抽取专家，由专人抽取，并全程监督；最后是通知专家，实行专人专岗，全程严格保密。

在专家抽取通知环节，国网物资公司推行"管用分离"的工作模式，明确专人专岗负责评标专家通知工作，所有人在进入评标现场前都不知道评标专家的身份，避免专家信息泄密。通过系统实现专家抽取与专家通知数据的无缝衔接，通过系统实现短信通知专家出席评标活动，无须人工参与，有效加强了廉政风险管控。

（3）评标过程。过程规范，流程固化，保密措施到位。对于评标专家评标过程，电子商务平台中固化了初评、废标、澄清、详评、专家打分等流程，所有操作均在系统中进行。系统权限控制，评委独立打分，背靠背评标，系统自动汇总结果，减少人为干预，规范管理行为。

国家电网公司建成了固定的评标基地，为评标环节保密管理提供了硬件保障。评标基地四周实现了全封闭管理，评标期间实现商务技术两地隔离，独立评审。所有评标会议室统一安装摄像头，可以实现远程实时监控。

进入评标现场第一件事就是把所有具有通信功能的电子设备上交集中保管，人还要过安检门。评标现场客房和所有会议室的对外网络都全程屏蔽切断，只能通过录音电话与外界联系。当然，这些都是为了评标现场信息安全保密考虑。

(资料主要来源：国家电网报 http://epaper.indaa.com.cn/html/2013-08/27/content_336516.htm)

3.2　任务　网络购物过程

任务引入

家住辽宁省大连市瓦房店的于巧娥，一直想买一款新潮女士单肩包，但由于自己是在校大学生，只注重包的颜色、款式和实用性。她几次逛街，都没有看到心仪的女士单肩包，于是就想到网上碰碰运气。

任务分析

（1）要进行网上购物，并直接付款，必须开通网上银行业务。

（2）销售女士单肩包网站很多，首先要明确自己要选择哪个网站。

（3）淘宝网的商品种类、价格和安全性都很令人满意，但进入淘宝后如何搜索到自己想要的女士单肩包呢？

相关知识

3.2.1 BtoC 电子商务概述

BtoC 模式，即企业对消费者(Business to Consumer，B2C 或 BtoC)的电子商务，是企业和消费者利用互联网直接参与经济活动的形式，它不仅包括网上零售，还包括网上市场调查、商品检索、网上服务、证券公司网络下单作业、一般网站的资料查询作业等活动。

BtoC 形式的电子商务一般以网络零售业为主，主要借助互联网开展在线销售活动。即企业通过互联网为消费者提供一个新型的购物环境——网上商店，消费者在网上购物、支付。由于这种模式节省了客户和企业的时间和空间，大大提高了交易效率，特别是对于那些工作忙碌的上班族，这种模式可以为其节省宝贵的时间。网络购物正逐渐成为一种时尚和潮流，BtoC 模式也受到越来越多网友的青睐和肯定。BtoC 电子商务业务流程如图 3.23 所示。

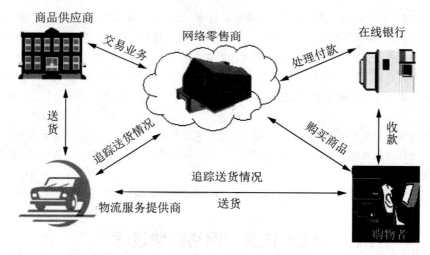

图 3.23 BtoC 电子商务业务流程图

3.2.2 BtoC 电子商务的模式

可以从不同角度对 BtoC 的商务模式进行分类和探析。

1. 从企业和消费者买卖关系的角度分析

从企业和消费者买卖关系的角度分析，BtoC 的电子商务主要分为以下两种模式。

1) 卖方企业-买方个人模式

这是商家出售商品和服务给消费者个人的电子商务模式。在这种模式中，商家首先在网站上开设网上商店，公布商品的品种、规格、价格、性能等，或者提供服务种类、价格和方式，由消费者个人选购，下订单，在线或者离线付款，商家负责送货上门。这种网上购物方式，可以使消费者获得更多的商品信息，虽然足不出户却可以货比千家，买到价格较低的商品，节省购物时间。当然这种电子商务模式的发展需要高效率和低成本的物流体系的配合。在这种方式中，比较典型的代表就是全球知名的亚马逊网上书店(www.amazon.com)。

项目三　电子商务基本模式的交易流程

2) 买方企业-卖方个人模式

这是企业在网上向个人求购商品或服务的一种电子商务模式。这种模式应用最多的就是企业用于网上招聘人才。如许多企业在深圳人才市场网(www.szhr.com.cn)招聘各类人才。在这种模式中，企业首先在网上发布需求信息，后由个人上网洽谈。这种方式在当今人才流动量非常大的社会中极为流行，因为它建立起了企业与个人之间的联系平台，使得人力资源得以充分利用。

2. 根据交易的客体分析

根据交易的客体分析，可把 BtoC 电子商务分为无形商品和服务的电子商务模式以及有形商品和服务的电子商务模式。前者可以完整地通过网络进行，而后者则不能完全在网上实现，要借助传统手段的配合才能完成。

1) 无形商品和服务的电子商务模式

计算机网络本身具有信息传输和信息处理功能，无形商品和服务(如电子信息、计算机软件、数字化视听娱乐产品等)一般可以通过网络直接提供给消费者。这种模式主要有网上订阅、广告支持和网上赠予等。

(1) 网上订阅模式。消费者通过网络订阅企业提供的无形商品和服务，并在网上直接浏览或消费。这种模式主要被一些商业在线企业用来销售报纸杂志、有线电视节目等。网上订阅模式主要有以下几种。

① 在线出版(Online Publications)。出版商通过互联网向消费者提供除传统印刷出版物之外的电子刊物。在线出版一般不提供互联网的接入服务，只在网上发布电子刊物，消费者通过订阅可下载有关的刊物。这种模式并不是一种理想的信息销售模式。在当今信息大爆炸的时代，普通用户获取信息的渠道很多，因而对廉价的收费信息服务也敬而远之。因此，有些在线出版商采用免费赠送和收费订阅相结合的双轨制，从而吸引了一定数量的消费者，并保持了一定的营业收入。

② 在线服务(Online Services)。在线服务商通过每月收取固定的费用而向消费者提供各种形式的在线信息服务。在线服务一般是针对一定的社会群体提供的，以培养消费者的忠诚度。在线服务商一般都有自己特定的客户群体。如美国在线(American Online，AOL)的主要客户群体是家庭用户；而微软网络(Microsoft Network)的主要客户群体是 Windows 的使用者。订阅者每月支付固定的费用，从而享受多种信息服务。

③ 在线娱乐(Online Entertainment)。在线娱乐商通过网站向消费者提供在线游戏，并收取一定的订阅费，这是无形商品和服务在线销售中令人关注的一个领域，也取得了一定的成功。当前，网络游戏已成为网络会战的焦点之一，Microsoft、Excite、Infoseek 等纷纷在网络游戏方面强势出击。事实上，网络经营者们已将眼光放得更远，通过一些免费或价格低廉的网上娱乐换取消费者的访问率和忠诚度。

(2) 广告支持模式。在线服务商免费向消费者提供在线信息服务，其营业收入完全靠网站上的广告来获得。这种模式虽然不直接向消费者收费，但却是目前最成功的电子商务模式之一。Yahoo!等在线搜索服务网站就是依靠广告收入来维持经营活动的。对于上网者来说，信息搜索是其在互联网的信息海洋中寻找所需信息最基本的渠道。因此，企业也最愿意在信息搜索网站上设置广告，通过点击广告可直接到达该企业的网站。采用广告支持模式的在线服务商能否成功，关键是其网页能否吸引大量的广告主、广告能否吸引广大消费者的注意。

(3) 网上赠予模式。这种模式经常被软件公司用来赠送软件产品，以扩大其知名度和市场份额。一些软件公司将测试版软件通过互联网向用户免费发送，用户自行下载试用，也可以将意见或建议反馈给软件公司。用户对测试软件试用一段时间后，如果满意，则购买正式版本的软件。采用这种模式，软件公司不仅可以降低成本，还可以扩大测试群体，改善测试效果，提高市场占有率。美国的网景公司(Netscape)在其浏览器最初推广阶段采用的就是这种方法，从而使其浏览器软件迅速占领市场，效果十分明显。

2) 有形商品和服务的电子商务模式

有形商品是指传统的实物商品。采用这种模式，有形商品和服务的查询、订购、付款等活动在网上进行，但最终的交付不能通过网络实现，还是用传统的方法完成。这种电子商务模式也叫在线销售。目前，企业实现在线销售主要有两种方式：一种是在网上开设独立的虚拟商店；另一种是参与并成为网上购物中心的一部分。有形商品和服务的在线销售使企业扩大了销售渠道，增加了市场机会。与传统的店铺销售相比，即使企业的规模很小，网上销售也可将业务伸展到世界的各个角落。网上商店不需要像一般的实物商店那样保持很多的库存，如果是纯粹的虚拟商店，则可以直接向厂家或批发商订货，省去了商品存储的阶段，从而大大节省了库存成本。

 任务实施

1. 会员注册

登录淘宝网站(www.taobao.com)单击【免费注册】按钮，进入会员信息注册页面。按要求填写相关的注册信息。再单击【同意以下协议并注册】按钮，就进入验证账户信息页面。选择"账号管理"选项，选择"国家/地区"选项，输入个人手机号码，单击【提交】按钮，会出现要求填写你手机中收到的校验码的页面。如果校验码输入正确，就会显示注册成功。

2. 选购商品并确认订单

(1) 登录淘宝网。单击【登录】按钮，输入账户名、密码和验证码。

(2) 登录成功后，单击【我的淘宝】，再单击"账号管理"选项中的【收货地址】按钮，填写收货人的地址信息进行保存(以便于以后购物需要)，如图3.24所示。

(3) 回到淘宝首页，选择"商品服务分类"中的"鞋包配饰"选项，再选择"女包"类别中的"单肩"选项。选择好自己喜欢的商品，如图3.25所示。

(4) 选择"颜色分类"，设置购买数量，单击【立刻购买】按钮，进入确认收货地址、确认订单信息页面，如图3.26所示。如果确定购买，即可提交订单。

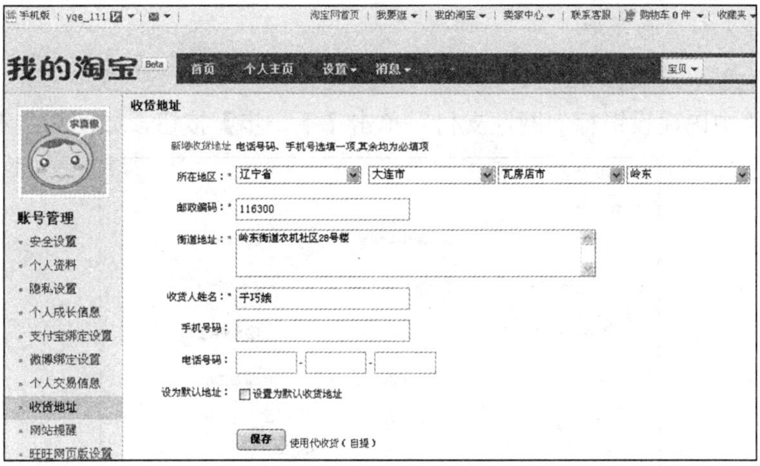

项目三 电子商务基本模式的交易流程

图 3.24 收货人的地址信息

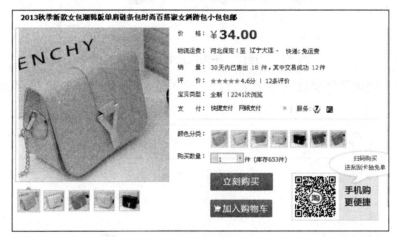

图 3.25 选择商品

图 3.26 确认收货地址和订单信息

3. 付款给卖家交易完成

1) 支付方式 A

(1) 选择"中国建设银行"网银支付，单击【下一步】按钮，如图 3.27 所示。

图 3.27　选择"中国建设银行"网银支付

(2) 系统自动跳转到建行网银登录界面，输入证件号码或用户昵称、登录密码和附加码，如图 3.28 所示。

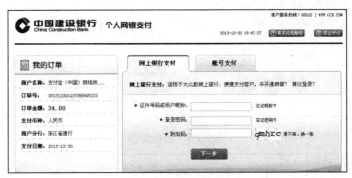

图 3.28　建行网银登录界面

(3) 单击【下一步】按钮，进入订单最后确认页面，如图 3.29 所示。

图 3.29　订单最后确认页面

项目三 电子商务基本模式的交易流程

(4) 单击【支付】按钮，系统提示插入建行网银盾，如图 3.30 所示。

图 3.30 插入建行网银盾提示框

(5) 单击【确定】按钮，输入网银盾口令，单击【确定】按钮，网上支付完成。
(6) 返回"我的淘宝"，单击【已买到的宝贝】按钮，即可查看自己所买的商品。
(7) 买家确认收货，支付宝付款给卖家，交易完成。

2) 支付方式 B

选择建行账号支付，输入支付账号和验证码，单击【下一步】按钮，输入手机后四位，单击【确定】按钮，再单击【下一步】按钮，输入验证码，确认支付，网上支付完成。买家确认收货，支付宝付款给卖家，交易完成。

【提示】
(1) 持有建行存折、储蓄卡、理财卡及信用卡的客户可支付。
(2) 签约网银或使用账号支付均可。

案例分析

凡客诚品的商业模式

【案例简介】

VANCL(www.vancl.com)正式运营于 2007 年 10 月 18 日。2008 年 6 月，VANCL 实现销售额 4 800 万元，之后又成功引入包括 IDG、联创策源、软银赛富、启明创投在内的多家投资机构数千万美元级别的投资，以互联网成就的服饰家居时尚用品品牌，称雄服装 BtoC 行业。

VANCL 坚持国际一线品质，中产阶级合理价位，提倡简单得体的生活方式。据 2009 年的艾瑞调查报告，凡客诚品已跻身中国互联网 BtoC 领域收入规模前 4 位，其所取得的成绩，不但被视为电子商务行业的一个创新，更被传统服装业称为奇迹。2009 年 5 月，它被认定为国家高新技术企业。2009 年 12 月，它获得"2009 德勤高科技、高成长亚太区 500 强"第一名。中央电视台财经频道《商道》栏目在 2010 年 7 月份曾播出关于凡客诚品的专题片《凡客不凡》。2010 年 10 月，凡客诚品获"2010 年中国最具投资价值企业 50 强"的荣誉称号。据法国经济大报《latribune》报道，凡客诚品副总裁杨芳透露，凡客已从美国投资方筹集到了 1 亿美元的投资资金，正在考虑在美国纳斯达克上市。

【案例分析】

凡客诚品到底不凡在哪里呢？是什么让凡客诚品在短短的 5 年时间发展得如此之快？

VANCL 初期做了 3 件事：寻求众包，强化控制，量入为出。寻求众包意味着充分利用网络的力量，找到优质有效的营销和推广渠道；强化控制则是将标准做到极致，无论客服代表还是产品摄影，误差的控制都必须在设定的范围内；量入为出则是与大小网站通过分享销售收益，再反哺到必要的广告投放。VANCL 认为这种看似高成本运营的模式其实对风险规避到位，有效控制了成本，也因此迅速在价格敏感的服装网购市场打开局面。这一高质低价的战略让 VANCL 在初期获得了成长机会：客户黏性越来越强，市场保有率也因此节节上升。

1．细致独特的网站设计

(1) 典型的两次点击。VANCL 是典型的两次点击：产品展示在第 1 层，将所有产品及折扣套餐都展示在消费者面前；第 2 层点下去就是购物车了。

(2) 礼包优惠装关联购物车。在购物车页面，VANCL 尽量把相关产品的礼包优惠装展示出来，这个做法也让 VANCL 的用户经常会从单买一件转而选择优惠套装。这在其他网站也并不多见。

(3) 页面的全面性。VANCL 从一开始就重点投放网络，讲究页面的全面性。

(4) 简单易用的购物流程。定位于白领一族，提倡简单的生活方式。在凡客购物，你能体会到的最大的好处就是简单易选。一个商品子目录下是几个系列，系列下面就是直接可选的有限款式，只需要通过系列进入商品货架，就可以直接选定款式、颜色与尺寸。凡客的购物系统提供了快速定位产品及预览产品的通道，聘请或高大帅气或气质大方的模特试穿展示，满意的同时让人赏心悦目。

2．注重细节质量

VANCL 注重产品质量。企业的营销部分只是一种推广，而根本在于质量与价格的匹配。质量控制是一个企业生存的根本。

据 VANCL 介绍，目前给其代工的厂家都是之前给海外一线服装品牌进行加工的企业。

而 VANCL 挑选这些代工企业考虑的方面是，该加工企业的资质，之前的生产有没有出现过大的事故，他们的生产人员以及管理体系是怎样的。

为避免一些企业在一般的委托加工中，有可能在拿到订单后去采购比较便宜的面料，VANCL 在整个生产过程中的质量控制流程为：首先是 VANCL 把款式设计好然后直接给工厂，在布料上是指定的布料生产商，VANCL 会和加工企业一起去布料厂签三方协议；另外，辅料也是指定，采购的材料为科德宝的衬，高氏集团的线以及日本 YKK 的拉链。

同时企业对整个生产过程进行规范管理。对一些重要环节，如上袖子、做领子以及熨烫工艺，都派专业的经理人员去盯。在产品出厂之前，派人进行批样抽检，同时会委托第三方进行化验，检完之后再把东西运到仓库；在仓库里则有一个全检队，每一批次产品入库前，要把所有的东西都拆开，抽检 5~6 箱之后进行打分，检验员打分如果不合格的话，所有的货都拖回到工厂去解决；等到用户下订单后，检验人员会在发货前再检一遍，产品到仓库时是用塑料袋包装，检完后把产品放到一个无纺布袋里再发出。

3．富有成效的营销策略

事实上，VANCL 从创立后约一年多的时间，根据艾瑞的报告，其市场份额已经超越了红孩子位列第 4，前 3 位分别是京东商城、卓越与当当，而其快速成长被外界归功于其强大的营销能力与互联网销售经验。

1) 目标客户定位准确

坚持国际一线品质，中产阶级合理价位。实际上，VANCL 在国内的目标客户定位就是白领一族；并且从 VANCL 商品货架的结构来看，VANCL 现在主要针对男白领。因为相对女士来说，男士的服装更容易进行大批量、标准化生产与供应，只需要提供适当的参照标准，顾客就可凭个人喜好选定商品。另一方面，男士似乎并不专注于逛街购物，他们更喜欢一种简单的生活方式，VANCL 就是发现了这一个细分市场，商品货架就是以男衬衫与 POLO 衫为主的，而这一切让男士买衣服变得更加简单有效。另外，VANCL 并不标榜名牌，除了一些特殊的商品会有其他品牌的进入外，VANCL 的产品基本上是自己的，VANCL 有自己的设计师，凡客知道他们的顾客需要什么，并且致力于提供这些服务。

2) 标准化产品策略

产品市场从网络销售男装衬衣到目前摸索确立了"快时尚"方向。盯住"快时尚"这个目标后，希望在设计上有所创新的 VANCL 从韩国找来知名的设计师金美渊加盟，设计团队另外 4 名成员，同样是有 10 年左右工作经验的国外设计师。

项目三　电子商务基本模式的交易流程

据了解,其目前的每一个设计款,首先是设计团队内部进行考评,然后在公司几百名员工里召开产品会征询意见,再去找一部分客户开恳谈会,推一部分进行试穿,接着进行网络的调研与数据回收。随后会确定几款被认为不错的产品进行试生产。在前面工作的基础上,会有几款进行试销,得到反馈数据后,才会大批量生产。目前VANCL购买了海外一家虚拟试衣的软件系统,并在此基础上研发,准备推出网络试衣功能,以更好地契合顾客的需要。

3) 产品推广策略

(1) 网络病毒营销。互联网是消费者学习的最重要的渠道,在新品牌和新产品方面,互联网的重要性第一次排在电视广告前面。

VANCL采用广告联盟的方式,将广告遍布大大小小的网站,因为采用试用的策略,广告的点击率也比较高。正因为采用了大面积的网络营销,其综合营销成本也相对降低,并且营销效果和规模要远胜于传统媒体。

(2) 体验营销。VANCL采用"VANCL试用啦啦队",免费获新品BRA——魅力BRA试穿,写体验活动的策略,用户只需要填写真实信息和邮寄地址,就可以拿到试用装。当消费者试用过VANCL产品后,就会对此评价,并且和其他潜在消费者交流,一般情况交流都是正面的。"30天不满意免费退换货",也就是说付款后,仍有30天的后悔期,解决了所有消费者的忧虑。

(3) 口碑营销。消费者的心态和消费交流的欲望,本身也是一种非常有价值的需求,可以帮助品牌凝聚精准用户。消费者对潜在消费者的推荐或建议,往往能够促成潜在消费者的购买决策。铺天盖地的广告攻势,媒体逐渐有失公正的公关,已经让消费者对传统媒体广告信任度下降,口碑传播往往成为对消费最有力的营销策略。

据介绍,VANCL网站上的投诉邮箱,投诉的意见每天会同步转发给所有管理层人员,相关的责任人协调解决问题,其中规定了在一定的时间内必须有反馈意见;每个月会统计一下投诉情况,投诉量较高的部门责任人会受到追究,在例会上会对投诉的情况进行分析与解决。

目前其销售额中50%是来自于老客户,用户的邮箱、资料等都会记录在后台上,以便后续的持续营销。

(4) 会员制体系。

① 凡客诚品会员。类似于贝塔斯曼书友会的模式,订购VANCL商品的同时自动就成为VANCL会员,无须缴纳任何入会费与年会费。VANCL会员还可获赠DM杂志,成为VANCL与会员之间传递信息、双向沟通的纽带。采用会员制大大提高了VANCL消费者的归属感,拉近了VANCL与消费者之间的距离。

② 加盟方式。即通过网站加盟、网店加盟、博客加盟等方式进行。通过这种方式,VANCL可以让它的客户资源分布到网络可以延伸到的任何地方,VANCL会返还一部分提成给加盟商家,这样就可以花费少量管理成本,通过有效的激励方式进行大范围的网络推广。

(5) 凡客达人社区营销。在频道首页,是凡客达人海选的招募广告,任何人只需注册并上传照片参加海选,就有机会成为凡客诚品帮助策划拍摄的达人。

目前推出的28位凡客达人不是领袖精英、秀场名模。这些凡客达人拥有自己的页面空间,可以秀搭配、写微博、晒衣单以供其他用户借鉴,或直接将中意的搭配放入购物车。同时,粉丝们可以留言,达人之间也不免互相品头论足一番。

电子商务企业正在向新的发展阶段演进,而转型的两个关键词便是媒体和社区。

4) 价格策略

富有弹性的折扣定价+初体验模式。定价机制:国际一线品质,标品牌原价,卖平民实价。VANCL的原价其实还是有点高的,但是VANCL基本不会以原价出售商品,而是经常以批量优惠价,或者是限时抢购等方式以让利的姿态做着赚钱的生意。

5) 物流体系

凡客诚品自建了一家名为"如风达"的快递公司。这是继京东商城投资2 000万元成立"上海圆迈快递公司"之后,又一家 BtoC 公司自建物流渠道。"如风达"快递公司目前大约有 200 名配送人员,实行着一天两送的配送策略,主要承担凡客在北京、上海地区的物流配送任务。凡客在这两个地区的配送量占到总配送量的 90%以上。未来"如风达"还将把凡客的配送业务扩充到杭州、无锡、山东、广州、深圳、江苏、浙江等 10 个地区。

自建快递公司能更好地满足网购需要,比如开箱验货、货到代收货款等。另外一大好处就是可以加速资金流动。

(资料来源:慧创网络 www.hainanweb.net)

3.3 任务 个人网店的开设

任务引入

于巧娥是一名在校大学生,当她看到同学在网上开店,既有收益,又锻炼了自己;尤其是学校附近正好有个大型服装批发市场,就想利用这个便利条件,试试在网上创业,准备开个店销售女装。可是于巧娥不知道从何下手。

任务分析

如果选择在网上开店,可以选择淘宝网。在淘宝网开店,需要了解淘宝相关规则,还要做好开店前准备,包括未绑定淘宝账号的手机号码或者邮箱;身份证反面彩色复印件或者照片;本人手持身份证正面照,本人上半身照;未进行过实名认证,并且身份证信息和银行开户名为同一个人的银行卡等。

相关知识

3.3.1 CtoC 电子商务概述

CtoC 模式,即消费者对消费者(Consumer to Consumer,C2C 或 CtoC)的电子商务。具体来说,就是消费者通过互联网与消费者之间进行相互的个人交易,如网上拍卖等形式。

这种消费者与消费者之间的互动交易行为方式是多变的。例如消费者可同在某一竞标网站或拍卖网站中,共同在线上出价而由价高者得标;或由消费者自行在网络新闻论坛或 BBS 上张贴布告以出售二手货品,甚至是新品。

目前竞标拍卖已经成为决定稀有物价格最有效率的方法之一,凡古董、名人物品、稀有邮票,只要是需求面大于供给面的物品,就可以使用拍卖的模式决定最佳市场价格。拍卖商品的价格因为欲购者的彼此相较而逐渐升高,最后由最想买到商品的买家用最高价买到商品,而卖家则以市场所能接受的最高价格卖掉商品。商品提供者可以是邻家的小孩,也可以能是顶尖跨国大企业;货品可以是自制的糕饼,也可能是毕加索的真迹名画。买卖双方可选择以物易物,或以人力资源交换商品。例如一位家庭主妇以准备一桌筵席的服务,换取心理医生一节心灵澄静之旅。

网站经营者不负责物流,而是协助进行市场资讯的汇集,以及建立信用评等制度。买卖双方消费者自行商量交货和付款方式。表 3-2 所示的是 CtoC 市场主要 3 家网站的服务差异。

项目三 电子商务基本模式的交易流程

表 3-2 CtoC 市场主要三家网站的服务差异

服务项目	淘宝	易趣	拍拍
提供服务商家	阿里巴巴	美国 eBay	腾讯
网址	www.taobao.com	www.eachnet.com	www.paipai.com
注册账户类型	电子邮箱	电子邮箱	QQ 号码
店铺开设条件	通过实名认证并发布 10 件产品	可直接登记使用	绑定手机可销售商品,实名认证后可直接开店
资费	免费	收取部分登录与交易费用	免费
支持服务名称	支付宝	贝宝	财付通
提供服务商家	阿里旗下支付宝公司	美国 eBay 全资子公司 PayPal	腾讯公司财付通网站
支持服务地址	www.alipay.com	www.paypal.com.cn	www.tenpay.com
即时工具名称	阿里旺旺	易趣通	QQ

3.3.2 CtoC 电子商务的基本交易流程

下面以淘宝网为例,说明 CtoC 电子商务的基本交易流程,如图 3.31 所示。

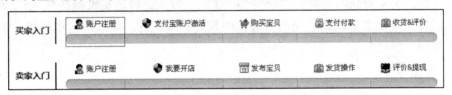

图 3.31 CtoC 电子商务的基本交易流程

1. 账户注册

打开淘宝主页 www.taobao.com,单击【免费注册】按钮。可以选择用手机注册,或者用邮箱注册。如果选择用邮箱注册,单击进入后,保持"用该邮箱创建支付宝账户"为打勾状态。注册时用户将收到验证码。注册步骤:填写信息、激活账号、注册成功。激活账号有两种方法:E-mail 和手机(一个手机号只能激活一个用户账号)。注册成功后,系统会显示淘宝账户名和支付宝账户名。

2. 支付宝账户激活

登录淘宝,单击自己的账号。在新出现的页面单击【账号管理】按钮。然后在新出现的页面单击【支付宝账户管理】按钮。系统会显示你已经绑定的支付宝账号(就是你注册邮箱的账号),此时状态是未激活。单击【点此激活】按钮。在显示的页面填好信息(建议填正确,填全)。填好以后,再单击【保存并立即启用支付宝账户】按钮。

3. 购买宝贝

用激活的用户账号登录集买家、卖家管理和交易工具于一体的"我的淘宝"网页，就可以选择购买宝贝了，还可以发布求购信息让卖家找上门来。买家在淘宝网上找到喜欢的宝贝，单击【立即购买】按钮，输入购买的数量、选择运送方式、校验代码、选择收货地址。核对拍卖的宝贝信息，确认无误后，单击【确认无误，购买】按钮。选择付款方式。还可以选用"购物车"程序进行购买。买家竞买后，卖家可以在已卖出的商品中看到交易状态为"等待买家付款"。

4. 支付货款

在买家付款前，双方可以用淘宝旺旺、站内信件、E-mail 等各种实时、非实时的工具进行协商。卖家还可以进入支付宝交易管理中，重新调整物流的承运商和调整给买家的折扣。找到需要修改价格的商品，单击【修改交易价格】按钮。修改成功，系统会发送一封包含本次交易信息修改内容的邮件给买家确认。

当买家付款到支付宝后，系统会通知卖家发货。卖家可以自己找物流承运商发货，核对交易信息无误后，输入承运公司名称和承运单号码，单击【确认发货】按钮。卖家也可以选择支付宝推荐的物流承运商发货，核对交易信息无误后，输入物流承运商来上门取货的时间及取货地址，单击【通知物流公司上门取货】按钮，系统会根据物流公司的反馈自动确认已发货，买家看到的交易状态会变为"卖家已发货，等待买家确认"。如果系统没有自动确认已发货，卖家可以在"交易管理"中查询本次交易，填入承运单号码，单击【确认发货】按钮。

5. 收货评价

系统会发送一封包含发货相关物流信息的邮件给买家。买家确认收到货后，交易状态会显示为"我已收到货，同意支付宝付款"，然后买家输入支付宝支付密码，支付宝会将钱打入卖家的"支付宝账户"。

确认收到货后，就可以对卖家进行评价了。卖家与买家可以互相评价。

3.3.3 CtoC 和 BtoC 电子商务的区别

1. 交易对象

CtoC 电子商务交易过程中顾客既要与网站交互，还要与卖家交互。BtoC 卖家是正式注册的商业公司，而 CtoC 卖家是个人代理商，销售行为具有偶发性和短期性。CtoC 模式还存在 CtoC 企业这个第三方，其不仅为买卖双方提供交互平台和规范的交易流程，还作为交易监管人来保障双方的合法权益。

2. 标准化产品

BtoC 销售的多是标准化的产品和服务，而 CtoC 下非标准化的商品居多，如处理品、二手产品、稀缺商品或是非正常渠道产品(进口退税、水货等)。但 CtoC 产品是对 BtoC 和传统商店产品的一种补充,顾客有可能通过 CtoC 渠道淘到在其他途径买不到的商品或价格低廉的商品。

3. 商品质量

从商业运行的差异上看,由于 BtoC 购物网站商家相对单一,进货渠道较为透明,产品可信度较高。而 CtoC 网站大多由个人经营,进货渠道比较分散,有的是从厂家直接进货,有的也是从网上购进再卖出,而大多数则是从当地的商品批发市场买入,其中不乏假冒伪劣产品混入。一些较诚实的商家会直接标注是仿品,但也有一些不良商家标注是正品,因此也给许多顾客造成了 CtoC 网上商品质量不可靠的印象。

4. 商品性价比

京东商城的 3C 产品、卓越和当当的图书数码等特定商品的质量及性价比等,都优于 CtoC 网上商品。特别是图书等产品,BtoC 大型购物网站是大规模采购,他们可以进行吸引眼球的折扣促销活动。而许多经营图书的小网商由于没有规模采购的优势,干脆直接打出了卓越、当当的图书代购,利用他们的 VIP 会员赚取一点差价。不过 CtoC 网店由于出售相同产品的商家众多,竞争比较激烈,这就使得商家平时为求薄利多销把商品价格降到最低,这也是大多数网购用户都把首选网站定为 CtoC 网站淘宝的主要原因。

5. 商品品种

虽然目前 BtoC 购物网站也正在从单一产品线向多元化拓展,如母婴用品起家的红孩子上线了电器产品,主打 3C 产品的京东商城开辟了生活用品专栏,当当、卓越也卖起了日用品。但与 CtoC 网站相比,BtoC 上的商品品种还是趋于单一。而从购物网站运营模式看,CtoC 网店云集了各类卖家,商品种类丰富,用户在一个购物网站上就能满足其所有购买需求。

6. 物流配送

在我国,规模较大的 BtoC 网站一般都拥有自己的物流系统,可以通过自己的配送中心向顾客交付商品。而一般而言,CtoC 卖家以及 CtoC 网站都没有自己的物流配送系统,商品的配送需要通过邮政、快递公司等第三方物流渠道完成。

7. 支付方式

BtoC 与 CtoC 网站均提供了信用卡在线支付、银行转账、邮局汇款、快钱支付等多种支付方式,方便交易顺利进行。对于如何更有效地保障交易双方的资金安全,CtoC 网站提供了第三方账户付款,如支付宝、财付通等。可以说,第三方支付平台的介入在很大程度上保障了交易双方的利益。但对于很多习惯于传统购物方式的顾客来说,BtoC 网站提供的货到付款服务,更加符合网民"一手交钱,一手交货"的交易习惯,也被顾客认为是一种最安全的付款方式。同时这种付款方式也为许多未开通网上银行,或不方便进行网上支付的用户提供了交易的便利。

任务实施

1. 淘宝网注册

(1) 打开淘宝网(www.taobao.com),单击【免费注册】按钮,进入淘宝网注册页面,填写账户信息,如图 3.32 所示。

(2) 完成账户注册信息填写后,单击【同意协议并注册】按钮,进入验证账户信息页面,填写手机号码获取校验码,如图 3.33 所示。

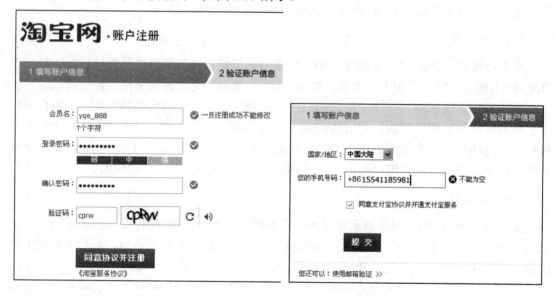

图 3.32　淘宝注册页面　　　　　　　　图 3.33　验证账户信息页面

(3) 账户激活。输入手机收到的校验码,进行验证,如图 3.34 所示。校验成功后,淘宝账户即注册成功。

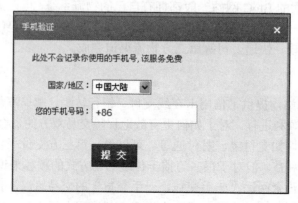

图 3.34　手机验证页面

项目三 电子商务基本模式的交易流程

2. 支付宝认证

(1) 账户注册成功之后,请单击【卖家中心】按钮,再单击【我要开店】按钮,如图 3.35 所示。

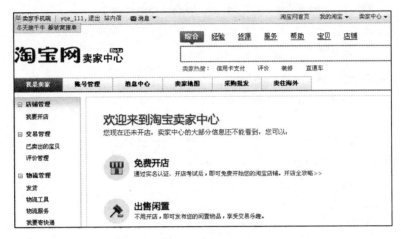

图 3.35 卖家中心

(2) 单击【免费开店】按钮。因为需要完成支付宝认证才能开店,如支付宝认证未完成,请单击【立即认证】按钮,完成支付宝实名认证,如图 3.36 所示。

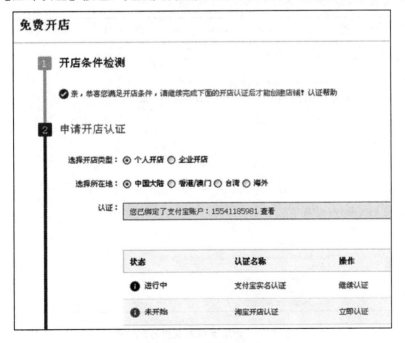

图 3.36 开店条件页面

(3) 设置身份信息，如图 3.37 所示。

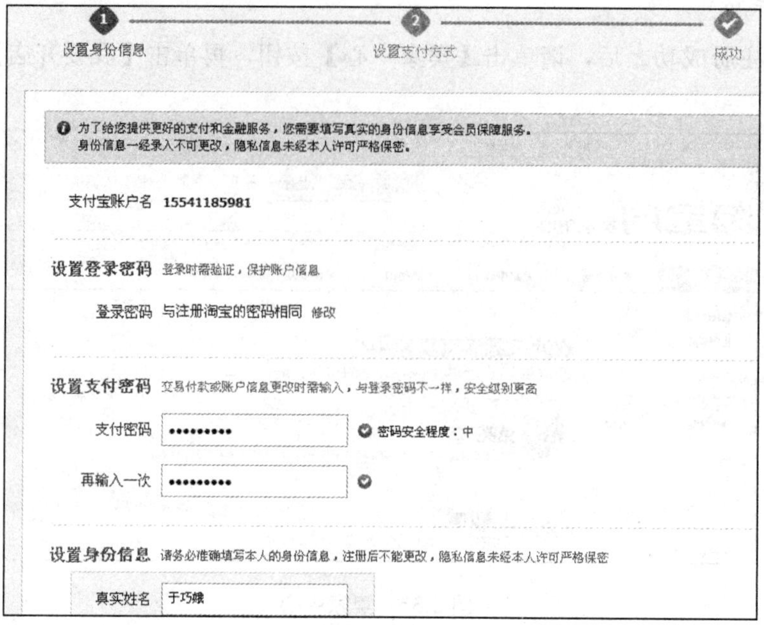

图 3.37　设置支付宝身份信息页面

(4) 设置支付方式，如图 3.38 所示。

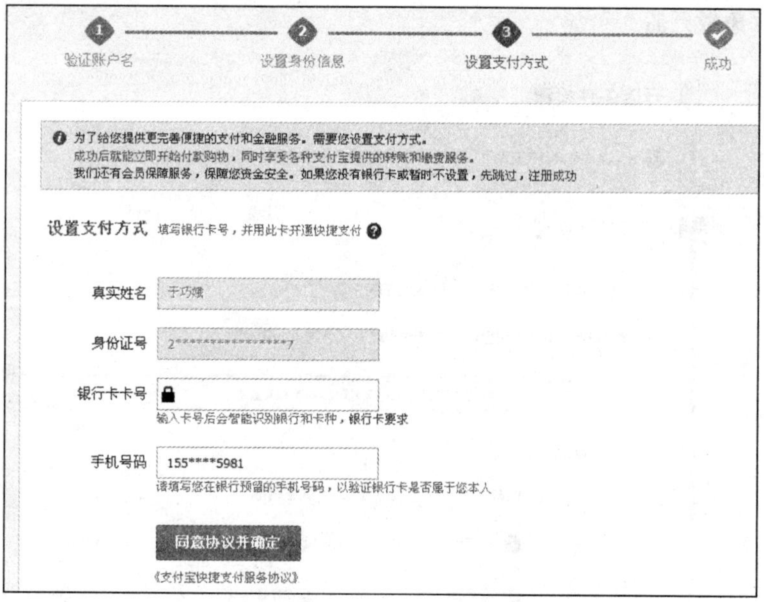

图 3.38　设置支付宝支付方式页面

项目三　电子商务基本模式的交易流程

(5) 支付宝认证成功，如图 3.39 所示。

图 3.39　设置支付宝认证成功提示

3．淘宝开店认证

淘宝开店认证是指淘宝对于卖家提供的一项身份识别服务。2013 年 10 月 12 日起新开店卖家只需要完善支付宝信息并且处于银行打款中(无需上传支付宝认证照片)即可进行淘宝认证。如支付宝认证已经在进行中，即可单击图 3.36 中的淘宝开店认证【立即认证】按钮，即可开始开店认证。

(1) 设置身份信息。开店认证需要上传手持身份证与头部合影照、身份证反面照、本人半身照 3 张照片。淘宝会在收到上传照片的 1.5 个工作日内进行个人照片的审核，审核后即时通过邮件、站内信方式提醒审核结果，如图 3.40 所示。

图 3.40　设置身份信息页面

(2) 单击【提交】按钮，等待支付宝认证和淘宝认证审核。审核后页面会显示"已认证"。

4．淘宝开店考试

认真阅读淘宝规则后，参加免费开店考试，如图 3.41 所示。

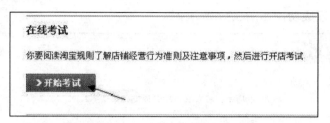

图 3.41　免费开店考试页面

5. 创建店铺

通过免费开店考试后，就可以创建店铺了。

(1) 签署诚信经营承诺书。阅读并同意"诚信经营承诺书"，如图 3.42 所示。

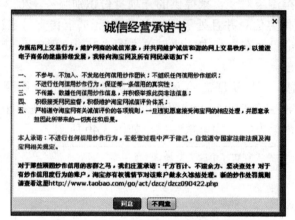

图 3.42　诚信经营承诺书页面

(2) 填写店铺基本信息，如图 3.43 所示。

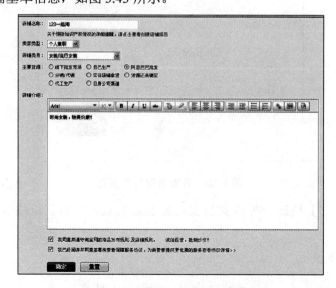

图 3.43　店铺基本信息填写页面

项目三　电子商务基本模式的交易流程

(3) 店铺创建成功，如图 3.44 所示。记下自己的店铺地址。

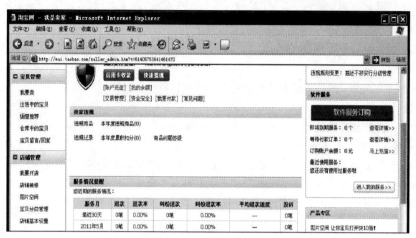

图 3.44　店铺创建成功页面

(4) 登录"我的淘宝"，单击【宝贝管理】及【店铺管理】按钮，即可管理、装修自己的店铺。

案例分析

中国 CtoC 第一网店

【案例简介】

今天，中国有太多的网店店主都想要知道：中国 CtoC 第一网店是谁？它在今天是什么规模？它就是柠檬绿茶，中国 CtoC 第一网店。

2007 年 8 月 31 日，柠檬绿茶在淘宝网上突破 20 万个好评(1 笔成功生意可以换来 1 个好评)，成为淘宝网上第一家最高信誉等级 5 皇冠网店。2007 年 12 月 31 日，它在淘宝网上累计完成 315 942 笔生意，近 4 个月平均每天完成 1 000 多个好评。柠檬绿茶是淘宝网上一个网店的名字，同时也是店主的网名。柠檬绿茶，取清新、自然、淡雅、芳香之意，和店铺经营高档化妆品、办公室白领日常用品的定位很吻合，与店主低调务实、朴实纯真的性格也非常相符。

2003 年 8 月 21 日，柠檬绿茶在淘宝网上开店，4 年之后她成为淘宝网上的老大，柠檬绿茶已经是淘宝网乃至电子商务领域一个响当当的名字。淘客们都知道要买化妆品，就到柠檬绿茶，它缔造了淘宝网的传奇。

在淘宝网上大多数店主还在单打(一个人开店)、双打(夫妻店)的时候，2007 年底，柠檬绿茶已有员工 120 多人，下设人力资源部、市场部、零售部、批发部、服装部、售后服务部、后勤部、后台管理部、物流部、IT 技术部等部门。公司的业务以化妆品为主，同时涉及服装、鞋子、饰品等，页面的日均点击量已超过 25 万，独立 IP 日均有 2 万多。

通俗一点讲，这个淘宝网上的商店每天有 2 万多人进出(已经超过国内知名大卖场的日均人流量)，被浏览的商品多达 25 万件，完成生意 1 000 多笔。柠檬绿茶的工作地点设在上海的一个办公楼里，两个办公区各有 200 平方米左右，能看到 50 多人在整齐划一的隔断式办公区工作。仓库有 500 多平方米，员工宿舍有 5 处。柠檬绿茶为了最大限度地满足各位买家的要求，营业时间从早上 8:00 到次日凌晨 2:00，实行两班倒。通过长期的积累与摸索，基本实现了服务、销售、下单、写单、稽核、包装、物流及售后等流水线作业。

【案例分析】
柠檬绿茶之所以成为中国CtoC第一网店，其成功的秘诀在于以下几方面。

1．准确的定位
柠檬绿茶的理念就是：建立淘宝女性白领平价店，成为网络上的沃尔玛。

2．良好的管理
目前，柠檬绿茶已经开发了十几套系统，包括供应商管理、库存管理、产品管理、仓库管理等。

3．保持"第一"的核心竞争力
柠檬绿茶已经注意到自己的"第一"是一种资源，这样的资源和其他企业的"第一"资源合作，会使自己得到对方的资源，拥有对方具备的服务和能力，增加自己的附加值。柠檬绿茶已经与化妆品、服装、鞋子、饰品等多个行业的卖家形成了良好的合作关系。

3.4 习　　题

一、单项选择题

1．从供应链角度来理解，(　　)主要是针对企业内部，以及企业与上下游协作厂商之间的资讯整合，并在互联网上进行的企业与企业间交易。
　　A．CtoC　　　　B．BtoC　　　　C．BtoB　　　　D．BtoG

2．(　　)即通过计算机网络系统订立的、以数据电文的方式生成、储存或传递的合同。
　　A．电子合同　　B．传统合同　　C．报文　　　　D．电子数据

3．美国著名的计算类产品中介站点www.openmarket.com 属于什么类型？(　　)
　　A．网上直销型　B．专业服务型　C．混合型　　　D．中介型

4．基于(　　)的企业间电子商务模式，即企业通过建设WWW网站，访问者在站点规定权限内，可以通过浏览器访问企业站点。
　　A．EDI　　　　B．ERP　　　　C．Web　　　　D．VAN

5．BtoC形式的电子商务一般以(　　)为主，主要借助于互联网开展在线销售活动。
　　A．一般网站的资料查询作业　　B．商品检索
　　C．网上服务　　　　　　　　　D．网络零售业

6．无形商品和服务(如电子信息、计算机软件、数字化视听娱乐产品等)一般可以通过网络直接提供给消费者。这种模式没有(　　)。
　　A．网上赠予　　B．网上订阅　　C．广告支持　　D．在线娱乐

7．在线服务商免费向消费者提供在线信息服务，其营业收入完全靠网站上的广告来获得。这是一种什么模式？(　　)
　　A．在线服务　　B．在线出版　　C．网上赠予模式　D．广告支持模式

8．在进行电子商务时，顾客可以利用(　　)等网上工具进行网上咨询、洽谈。
　　A．传真　　　　B．电报　　　　C．信函　　　　D．电子邮件

9．制造商和外部原材料供应商之间的电子商务属于(　　)。
　　A．企业之间的电子商务　　　　B．企业与政府部门之间的电子商务
　　C．企业内部的电子商务　　　　D．企业与消费者之间的电子商务
10．当当网属于(　　)电子商务平台。
　　A．CtoC　　　　B．BtoC　　　　C．BtoB　　　　D．BtoC 和 CtoC

二、操作题

1．访问 Lands' End、graingar.com、compare.com、younet.com、redenvelope.com 网站，写一份报告，分析这些网站的主要盈利点有哪些？并分析其业务流程。

2．访问淘宝网与易趣网，写一份报告，分析这两个网站的经营模式、保障消费者交易安全采用的方法以及广告策略的不同。

项目四 电子支付

↘ 教学目标

通过本项目的学习,使学生掌握电子支付的概念、特征、种类;SSL 协议和 SET 协议;网上银行的概念和优势,模式与发展趋势;各种电子支付方式的特点。

↘ 教学要求

知识要点	能力要求
电子支付	(1) 掌握电子支付的概念及特征 (2) 了解电子支付系统的类型 (3) 掌握 SSL 协议和 SET 协议
电子支付工具	(1) 掌握利用第三方平台支付、银行卡网上支付的特点及方式 (2) 了解电子现金支付、电子支票支付、智能卡支付、电子钱包、手机支付的特点及方式
网上银行	(1) 掌握网上银行的基本概念、主要特征和优势 (2) 了解网上银行模式

↘ 重点难点

- ➢ 电子支付的概念及特征
- ➢ SSL 协议和 SET 协议
- ➢ 各种主要支付工具的特点及方式
- ➢ 网上银行的主要特征和优势

项目四 电子支付

4.1 任务 电子支付操作体验

任务引入

为了学习电子支付方法,小吴同学打算采用电子支付进行网上购物,体验采用支付宝支付和银行卡直接支付的方法。

任务分析

(1) 对于一般的商家,一般网络支付采用支付宝支付。采用支付宝支付需要解决如下问题:首先,要办理一张开通网上银行业务的银行卡,存入少量现金;其次,要到支付宝网站注册支付宝账号;最后,为支付宝充值,购物付款。

(2) 对于很信任的商家,也可以采用银行卡直接支付。

相关知识

4.1.1 电子支付概述

随着电子商务的发展,参与电子交易的用户对电子支付的相关服务需求日益强烈。银行如何提供更加丰富、适于电子商务用户的相关服务是非常重要的。电子支付在一定程度上满足了电子商务用户对支付的需求。

1. 电子支付的概念及特征

人们将支付方式大体上分为传统支付方式和电子支付方式两种。传统支付方式是指通过现金流转、票据转让以及银行转账等物理实体的流转来实现款项支付。电子支付方式是建立在对传统的支付方式研究的基础上,利用先进的通信技术和可靠的安全技术来实现款项支付的方式。

1) 电子支付的概念

电子支付又称电子资金划拨(Electronic Funds Transfer,EFT)。中国人民银行 2005 年 10 月 26 日发布的《电子支付指引(第一号)》(中国人民银行公告〔2005〕第 23 号)中的第二条中关于电子支付的定义是:电子支付是指单位、个人直接或授权他人通过电子终端发出支付指令,实现货币支付与资金转移的行为。

这里的电子终端是指客户可用以发起电子支付指令的计算机、电话、销售点终端、自动柜员机、移动通信工具或其他电子设备。

电子支付的类型按电子支付指令发起方式,分为网上支付、电话支付、手机支付、销售点终端支付、自动柜员机支付等多种形式。

对电子商务活动的支付影响较大的是网上支付。

2) 网上支付系统构成

(1) 网上支付的含义。网上支付指的是客户、商家、网上银行之间使用安全电子手段,把网上支付工具(如银行卡、电子现金、电子支票等)的支付信息通过网络,安全传送到银行或相应的处理机构,从而完成支付的过程。

(2) 网上支付系统构成。网上支付系统是电子商务系统的重要组成部分,是融购物流程、支付工具、安全技术、认证体系、信用体系以及现在的金融体系为一体的基于互联网的综合系统。完整的支付系统应该能提供验证、银行转账对账、账务管理、交易处理、代缴代付等全方位的金融服务。

网上支付系统主要由以下几个元素构成。

① 互联网。互联网是电子商务支付的基础,是商务信息、支付信息传送的载体。

② 客户。客户指与商家有交易关系并存在尚未清偿的债权债务关系的一方(一般为债务)。客户用自己拥有的支付工具(如银行卡、电子支票、电子现金等)来支付,是支付系统运作的原因和起点。

③ 商家。指在商品交易中拥有债权的另一方。商家根据客户发起的支付指令向金融体系请求获取货币给付。

④ 客户开户行。客户在该银行中拥有账户,客户的支付工具就是开户行提供的。客户开户行在提供支付工具的时候也同时提供了一种银行的信用,用来保证支付工具的兑付。

⑤ 商家开户行。指商家所开设账户的银行,其账户是整个支付过程中资金流向的地方。商家将客户的支付指令提交给其开户行后,由其开户行进行支付授权的请求以及银行之间的清算等工作。商家开户行是依据商家提供的合法账单(客户的支付指令)进行工作的,也称为收单银行。

⑥ 支付网关。指公用网和银行专用金融网络间的接口,支付信息必须通过支付网关才能进入银行支付系统,进而完成支付的授权和获取。要求支付网关不能解密支付信息,只起保护和传输加密支付信息的作用,因此支付网关必须由商家以外的银行或其委托的信用卡组织来建设。支付网关的建设关系着支付结算的安全以及银行自身的安全,关系着金融系统的安全,必须十分谨慎。

⑦ 银行网络。指金融专用网络,是银行内部及银行间进行通信的网络。支付结算业务绝大多数是由金融专用网络完成的,具有较高的安全性。

⑧ CA 认证中心。认证中心(Certificate Authority)是数字证书授权中心,是法律承认的权威机构,为参与各方(包括客户、商家、支付网关、网上银行等)发放数字证书,进行身份验证,保证网上支付的安全性。认证机构必须确认参与者的资信状况(如通过他们在银行的账户状况、与银行交往的历史信用记录等来判断)。因此,CA 认证中心的运作离不开银行的参与。

除以上参与方外,网上支付系统构成中还涉及采用的支付工具以及所遵循的网上支付协议。

3) 电子支付的特征

与传统的支付方式相比较,电子支付具有以下特征。

(1) 从两种支付业务所采用的支付方式来看,电子支付方式是采用数字化的方式进行款项支付的;而传统的支付方式则是通过现金的流转、票据的转让及银行的汇兑等物理实体来完成款项支付的,如邮局汇款等。

(2) 从两种支付业务运作环境来看,电子支付的工作环境基于一个开放的系统平台(即互联网);而传统支付则是在较为封闭的系统中运作。

(3) 从两种支付业务所使用的通信媒介来看,电子支付使用的是最先进的通信手段,如互联网、外联网;而传统支付使用的则是传统的通信媒介。电子支付对软、硬件设施的要求很高,一般要求有联网的计算机、相关的软件及其他一些配套设施;而传统支付则没有这么高的要求。

(4) 从两种支付业务运作的时效性来看,电子支付具有方便、快捷、高效、经济的优势。方便主要表现在易充值,不用找兑,不用清点。用户只要拥有一台上网的 PC 机,便可足不出户,在很短的时间内完成整个支付过程。快捷、高效主要表现在能即时到账。经济主要表现在支付费用相对于传统支付来说非常低。曾有过统计,电子支付费用仅为传统方式的几十分之一,甚至几百分之一。例如,在我国,如果采用电汇,一次汇款 5 000 元以下,每笔收 1%的电汇费;一次汇款 5 000 元或以上,每笔收 50 元的电汇费。实际上,这种收费方式对于电子商务中频繁发生的小额汇款来说,手续费用累计起来就比电子支付费用要高。此外,传统支付方式所需要的时间也比电子支付方式时间长。

4) 电子支付的缺点

(1) 电子支付会因为网络安全、密码遗失等带来资金受损的风险。必须解决黑客入侵、内部作案、密码泄露等涉及资金安全的问题。

(2) 不支持电子支付的商店没法用,因此,难以完全取代现金。消费者所选用的电子支付工具必须满足多个条件,要由消费者账户所在的银行发行,有相应的支付系统和商户所在银行的支持,被商户所认可等。如果消费者的支付工具得不到商户的认可,或者说缺乏相应的系统支持,电子支付还是难以实现。

2. 电子支付系统的类型

可以根据在线传输数据的种类、支付的时间、支付工具的类型对电子支付系统进行划分。

1) 根据在线传输数据的种类划分

根据在线传输数据的种类(加密,分发类型),电子支付系统粗略可以被分为 3 类:第三方支付、银行卡支付、其他电子支付方式(如数字现金、电子货币等)。

(1) 第三方支付系统。第三方支付是指在电子商务企业与银行之间建立一个中立的支付平台,为网上购物提供资金划拨渠道和服务。在通过第三方支付平台的交易中,买方选购商品或服务后,使用第三方平台提供的账户进行货款支付,由第三方通知卖家货款到达、进行发货,买方检验物品后,通知付款给卖家,第三方再将款项转至卖家账户。

客户和商家的信息(如电子银行账号、银行卡号等)都被信任的第三方托管和维护。在实施一个交易的时候,网络上只传送订单信息和支付确认,而没有任何敏感的银行卡信息。银行卡信息不在开放的网络上传送,第三方经纪人使用 E-mail 来确定客户身份,以防止伪造,商家自由度大,无风险,且交易成本很低,对小额交易很适用。实际上通过这样的支付系统没有任何实际的金融交易是在线实施的,网络上的传送信息甚至可以不加密,因为真正金融交易是离线实施的。

目前我国主要的第三方支付产品有支付宝(阿里巴巴旗下)、财付通(腾讯公司,腾讯拍拍)、PayPal(易趣公司产品)、易宝支付(Yeepay)、快钱(99bill)、百付宝(百度旗下支付平台)、网易宝(网易旗下)、环迅支付、汇付天下、银联在线等,其中用户数量最大的是阿里巴巴旗下的支付宝。

为了规范非金融机构支付服务管理,2010年6月21日,中国人民银行发布央行令,制定并出台《非金融机构支付服务管理办法》,规范非金融机构的支付业务,该办法于2010年9月1日起施行。

(2) 银行卡支付。客户使用银行卡在商场购物是传统银行转账结算的扩充。如果客户要使用银行卡从商家购买产品,商场可以通过金融专线向银行传输信用卡的信息,并且相应地校对用户和商家的账号,完成客户购物的电子支付。

(3) 各种数字现金、电子货币的支付系统。数字现金、电子货币的支付系统传送的是真正的价值和金钱本身。在交易中如果数字现金、电子货币信息被窃,不仅仅是信息丢失,往往也是财产的真正丢失。而信用卡如丢失,可及时向银行挂失。

2) 根据支付时间的不同划分

电子支付根据支付时间的不同分3类:预支付系统、即时支付系统、后支付系统。

(1) 预支付系统。预支付就是在购方消费之前,消费者已经把一定数量的货币卖给了开户行。这些钱被用于以后的支付行为。

预支付系统是银行和在线商店首选的解决方案,因为这种方式要求用户预先支付,所以银行不再需要为这些钱支付利息,而且可以在购买产品的瞬间将钱传送给在线商店以防止数字欺骗。预支付系统的工作方式像在现实商店里一样,顾客进入商店使用现金先付款,然后获得所需商品。

预支付系统可通过电子钱包和电子现金系统来实现。

(2) 即时支付系统。即时支付系统是指在交易发生的同时,资金也被从银行买方的账户转入卖方的账户。即时支付系统实现起来是最复杂的,因为该系统为了立即支付,必须直接访问银行的内部数据库,所以需要执行比其他系统更严格的安全措施。基于互联网的即时支付系统是在线支付的基本模式。在即时付款支付系统中,支付的同时登录付款人账户。ATM卡就属于这种情况,此外还有移动电话支付也属于即时支付系统。

(3) 后支付系统。后支付系统就是允许用户购买一件商品之后再支付。无论是在现实生活还是电子世界中,信用卡支付是销售者银行账户的增加在消费者银行账户的取款之前,是一种后支付系统。

后支付可通过信用卡、电子账单及电子支票或货到付款来实现。

3) 根据支付工具的类型划分

电子支付根据所使用的支付工具不同,又可以分为信用卡网上支付、电子现金支付、电子支票支付、智能卡支付、电子钱包支付。这些支付工具在后文有详细介绍。

3. SSL协议和SET协议简介

SSL协议和SET协议是国际上通行的两种电子支付安全协议。

1) SSL 协议

(1) SSL 协议概述。安全套接层协议(Secure Socket Layer，SSL)，是 Netscape 公司推出的一种安全通信协议。SSL 对网络服务器和客户机之间的通信提供安全连接，即对整个会话进行加密，从而保证信息传输的安全性。

SSL 协议是一种保护 Web 通信的工业标准，能够对银行卡和个人信息、电子商务提供较强的加密保护。其主要目的是提供互联网上的安全通信服务，提高应用程序之间数据的安全系数。在 SSL 中，采用了公开密钥和私有密钥两种加密方法。

SSL 在客户机和服务器开始交换一个简短信息时提供一个安全的握手信号。在开始交换的信息中，双方确定将使用的安全级别并交换数字证书。每个计算机都要正确识别对方。

(2) SSL 安全协议在信用卡支付中的应用。

① 买方在商家订货后，将经加密后的信用卡信息传给商家服务器。

② 商家服务器对接收到的信息的有效性和完整性进行验证后，将买方的信用卡信息传给业务服务器或第三方处理系统。

③ 业务服务器验证商家身份后，将买方加密的信用卡信息转移到安全的地方解密，然后将买方信用卡信息通过安全专用网络传送到商家银行。

④ 商家开户银行与买方信用卡发卡行联系，确认信用卡信息的有效性。得到证实后，将结果传送给业务服务器，业务服务器通知商家服务器交易完成或拒绝，商家再通知买方。

交易过程的每一步都需要交易方以数字签名来确认身份，买方和商家都必须使用支持此种业务的软件。

数字签名是买方、商家在注册系统时产生的，不能修改。买方信用卡加密后的信息一般都存储在买方所使用的电脑上。

(3) SSL 协议的优点和缺点。

① 优点。SSL 协议能保证信息传输中的安全。SSL 协议对所有通信都加密后，窃听者得到的是无法识别的信息。

② 缺点。主要表现在以下两方面。

a. SSL 协议有利于商家而不利于客户。按照 SSL 协议，客户购买的信息首先发往商家，商家再将信息转发给银行，银行验证客户信息的合法性后，通知商家付款成功，商家再通知客户购买成功，并将商品寄送客户。因为客户的信息首先传到商家，商家阅读后再传到银行，这样，客户资料的安全性就得不到保证。

b. SSL 协议虽能保证资料信息传递的安全，但在信息被传递的过程中，信息是否被人截取，就无法判断了。

可见，SSL 协议没有实现安全电子交易所必需的保密性、完整性等方面的要求。

2) SET 协议

(1) SET 协议概述。在电子商务环境中，客户(持卡人)希望在交易中对自己的账户信息进行保密；商家则希望客户的订单不被否认；在交易过程中，交易各方都希望验明他方的身份，以防被骗。基于这些情况，由美国 Visa 和 MasterCard 两大信用卡组织联合微软、网景、IBM 公司等多家科技公司，于 1997 年 10 月合作制定了应用于互联网上的以银行卡为基础进行在线交易的安全标准，这就是"安全电子交易"(Secure Electronic Transaction，SET)。它提供了消费者、商家和银行之间的认证，确保了交易数据的安全性、完整可靠性和交易的不可否认性,成为目前公认的信用卡/借记卡的网上交易国际安全标准。其主要应用于 BtoC 模式中,保障网上购物信息、支付信息的安全性。

SET 使用的安全技术包括:对称密钥系统、公钥系统、消息摘要、数字签名、数字信封、双重签名、认证技术等。

(2) SET 协议的银行卡支付流程(以信用卡支付为例)。

① 持卡人请求订单,并验证商家身份;商家返回空白订单,并传送商家证书。

② 持卡人发送给商家一个完整的订单及支付指令,订单和支付指令由持卡人进行数字签名,同时利用双重签名技术保证商家看不到持卡人的账号信息。支付指令包含信用卡信息,说明持卡人已经做出支付承诺,这是 SET 协议的核心。

③ 商家接受订单后,利用其中的客户证书审核其身份,并将双重签名的订单和支付指令通过支付网关和金融专线,向发卡行请求支付认可,批准交易,发卡行返回信息给商家;批准即意味着银行承诺为持卡者垫付货款,货款并未真正到账。

④ 商家将支付批准信息返回持卡人,确认其购买并组织送货,完成订购服务。

⑤ 在线商店接受订单后,向消费者所在开户银行请求支付认可。信息通过支付网关到收单银行,再到电子货币发行公司确认。批准交易后,返回确认信息给在线商店。

⑥ 商家可请求银行立即将支付款转移到商家账号,也可以成批处理。

可见,SET 协议充分发挥了认证中心的作用,以维护在任何开放网络上的电子商务参与者所提供信息的真实性和保密性。

使用 SET 进行信用卡支付交易的工作流程,如图 4.1 所示。

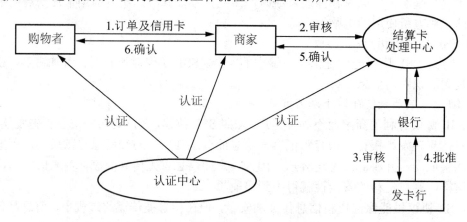

图 4.1 使用 SET 进行信用卡支付交易的工作流程

(3) SET 协议的优点和缺点。

① 优点。保证为电子商务参与者提供信息的真实性和保密性。与 SSL 相比,SET 协议更符合网上交易的国际安全标准。网上银行采用 SET 协议,确保交易双方身份的合法性和交易的不可否认性,使商家只能得到客户的订购信息,而银行只能获得有关的支付信息,保证了交易数据的保密性、完整性、不可否认性。

② 缺点。协议提供了多层次的安全保障,但显著增加了复杂程度,因而变得昂贵、互操作性差,实施起来有一定难度。

4.1.2 电子支付工具

根据所使用的支付工具不同,电子支付又可以分为信用卡网上支付、电子现金支付、电子支票支付、智能卡支付、电子钱包支付、手机支付等。

1. 信用卡网上支付方式

信用卡支付是目前网络支付比较常用的支付方式。

1) 网上支付信用卡与传统信用卡的区别

出于安全和操作方便的要求,信用卡网上支付结算系统需要对支付过程中所涉及的当事人的身份进行验证,对传输的信息进行加密和数字签名,在互联网与专用的金融网络之间安装支付网关系统,在持卡人使用的计算机终端要安装使用信用卡的有关软件。

网上支付信用卡与传统信用卡的主要区别如下。

(1) 传递信息所使用的通道不同。传统信用卡使用专用网,因而比较安全。网上支付信用卡的消费者和商家均使用互联网;银行使用专用网。因此必须在互联网与银行的专用网之间设置支付网关,以确保银行专用网络的安全。

(2) 进行付款地点不同。传统信用卡必须在商场使用商场的 POS 机进行付款;网上支付信用卡可以在家庭或办公室等可以使用计算机的地方付款。

(3) 进行身份认证的方式不同。传统信用卡在购物现场使用身份证,或其他能够验证客户(持卡人)身份的方式对持卡人进行身份验证;网上支付信用卡在计算机网络上,使用 CA 中心提供的数字证书验证持卡人、商家、支付网关和银行的身份。

(4) 付款授权方式不同。传统信用卡在购物现场使用手写签名的方式授权商家扣款;网上支付信用卡是使用数字签名进行远程授权。

(5) 采集商品和支付信息的方式不同。传统信用卡使用商家的 POS 机等设备采集商品信息和信用卡信息;网上支付信用卡直接使用自己的计算机输入相关信息。

2) 网上信用卡支付系统的优点

与其他的支付形式相比,网上信用卡支付系统具有一系列优点。

(1) 网上信用卡支付系统允许消费者集中所有的收费,然后在以后的某个时间进行全部支付(比如,在月底一次支付)。

(2) 网上信用卡支付系统不是通过客户的账号直接进行收费,所以能提供良好的客户保护。因为客户在某个时间范围内有权退还商品,还可以进行讨价还价。

(3) 网上信用卡支付系统不限定国家的货币,无论人们在哪里购买他们的东西和服务,货币兑换都可以自动进行。

3) 网上信用卡支付系统的安全

安全是网上信用卡支付系统最需要解决的问题。为了使信用卡在网上支付过程中真正实现交易安全和支付的不可否认性,网上信用卡支付系统需要采用安全电子交易协议(SET)。SET 协议是专门用于加密信用卡支付的协议,可更好地保证信用卡在互联网环境下进行网络直接支付,现在已经成为网上银行支付的安全标准。它的应用将可以为网上银行卡支付保证提供信息的保密性、数据的完整性、客户(持卡人)账户的可确认性、商户的确定性等电子交易安全方面的要求。

4) 网上信用卡支付类型

网上信用卡支付类型主要有 4 种：

(1) 无安全措施的信用卡支付。买方通过互联网向卖方订货，信用卡信息通过电话、传真等非网上传送，或者在网上传送信用卡信息，但无安全措施，买卖双方使用各自现有的银行商家专用网授权来检查信用卡的真伪。

特点：由于卖方没有得到买方的签字，如果买方拒付或否认购买行为，卖方将承担一定的风险；信用卡信息在线传送，但无安全措施，买方将承担信用卡信息在传输过程中的被盗风险及卖方获得信用卡信息等风险。

(2) 通过第三方代理人的支付。买方在第三方代理人处开账号，第三方代理人持有买方信用卡号和账号，买方用这个账号在线订货，商家将此账号提供给第三方代理人验证，第三方代理人验证账号信息，将验证信息返回商家，商家确认订货。

特点：支付通过双方信任的第三方完成；信用卡信息不在互联网上多次传送，没有信用卡被盗的风险；买卖双方预先获得第三方的某种协议，即买方在第三方处开设账号，卖方成为第三方特约商户。

这种方式的关键是第三方，交易双方都对第三方有较高的信任度，风险主要由第三方来承担，保密等功能也由第三方来实现。适用于 BtoC、CtoC 金额不很大的交易。

(3) 简单加密的信用卡支付。信用卡信息被买方输入浏览器窗口，被简单加密后通过网络从买方向卖方传递。采用的加密技术有 SHTTP、SSL 等。我国有不少银行采用这种支付方式。

特点：购物时只需要一个信用卡号，给客户带来了方便；使用对称和非对称加密技术对信用卡信息进行加密，且只有业务提供商或第三方机构能够识别；以数字签名方式确认身份的真实性，且数字签名本身不能修改。

(4) SET 信用卡支付。SET 协议的目的就是为了解决客户、商家和银行之间通过信用卡支付的交易而设计的，SET 信用卡支付系统可以实现的功能有以下几个方面。

① 在保证所传输信息的保密性方面，SET 信用卡支付系统可以使订单和信用卡账号信息在互联网上安全传输，保证不被未经许可的任何一方看到。

② 在保证所传输数据的完整性方面，SET 信用卡支付系统能保证在传送过程中信息的内容不会被篡改。

③ 能够实现持卡人和商家的相互认证。SET 信用卡支付系统能确保商家能认证持卡人身份；客户(持卡人)能确认商家与某一银行之间有特定关系，即商家确实是能够受理信用卡的特约商户。

④ 具有兼容性和互操作性。SET 信用卡支付系统能提供在不同硬件平台和软件平台上的操作能力。

与前几种信用卡支付方式相比较，SET 保密性好，具有一定的不可否认性，安全性能最好；但较复杂，涉及的技术多，因而成本高。所以国内大多数银行未采用这种方式。

目前美国有多家公司为用户提供基于安全电子交易(SEI)协议的支付解决方案。如 IBM 公司提供的 SET 付款系统，新加坡花旗银行采用了这一系统。

2. 电子现金支付方式

电子现金技术把现金数值转换成为一系列的加密序列数,通过这些序列数来表示现实中各种金额的币值。客户在开展电子现金业务的银行开设账户,并在账户内存入现金用来购买电子现金,通过银行数字化签字后,再发送给客户,可用它在商业领域中流通,适用于小额交易。

1) 电子现金的含义

电子现金(E-cash)也称为数字现金(Digital Cash),是一种以数据形式流通的货币。

当用户登录提供电子现金的网上银行后,使用一个口令(Password)和个人识别码(PIN,Personal Identification Number)来验明身份。当直接从其账户中下载成包的低额电子"硬币"时,电子现金才起作用。然后,这些电子现金被存放在用户的硬盘当中,直到客户从网上商家进行购买为止。为了保证交易安全,计算机还为每个"硬币"建立随时选择的序号,并把这个号码隐藏在一个加密的信封中,这样就不会有人知道是谁提取或使用了这些电子现金。按这种方式购买,实际上可以让买主无迹可寻,对提倡个人隐私权的人很有吸引力。

在网上交易中,电子现金适用于小额零星的支付业务,使用起来要比借记卡、信用卡更为方便。

2) 电子现金的表现形式

电子现金的表现形式有两种:硬盘数据文件形式和 IC 卡形式。

(1) 硬盘数据文件形式。硬盘数据文件形式的电子现金是一个数字信息块或数据文件,存放在消费者计算机硬盘上。适用于买卖双方物理上处于不同地点并通过网络进行电子支付的情况。支付行为表现为把电子现金从买方处扣除并传输给卖方。采用了加强的密码技术或其他安全措施防止复制。优点是不需要专门的设备读出和写入,在网络上流通和传递较方便;不足之处是携带不方便,必须在线处理。典型的应用有 Digicash 公司于 1994 年 5 月开发的在线交易用的电子现金支付系统。

(2) IC 卡形式。IC 卡形式是将购买的电子现金存在智能 IC 卡中。当从卡内支出货币金额或向卡内存入货币金额时,将改写智能卡内的记录余额。从卡内支出货币金额的去向和向卡内写入货币金额的来源,可以是另一张电子现金智能卡,或持卡人在银行的存款账户,或商户的读卡器。智能卡形式的电子现金除与银行账户之间转移之外,其余的转移操作均可独立完成,不用与银行发生任何联系。其优点是携带方便,不易篡改,可离线操作;不足之处是需要专用的设备读出和写入。典型的应用是英国银行界研制开发的 Mondex 电子现金。

3) 电子现金的基本特性

电子现金与普通现金在经济领域的作用一样,应具备以下性质。

(1) 匿名性好。电子现金不提供持有者的信息,保证了双方的隐私权。

(2) 可传递性好。用户能将电子现金像纸币一样存、取、转让,且不会被跟踪。

(3) 安全性较好。电子现金的安全性除了靠物理上的安全来保证,还通过电子现金自身使用的各项密码技术来保证。

(4) 不可伪造性。身份验证是由电子现金本身完成的。电子现金银行在发放电子现金时使用了数字签名,商家在每次交易中,将电子现金传送给电子现金银行,由电子现金银行验证消费者支付的电子现金是否有效(伪造或使用过等)。

(5) 不可重复花费。电子现金只能使用一次,重复花费能容易地被检查出来。

(6) 对 E-cash 软件的依赖性。消费者、商家和电子现金银行都需使用 E-cash 软件。

由于银行需要一个大型的数据库来存储消费者完成的交易和电子现金序列号,以防止重复消费,应用过程较复杂,所以电子现金的应用不如信用卡广泛。

3. 电子支票支付方式

电子支票可以使支票的支付业务和支付过程电子化。网上银行和大多数银行金融机构,通过建立电子支票支付系统,在各银行之间发出和接收电子支票,向用户提供电子支付服务。

1) 电子支票的概念

电子支票(E-check)是一种借鉴传统纸张支票转移支付的优点,利用数字传递将钱款从一个账户转移到另一个账户的电子付款形式,如图 4.2 所示。

电子支票的支付是在与商家及银行相连的网络上以密码的方式传递的,多数使用公用关键字加密签名或个人身份证号码(PIN)代替手写签名。

用电子支票支付,事务处理费用较低,而且银行也能为参与电子商务的商户提供标准化的资金信息,故而可能是最有效率的支付手段。

电子支票既适合个人付款,也适合企业之间的大额付款。

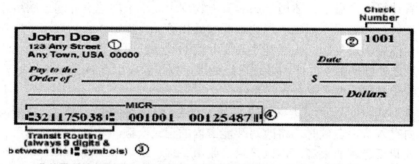

①使用者姓名及地址;②支票号;③传送路由号(9位数);④账号

图 4.2 电子支票的样式

2) 电子支票的密钥管理

由于电子支票的使用涉及公共密钥、数字证书,使得密钥的管理很重要。一般的情形是这样,银行负责管理自己客户的公共密钥,比如商家的开户行负责管理商家的公共密钥,为商家发放认证的数字证书;消费者的开户行负责管理消费者的公共密钥,为消费者发放认证的数字证书;而银行之间的联合组织,比如负责银行间清算的自动清算所,除了负责清算之外,还负责管理银行的公共密钥,发放数字证书,保障交易的安全、可靠。

3) 电子支票交易的步骤

使用电子支票进行支付,消费者可以通过电脑网络将电子支票发向商家的电子信箱,同时把电子付款通知单发到银行，银行随即把款项转入商家的银行账户。这一支付过程在数秒内即可实现。电子支票交易的过程可以分以下几个步骤。

(1) 消费者和商家订立购销合同并选择用电子支票支付。

(2) 消费者通过网络向商家发出电子支票，同时向银行发出付款通知单。

(3) 商家通过验证中心对消费者提供的电子支票进行验证，验证无误后将电子支票送交银行索付。

(4) 银行在接到商家索付请求时，通过验证中心对消费者提供的电子支票进行验证，验证无误后即向商家兑付或转账。

4. 智能卡支付方式

随着电子商务的不断发展，智能卡正朝着安全、高速、方便的方向迅速发展。

1) 智能卡的含义

智能卡(Smart Card or IC)，即嵌入式微型控制器芯片的 IC 卡，是一种自身带有处理芯片的卡片。它可以利用自带的芯片实现储值功能，即在资金转移时无须进行联机授权就可直接由智能卡上的芯片进行资金转移。

使用智能卡，必须使用相应的读卡设备和智能卡操作系统。开发商使用智能卡的程序编制器，同时提供智能卡应用程序接口。智能卡上的资金采用加密的方式进行储存，并受到口令的保护以确保智能卡里资金的安全。

支付过程是：消费者启动浏览器；将智能卡插入一个与计算机相连的读卡设备，通过读卡机登录到开户银行上，将卡上信息告知银行；用户从智能卡上下载现金到商家的账户上，或从银行账号下载现金存入卡中，相关金额便可以从智能卡上通过互联网安全地转移到商店的设备上；之后商店就可以直接通过相关设备与银行连接，增加其账户余额。

2) 智能卡的优点和缺点

(1) 优点。

① 具有匿名性。使用智能卡支付与使用现金支付十分相似。商店在接到某个智能卡传来的金额时，不会知道消费者是谁，除了余额增加外也不会留下任何记录。

② 消费者使用智能卡时，不必在银行留有账户。

③ 通过使用智能卡，商店可以在交易结束的同时得到款项，与一般银行卡需要经过与银行的结算后才得到款项相比，减少了商店面临的信用风险。

④ 智能卡存储信息量较大，存储信息的范围较广，安全性也较好。

(2) 缺点。

① 不论是消费者还是商店，都需要安装特殊的硬件设备，这阻碍了它在近期的普及。

② 一旦智能卡损坏和丢失，如果不需要实体的 PIN 验证，那么，丢失了智能卡，也就丢失了财产。

5. 电子钱包支付方式

广义的电子钱包包括以卡和网络为媒介的小额支付手段。卡支付，如预付卡、交通卡、校园卡、储蓄卡等；网络电子钱包，如网银、电子现金等。电子钱包进行小额支付时，成本低,且使用方便。其发行主体有银行和非银行机构(如公交公司、加油站等)。下面介绍的电子钱包是指网络电子钱包。

1) 电子钱包的概念

电子钱包(E-wallet)是一个可以由持卡人用来进行安全电子交易和储存交易记录的软件,就像生活中随身携带的钱包一样。电子商务活动中的电子钱包软件通常都是免费提供的。可以直接使用与自己银行账号相连接的电子商务系统服务器上的电子钱包软件;也可以从互联网上调用,采用各种保密方式利用互联网上的电子钱包软件。目前世界上有 VISA cash 和 Mondex 两大电子钱包服务系统。

2) 电子钱包的功能

电子钱包的功能和实际钱包一样,可存放信用卡、电子现金、所有者的身份证书、所有者地址以及在电子商务网站的收款台上所需的其他信息。电子钱包提高了购物的效率,用户选好商品后,只要打开自己的钱包进行支付操作,电子钱包软件就会帮助用户将所需信息(如送货和信用卡)自动输入到收款表,从而大大加速了购物的过程。

电子钱包具有如下的功能。

(1) 电子安全证书的管理。包括电子安全证书的申请、存储、删除等。

(2) 安全电子交易。进行 SET 交易时辨认用户的身份,并发送交易信息。

(3) 交易记录的保存。保存每一笔交易记录以备日后查询。

以中国银行的电子钱包为例,持卡人在使用长城卡进行网上购物时,长城卡上的信息(如账号和到期日期)及支付指令可以通过电子钱包软件进行加密传送和有效性验证。电子钱包能够在 Microsoft、Netscape 等公司的浏览器软件上运行。

如果客户(持卡人)要在互联网上进行符合 SET 标准的安全电子交易,必须安装符合 SET 标准的电子钱包。

6. 手机支付方式

手机支付是指手机用户使用其手机对所消费的商品与服务进行账务支付,属于移动支付的一种。移动支付是交易双方使用移动设备转移货币价值以清偿获得商品或服务的债务,其中"移动设备"包括手机、PDA、移动 PC 等。手机支付与手机银行有联系也有区别,手机银行是利用移动网络与移动通信技术实现银行与手机的连接,通过手机界面操作或者发送短信完成各种金融服务的产品。手机支付可能与银行没有关系,但当客户利用手机银行支付账款时,这种手机银行业务也是一种手机支付。

4.1.3 网上银行

网上银行最早起源于美国。1995 年,世界上第一家网上银行——第一安全网上银行(www.sfnb.com)在亚特兰大创立。这是在互联网上提供大范围和多种银行服务的第一家银行,其前台业务在互联网上进行,后台处理只集中在一个地点进行。业务处理速度快、服务质量高、服务范围极广。

网上银行代表了未来银行的发展方向,成为银行业务的主流。目前我国已相继开设了自己的网上银行,如中国银行(www.bank-of-china.com)、招商银行(www.cMBchina.com)、中国工商银行(www.icbc.com.cn)、中国建设银行(www.ccb.com.cn)、中国农业银行(www.abchina.com)、交通银行(www.bankcomm.com)、中国光大银行(www.cebbank.com)等。

1. 网上银行的基本概念

1) 网上银行的定义

网上银行指银行在互联网(Internet)上建立站点,通过互联网向客户提供信息查询、对账、网上支付、资金转账、信贷、投资理财等金融服务。通俗地讲,网上银行就是银行在互联网上设立的虚拟银行柜台,传统的银行服务不再通过实体银行的分支机构来实现,而是借助技术手段在互联网上实现。

2) 网上银行的主要特征和优势

与传统银行相比,网上银行具有如下主要特征。

(1) 网上银行实现交易无纸化、业务无纸化和办公无纸化。以前使用的传统票据和传统单据大部分被电子支票、电子汇票和电子收据所代替;原有的纸币被电子货币,即电子现金、电子钱包、电子信用卡所代替;原有的纸质文件的邮寄变为通过数据通信网进行传送。

(2) 网上银行的运行模式与传统金融机构的运行模式相比,服务更方便、快捷、高效、可靠。网上银行突破了银行传统业务操作模式,把银行的业务直接在互联网上推出。通过网上银行,银行客户可以享受到方便、快捷、高效和可靠的全方位服务。上网客户可以在家里开立账户,进行交易。网上银行实行全天24小时、一年365天不间断营业。客户可以在任何地方、任何需要的时候使用网上银行的服务,不受时间、地域的限制,即实现3A(Anywhere,Anyplace,Anytime)服务。银行业务的电子化大大缩短了资金在途时间,提高了资金的利用率和整个社会的经济效益。

(3) 网上银行与传统的实体银行相比,将极大降低银行服务的成本和客户使用成本。与传统银行相比,网上银行通过计算机和网络处理客户要求,不需要依赖密集的分支行网点,节省建立网点的投资。通过网上交易,还可以节省交易费用。

据美国网上银行运作的报告表明,普通银行的经营成本占收入的60%,而互联网银行经营成本只相当于经营收入的15%~20%,开办一个网上银行所需的成本只有约100万美元。在互联网上进行金融清算每笔成本不超过13美分,电话银行服务的每笔交易成本为54美分,而传统银行分理机构的处理成本更高。所以,网上银行业务成本优势显而易见。而且,网上银行通过利用电子邮件、讨论组等技术,还可提供一种全新的、真正的双向交流方式。由于采用了虚拟现实信息处理技术,网上银行可以在保证原有业务量不降低的前提下,减少营业点的数量。

对客户来讲,使用网上银行节约时间、节约交通费用、节约交易费用等。

(4) 网上银行为客户提供了简单易用的操作方法。网上银行使用方便,使用者只要具备一台电脑并且能够连接到互联网,搜索到所需要的网上银行网页,按照提示即可进入自己所需的业务项目。网上银行一般都有简捷明快的用户指南,一般具有互联网基本知识的网民都可以很快掌握其操作方法。网上E-mail通信方式也非常灵活方便,便于客户与银行之间以及银行内部之间的沟通。

2. 网上银行模式

网上银行目前有两种不同层次的模式。

1) 传统银行业务的网络化

采用传统银行业务的网络化模式，可以同时利用网上银行和传统银行的优势：网上银行以其便捷和速度，极大地提升银行交易渠道的能力；传统银行的品牌号召力和客户认知程度，极大提升了网上银行的形象；而传统柜面和客户经理的营销推动，又加快了网上银行产品的推广速度，降低了网上银行的运作成本。

目前，除了已经网络化的存款、汇款、付款等业务外，外币买卖、信用卡业务、企业融资、房屋汽车贷款、购买保险和理财咨询服务，也都逐步地进入网络银行的服务范围。世界上许多著名的商业银行，如花旗银行、大通曼哈顿银行、汇丰银行、美洲银行，以及我国的各大银行，如中国工商银行、中国银行、招商银行、中国建设银行等，都已经进行了银行业务的网络化改造工作，而且几乎所有规模较大的商业银行都在国际互联网上建立了自己的站点。

2) 虚拟的网络银行

虚拟的网络银行具有低投入、高产出、简单高效、最具备新经济的特点。

和传统银行业务的网络化不同，虚拟的网络银行没有银行大厅和营业网点。例如，美国第一安全网络银行是完全通过国际互联网经营的独立银行。顾客通过国际互联网进入该行的站点，屏幕即刻显示出一幅银行大厅的画面。画面上设有："账户设置"(Account Setup)、"客户服务"(Customer Service)以及"个人财务"(Personal Finance)3个主要服务柜台，此外还有供客户查询的"咨询台"(Information)和"行长"(President)等柜台。第一安全网络银行为客户提供多种银行服务，例如开户、存款、支付账单及各项转账服务，还有外币买卖、长期存款和信用卡服务，客户还可以在网络上申请房屋汽车贷款、购买保险、通过经纪人员买卖各项金融产品等。银行每天会产生一次交易汇总表，供客户查询及核对。如果客户需要提取现金，只要到附近的提款机利用金融卡操作即可。第一安全网络银行自开始营运以来，发展迅速，每月客户以650人的速度快速增长，然而该行的银行业务人员仅有15人。第一安全网络银行的股票上市当天便翻了一番，由每股20美元飙升到41美元。

虚拟的网上银行也存在一些缺陷。如减少了银行与客户交流的机会，银行如果不能及时了解客户的需求，尤其是高端客户，就无法为其提供个性化的金融服务，久而久之，虚拟银行就会对客户失去吸引力。此外，从目前使用情况来看，完全虚拟的网上银行的品牌吸引力与传统银行相比较弱，客户认知度不高，同时缺乏传统销售渠道的支持，因此，为销售产品和吸引客户就必须通过广告或借助于其他载体和渠道，从而大大增加了网上银行的营销成本。

3. 网上银行发展趋势

随着互联网技术的发展和普及，金融系统的业务处理和经营管理模式正经历着新的变革。货币形态从实物货币向电子货币方向演变；服务模式由柜面模式下的"人-人"对话向网络模式下的"人-机"对话演化；资金流动的载体从实体凭证向电子凭证过渡；银行概念从实体银行向虚拟银行方向发展。

在今后一段时间里，网上银行将在以下一些方面得到发展。

1) 网上银行将为银行用户提供个性化金融服务

从银行个人用户对金融产品的需求来看，近年来，随着社会经济的发展，人们的收入不断增加，银行的个人用户越来越追求个性的张扬。由于传统银行提供的服务是一成不变的，因而不能满足不同人的需求；或者是另一种情况，金融产品太多，个人面对诸多金融产品无从下手，这样就需要为每个人定制不同的产品组合。

从银行企业用户对金融产品的需求来看，企业战略重点的转变，也需要网上银行发展个性化服务。

目前企业网上银行的业务已经呈现出如下趋势。

(1) 企业网上银行的服务功能越来越齐全。企业网上银行，现在已经逐渐涉及各种银行业务。从提供查询、支付、代发工资到结算、理财甚至是提供资产业务。例如，招商银行不仅推出网上开设国内国际信用证、网上外币汇款、票据业务，还提供"自助贷款"这样的资产业务。

(2) 企业要求加强集团财务统一集中的需求日益增多。为了满足国内许多集团企业和超大型集团公司要求加强集团财务统一集中的需求，工商银行、招商银行、浦东发展银行等都先后推出针对大型客户的网上银行业务。这种业务满足了客户在时间和空间上的集约化现金管理需要，帮助企业在全国范围内迅速回笼各地分支机构资金，从而可以大大提高企业资金使用效率，节约财务成本，达到监控各分公司资金运作情况及整个集团资金统一调度管理的目的。

(3) 银企直连，层次更高。虽然企业网上银行作为一个标准化的产品，能够满足大部分企业的业务需要，客户只需通过浏览器，就可以获得账户管理、付款服务等网上银行业务。但是，随着我国企业信息化程度的不断提高，一些大型企业均开始采用计算机财务软件系统或 ERP 系统。在支付量比较大的情况下，企业集团要频繁地在互联网和财务软件两个界面上切换，非常不方便。为了实现企业财务软件系统或 ERP 系统与网上银行系统的无缝连接，像工商银行、招商银行以及浦东发展银行等都推出了银企互连服务。这一服务可以把企业网上银行系统和企业财务系统或 ERP 系统相连。企业直接通过财务系统或 ERP 系统的界面就可以享受账户查询、信息下载、转账支付、收款、资金集中管理等服务，并可根据客户的需要，自行在其财务系统中定制更多的个性化功能。

2) 网上银行将逐步实现行业标准化

网上银行应尽早地实现行业标准的统一。制定标准包括硬件和软件两个方面。在软件方面主要是系统平台、网络协议、数据库、应用软件等；在硬件方面主要是网络接入的设备，包括服务器、客户端、网络连接设备等。标准化的设计不仅可以照顾到用户的使用习惯，使得用户可以很快适应各种界面的网上服务；更重要的是，标准化可以方便数据的统计和分析，便于银行提供更好的服务。

为了加强我国金融电子化标准的制定、颁布和实施工作，应该由人民银行牵头，做好对涉及我国金融电子化发展全局的各种标准、规范和制度的制定颁布和实施工作。在积极采用国际标准的制度和先进国家标准的前提下，统一银行业务信息传输格式标准、银行卡技术标准、商业银行网上业务和电子商务相关标准等，以便为我国金融电子化向深层次发展创造必要的条件。

3) 网上银行的安全性逐步得到加强

为了构筑一个网上金融安全网,网上银行需要采用更高的技术。

(1) 在身份识别方面。需要研制新的识别方法,简化识别过程,使得黑客难以作假。另外,PKI(Public Key Infrastructure,公钥加密)技术也会得到合理广泛的应用。

(2) 在防伪技术、追踪技术、反病毒技术方面。应开发适合我国国情的防火墙,包括软件和硬件的。开发我国自有的产品更有利于防范攻击。

(3) 重视对人的管理。要加强内控,完善制度。必须根据新的环境、建立一套新的监督和牵制制度。具体地说,主要包括支付工具和支付指令的登录及分发管理;结算账户开设与透支的管理;支付交易运行环境计算机网络的安全保密与故障恢复管理;支付应用软件系统对异常支付处理的管理。

4) 银行经营管理逐步网络化

网上银行的网络性,一方面表现在提供服务的手段网络化;另一方面表现在银行经营管理的网络化。金融界可以扬长避短,从网络中获益。

传统的商业银行基本采用金字塔式的管理模式:总行—分行—支行—分理处—储蓄所—代理网点。这种方法费用比较大,管理效率较低。网上银行可以采用扁平式的管理模式,减少管理的层级,让总行能够更直接地与客户打交道。当然,也可以在一定程度上保留分级管理的制度,这样可以降低管理费用,提高管理效率。

网上银行的管理主要包括3大块:核心业务、其他业务、E-CRM(Electronic Customer Relationship Management,电子化客户关系管理)。

(1) 核心业务。主要包括信息服务平台管理、虚拟金融服务管理、安全管理、业务外包管理。业务外包管理指的是将商业银行的企业级信息系统,或商业银行信息网络进行分阶段的业务外包,使银行专注于完成核心业务流程的改造与管理。

(2) 其他业务管理。包括R&D管理、人才管理、网络文化管理、知识管理、金融创新管理。

(3) E-CRM。是银行管理的重要环节,是银行与客户间保持沟通的桥梁,拉近了银行与客户的距离,保证了银行实现资本增值的最终环节的顺利实施。E-CRM业务正在我国迅速发展。

成熟的电子支付体系是实施电子商务的基础,要实现最终意义上的电子商务,还有赖于网上银行的普遍建立,以及电子现金、电子支票等电子支付的真正实现。在我国,网上银行的发展还存在一些困难,如信用卡制度起步晚、银行体系缺乏必要的信用评价机制等。但是随着科学技术的发展和我国金融体制改革的进一步深化与成熟,这些问题终将得到圆满的解决,代表现代银行金融业发展方向的网上银行必将得到快速发展。

任务实施

为了方便开展网上支付活动,小吴选择中国工商银行(www.icbc.com.cn)作为开户银行,开通网上银行服务。

首先,持本人有效身份证件到工商银行营业网点办理牡丹灵通卡·e时代,并详细阅读中国工商银行电子银行个人客户服务协议和个人网上银行交易规则,掌握口令卡和U盾的

项目四 电子支付

交易密码及每笔交易限额,注意保管好交易密码。

其次,登录工商银行的个人网上银行系统。为了保证正常使用个人网上银行,建议用户将计算机屏幕分辨率调整为 1024×768 或以上。如果用户的计算机上已经能够正常使用个人网上银行,可直接"登录"。如果用户是第一次使用个人网上银行,建议用户按照以下操作步骤调整自己的计算机设置。

1) 登录个人网上银行

(1) 登录工商银行网站 http://www.icbc.com.cn/icbc/,如图 4.3 所示。

图 4.3 登录工商银行网站

(2) 下载安装"工行网银助手",如图 4.4 所示。

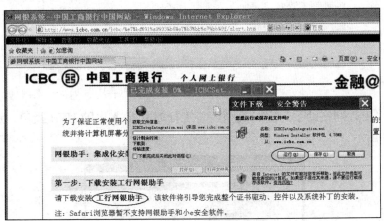

图 4.4 下载安装"工行网银助手"

(3) 运行"工行网银助手",启动安装向导,并根据提示步骤完成相关软件的下载,如图 4.5、图 4.6 所示。

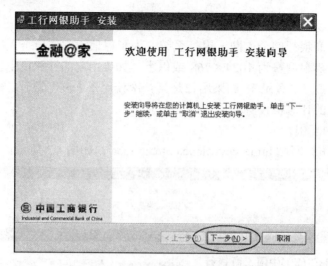

图 4.5　工行网银助手安装向导(一)

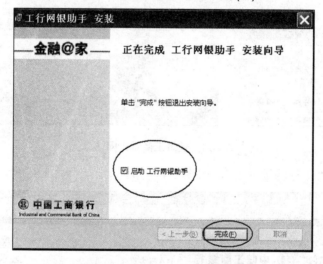

图 4.6　工行网银助手安装向导(二)

(4) 选择"工行网银助手"安装类型，将工行 U 盾插入电脑 USB 接口，进行安装，如图 4.7、图 4.8 所示。

图 4.7　工行网银助手安装类型选择

项目四 电子支付

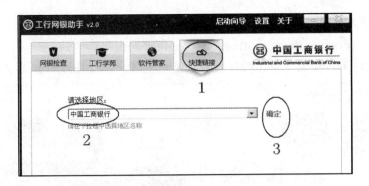

图 4.8 工行网银助手链接工商银行网站

(5) 登录工行个人网上银行，如图 4.9 所示。

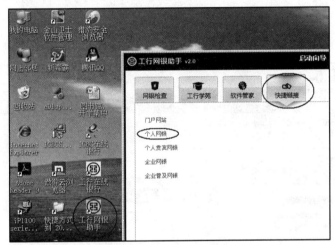

图 4.9 登录工行个人网上银行

(注：如果关闭了工行网银助手，可以打开电脑桌面的"工行网银助手"，单击【快捷链接】按钮，登录工行个人网上银行)。

(6) 登录工商银行个人网上银行，查看账户余额，如图 4.10 所示。

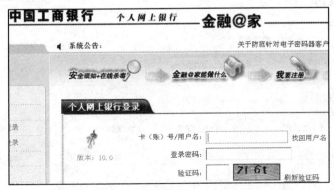

图 4.10 工商银行个人网上银行的登录界面

同时进入个人账户，查看账户的现金余额。

2) 登录支付宝(www.alipay.com)账户，为支付宝充值

(1) 登录支付宝，安装支付宝控件。登录支付宝账户，如图 4.11 所示。

图 4.11 登录支付宝账户

(2) 给支付宝账户充值，单击【充值】按钮，如图 4.12 所示。

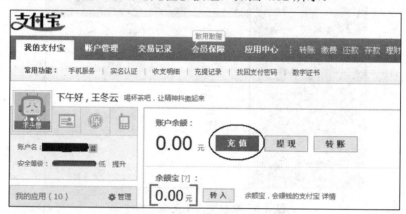

图 4.12 登录支付宝为账户充值

(3) 选择网上银行充值，如图 4.13 所示。

图 4.13 选择"中国工商银行"为账户充值

项目四　电子支付

(4) 填写支付卡号和验证码，单击【同意协议并充值】按钮，如图 4.14 所示。

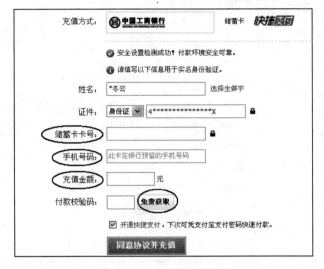

图 4.14　提交充值信息

(5) 充值成功。在充值成功提示下，单击【去看看】，可以在支付宝中查询"账户余额"，如图 4.15、图 4.16 所示。

图 4.15　充值成功提示

图 4.16　账户余额查询

3) 在淘宝网购物时，选择支付宝支付

(1) 进入淘宝网，并登录"我的淘宝"，选择"账号管理"选项；再选择"个人交易信息"选项，填写和修改个人信息，如图 4.17 所示。

(2) 选择好自己喜欢的商品，如图 4.18 所示。

(3) 填写收货地址和确认订单信息，如图 4.19 所示。

115

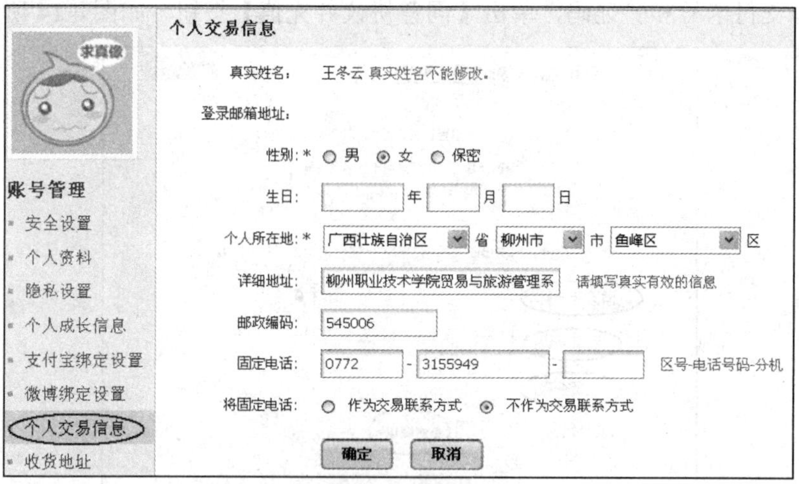

图 4.17 修改个人交易信息

图 4.18 选择购买商品

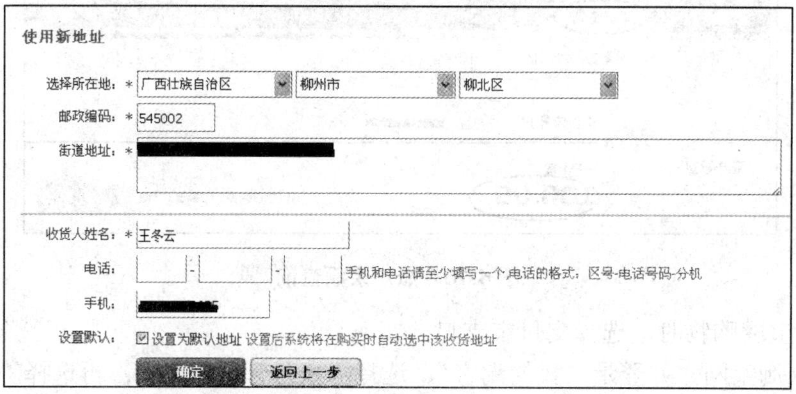

图 4.19 确认订单信息

(4) 提交订单，如图 4.20 所示。

图 4.20　提交订单

(5) 采用支付宝方式付款，输入支付宝密码，确认付款，如图 4.21 所示。

图 4.21　支付宝确认付款

(6) 用支付宝支付成功，查看已买到宝贝，如图 4.22 所示。

图 4.22　支付宝支付成功

(7) 查看自己所买的商品，如图 4.23 所示。

图 4.23　查看自己所买的商品

(8) 收到所购商品后，要登录淘宝网，确认收货，进行付款确认，并对卖家进行评价。对于很信任的商家，也可以采用银行卡直接支付。

案例分析

招商银行一网通网上支付

【案例简介】

招商银行成立于 1987 年 4 月 8 日，是我国第一家完全由企业法人持股的股份制商业银行，总行设在深圳。1999 年 9 月在国内首次全面启动网上银行——"一网通"。

招商银行一网通网上支付是招商银行提供的网上即时付款服务。一网通的主站网址是 www.cmbchina.com。在主站下找到"一网通支付"，可以打开一网通支付页面。一网通网上支付按使用者不同，分为持卡人区和商户区。

1．一网通网上支付"持卡人区"

通过一网通网上支付，消费者可以在网上任意选购众多与招商银行签约的特约商户所提供的商品，足不出户，即可进行网上消费。一网通网上支付的"持卡人区"，如图 4.24 所示。

1) 服务特色

(1) 全国联网，消费者可以在任何一家招商银行特约商户消费付款。

(2) 多种支付工具，满足消费者各种消费需求。

(3) 强大的安全保障。

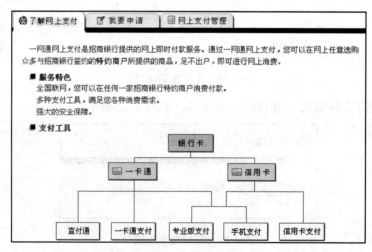

图 4.24　一网通网上支付的"持卡人区"

2) 支付工具

(1) 专业版支付。从个人银行专业版关联的银行卡支付，可自己设置任意限额。

(2) 一卡通支付。从活期存款支付，有封顶限额。

(3) 直付通支付。将一卡通账户与特约商户的账户绑定，直接在商户界面完成支付，可设置限额。

(4) 信用卡支付。在信用卡额度范围内支付，可设置限额。

(5) 手机支付。在个人手机上输入支付密码进行即时付款，免去使用公共电脑的安全之忧。

3) 服务渠道

(1) 申请渠道。网上个人银行大众版、网上个人银行专业版、电话银行 95555、网点柜台。

(2) 管理渠道。个人银行大众版、个人银行专业版、电话银行 95555。

4) 一网通持卡人的申请

单击图 4.24 中【我要申请】按钮,按照如下提示可以顺利完成一网通持卡人的申请。

如果用户拥有招商银行发行的一卡通或者信用卡,即可申请开通招商银行一网通提供的网上支付功能。

若用户还没有一卡通或信用卡,可单击一卡通申领或信用卡申领申请。

5) 一网通的管理

单击图 4.24 中【网上支付管理】按钮,可以看到如下提示。

一网通支付提供强大的支付管理功能,使用户可以方便快捷管理到自己网上支付的各个方面,可以进行专业版支付、一卡通支付、直付通、信用卡支付、手机支付的支付管理。

2．一网通网上支付"商户区"

招商银行网上支付是招商银行提供的网上付款结算平台,通过这个平台,数千万招商银行持卡人可以向特约商户进行网上付款,全国联网,实时到账。一网通网上支付"商户区",如图 4.25 所示。

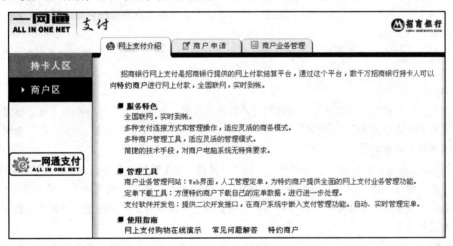

图 4.25 一网通网上支付的"商户区"

1) 服务特色

(1) 全国联网,实时到账。

(2) 多种支付连接方式和管理操作,适应灵活的商务模式。

(3) 多种商户管理工具,适应灵活的管理模式。

(4) 简捷的技术手段,对商户电脑系统无特殊要求。

2) 管理工具

(1) 商户业务管理网站。Web 界面,人工管理订单,为特约商户提供全面的网上支付业务管理功能。

(2) 订单下载工具。方便特约商户下载自己的订单数据,进行进一步处理。

(3) 支付软件开发包。提供二次开发接口,在商户系统中嵌入支付管理功能。自动、实时管理订单。

3) 申请流程

单击图 4.25 中【商户申请】按钮,可以看到申请流程。

(1) 商户与当地招商银行的分行个人银行部联系，申请成为招商银行的网上特约商户，经过招商银行的调查和评估，请商户在"招商银行网上特约商户开户审批表"中"商户情况"栏中填写相关资料。

(2) 商户与招商银行商定结账方式。结账方式分为手工结账、立即结账和直连结账3种：手工结账是指客户支付后招商银行冻结该客户资金，商户通过浏览器对交易订单进行确认或撤销操作；立即结账是指客户完成网上支付的同时，招商银行自动对该笔交易进行确认结账，商户无需通过浏览器做结账操作；直连结账是指客户支付后，招商银行冻结该客户资金，商户无需手工结账，通过商户电脑系统自动与银行结算。

(3) 商户与招商银行商定回佣标准和初装开通费。回佣标准和初装开通费根据招商银行有关规定确定。

(4) 商户与招商银行办理签订合约手续。对自有网站商户或代理商家销售商品与招商银行结算的网络服务商，与招商银行签署"招商银行网上特约商户协议书"；对通过网络服务商网站销售商品但直接与招商银行结算的商户，网络服务商、网上商户与招商银行签署"招商银行网上支付合作协议书"。

(5) 商户在招商银行开立结算账户。结算账户设立浮动备付金，备付金比例按照商户资信情况确定。

(6) 根据招商银行提供的技术接口，商户联通与招商银行的支付网络。

(7) 商户完成在线交易测试。商户在自己的网站上进行在线交易测试，使用"一卡通"在网站上进行支付，交易测试成功后通知招商银行。

4) 商户业务管理

单击图 4.25 中的【商户业务管理】按钮，可以单击【登录商户业务管理网站】按钮，完成对一网通商户业务的管理。

一网通网上支付商户服务系统，提供强大的商户管理功能。商户可以进行网上支付结账、查询订单、退款等操作。

【案例分析】

招商银行"一网通"是招商银行互联网相关产品的总品牌，包括了网上银行全部系统。招商银行打造了"一卡通"多功能借记卡、"一网通"网上银行、双币信用卡、点金公司金融、"金葵花"贵宾客户服务体系等产品和服务品牌。

(1) 超强的服务意识。作为招商银行网上银行"一网通"的重要组成部分，网上企业银行 U-BANK 秉承"因您而变"的服务理念，充分契合不同类型企业的管理模式，提供个性化的企业网上银行解决方案。可根据企业的不同需求，度身定制灵活多样的网上企业银行功能组合，便于企业合理配置内部资源，适应网络经济发展的要求。

(2) 便捷、高效的服务功能。网上企业银行 U-Bank 通过 Internet 或其他公用信息网，将客户的电脑终端连接至银行主机，实现将银行服务直接送到客户办公室、家中或出差地点的银行对公服务系统。网上企业银行 U-Bank 继承原有网上企业银行系统安全性的特点，采用数字证书安全机制，新版网上企业银行只对涉及资金交易等敏感业务的经办要求数字签名，业务授权更加方便、灵活，而且该系统与人民银行现代支付系统实时对接，使得跨地区资金调拨、集团理财等业务的快捷性、高效性有了显著提高。尤其是 2014 年 10 月 27 日发布的"全功能网上托管银行"，完全颠覆了资产托管业务运行和客户服务的手工传统模式，成为国内首个电子化、自动化和网络化的全功能托管网银平台。

(3) 因势而变的创新理念。2013 年 3 月，招商银行推出信用卡微信客服，同年 7 月，推出全国首家"微信银行"，服务范围从单一信用卡服务拓展为集借记卡、信用卡业务为一体的全客群综合服务平台。随着中国人口红利消失、人工成本上升，现有的人工客服无法及时应对随流通户、交易笔数的增长而增长的人工来电量。而精心打造的微信系统，让招商银行完成了呼叫中心的变革，人工服务压力逐渐缓解，优质的服务让用户满意度也得到提升。

(资料来源：http://www.yinhang123.net/licai/11302.html)

4.2 习　　题

一、单项选择题

1．电子支付系统根据支付时间的不同分 3 类，不属于这种分类的是(　　)。
　　A．预支付系统　　　　　　　　B．即时支付系统
　　C．后支付系统　　　　　　　　D．第三方支付系统

2．(　　)指单位、个人直接或授权他人通过电子终端发出支付指令，实现货币支付与资金转移的行为。
　　A．网上购物　　B．电子支付　　C．货到付款　　D．现金

3．下列以数字形式流通的货币是(　　)。
　　A．电子支票　　B．支票　　C．现金　　D．电子现金

4．网上支付系统主要由以下几个元素构成：互联网、客户、商家、客户开户行、商家开户行、支付网关、银行专用金融网络、(　　)。
　　A．电子钱包　　　　　　　　B．电子支票
　　C．CA 认证中心　　　　　　　D．电子现金

5．(　　)协议，是 Netscape 公司推出的一种安全通信协议，提供了两台计算机之间的安全连接，对整个会话进行了加密，从而保证了安全传输。
　　A．FTP　　B．TCP/IP　　C．SSL　　D．SET

6．由美国 Visa 和 MasterCard 两大信用卡组织联合国际上多家科技机构，共同制定了应用于互联网上的以银行卡为基础进行在线交易的安全标准，这就是(　　)协议。
　　A．FTP　　B．TCP/IP　　C．SSL　　D．SET

7．(　　)是一种借鉴纸张支票转移支付的优点，利用数字传递将钱款从一个账户转移到另一个账户的电子付款形式。
　　A．电子支票　　B．支票　　C．现金　　D．电子现金

8．(　　)指银行在互联网(Internet)上建立站点，通过互联网向客户提供信息查询、对账、网上支付、资金转账、信贷、投资理财等金融服务。
　　A．手机支付　　B．网上银行　　C．电子现金　　D．电子支票

9．(　　)是一个可以由持卡人用来进行安全电子交易和储存交易记录的软件，就像生活中随身携带的钱包一样。
　　A．电子钱包　　B．网上银行　　C．电子现金　　D．支票

10．电子支付具有以下特征，其中错误的是(　　)。
　　A．电子支付是采用先进的技术通过数字流转来完成信息传输的
　　B．电子支付的工作环境是基于一个封闭的系统平台之中
　　C．电子支付使用的是最先进的通信手段
　　D．电子支付具有方便、快捷、高效、经济的优势

二、操作与实践

(1) 在当地中国工商银行申请用于个人的网上银行卡(有口令卡和 U 盾两种),存入少量现金,试用该卡在淘宝网或者其他交易平台进行网上支付。

(2) 登录易宝支付(www.yeepay.com)、快钱(www.99bill.com)、贝宝(www.paypal.com.cn)网站。试分析这 3 家网站,了解三者的服务有什么共同点与不同点。

项目五 网络营销

教学目标

通过本项目的学习,使学生掌握网络营销的内涵、特点,网络营销与传统营销方式的区别;了解如何制定网络营销策略;熟练掌握网络营销的实际操作。

教学要求

知识要点	能力要求
网络营销概述	(1) 掌握网络营销的概念、特点 (2) 了解网络营销与传统营销的区别 (3) 掌握网络营销的主要内容
网络营销策略	(1) 掌握产品策略、定价策略、分销策略、促销策略 (2) 了解网络广告的特点、发布方式以及种类

重点难点

- 网络营销的主要内容
- 产品策略、定价策略、分销策略、促销策略
- 网络广告的特点、发布方式以及种类

5.1 任务 搜索引擎营销

📖 任务引入

成立于 2003 年的大连金华建材公司，是一家销售装修材料的民营企业，销售百余种国内外著名品牌的装修材料。由于公司知名度不高、销售渠道不成熟，所以公司直接选择网络经营，建设企业网站，开展搜索引擎营销。

📊 任务分析

公司为开拓网络营销渠道，开始实施搜索引擎营销，网络实施方案如下。

(1) 免费登录各大技术型搜索引擎(如百度、114 啦、搜狗、360 等)和分类目录(如亚马逊分类目录等)，使企业网站增加在互联网上的可见度，获得更多的推广机会。

(2) 登录付费搜索引擎，比如百度关键字竞价。这种按效果付费的网络营销服务，借助百度 87%的中国搜索引擎市场份额和 60 万家联盟网站，打造网民和企业的需求平台，让有需求的人便捷地找到自己的产品和服务，也让企业用少量投入就可以获得大量潜在客户，有效提升企业品牌影响力。

(3) 做好网站的搜索引擎优化工作，增加网站被搜索引擎自然检索和收录的机会。

(4) 使用 cnzz 站长工具统计企业网站的搜索引擎营销效果。

🏃 相关知识

5.1.1 网络营销概述

市场营销是在符合社会利益的前提下，通过市场交换和交易活动，满足消费者或用户现实需要或潜在需求，实现企业目标的综合性的商务活动。

随着经济全球化和信息网络化的发展步伐日益加快，传统营销思想和营销理论受到严峻挑战。网络巨大的信息容量、强大的交互功能和廉价的使用特性，正深刻地影响着人们对时间、空间和信息等概念的认识，改变了人们交流沟通和交易的方式，改变了原有市场营销理论和实务存在的基础，随之产生了被营销界称为"营销史上的第三次革命"的网络营销。

1. 网络营销的概念

关于网络营销，英文翻译有 Cyber marketing、Internet marketing、Network marketing、E-marketing 等，目前习惯的译法是 E-marketing。

网络营销是以互联网为媒体，以新的方式、方法和理念实施营销活动，以便更有效地促成个人与组织交易活动的实现。其实质仍然是营销，互联网只不过是一种技术手段。

网络营销研究的是适用网络虚拟市场的新的营销理论，是伴随网络市场而诞生的带有很强的实践性的学科。

项目五　网络营销

网络营销贯穿于网络经营的全过程，从信息发布、市场调查、客户关系管理，到产品开发、制定网络营销策略、进行网上采购、销售及售后服务都属于网络营销的研究范畴。

网络营销不同于电子商务：狭义的电子商务是指利用互联网进行的各种商务活动，必须解决法律、安全、技术、身份认证、电子支付和物流配送等与之相关的问题。电子商务的本质是与客户进行商务信息的交流与沟通，最终目的在于实现整个交易过程的电子化。网络营销属于电子商务的一部分。网络营销活动的目的则是如何利用互联网或企业网站做好与客户之间的信息交流，准确收集客户信息，更好地把握客户的需求脉搏，为实施电子商务和传统市场销售提供可靠的决策依据。

2. 网络营销的特点

网络营销是以互联网为基本手段进行信息交换的，其营销方式和营销理念较之传统营销都发生了创新性的变化。网络营销的特点表现在以下几个方面。

(1) 跨时空。在跨国营销中，不同国度的时差不同，给企业营销活动带来了不少困难。而互联网具有超越时间约束和空间限制进行信息交换的特点。通过互联网，企业可以凭借客户身份在全球范围内采购原材料以及商品，也可以凭借经销商身份向全世界范围的企业和个人销售产品及提供服务。

小案例

希拉里的母爱

2010年7月，美国国务卿希拉里·克林顿政务缠身，但出访期间不忘利用互联网帮助女儿切尔西·克林顿筹备婚礼，尽显母爱柔情。希拉里说："幸运的是，我们能通过电子邮件交流，我会收到一些备选的婚礼花束。尽管出访日程紧凑，但我能做到一个新娘妈妈应做的一切，包括挑选婚礼菜肴和礼服。"

(2) 多媒体。传统媒体信息传播模式是彼此独立的。电视台和电台传播的是稍纵即逝的视频、音频信号，而报纸、杂志以及户外广告传播的都是静态的文字图像信息。互联网可以同时传输多种媒体的信息，如文字、图像、动画、音频、视频等。信息内容不再是枯燥静止的文字符号，而是图文并茂，集动画、声音、影像于一体的可视化营销杰作。

小案例

海尔的三维产品展示

海尔网站为主要产品创建了三维模型，所有三维模型都保存在面向对象的数据库服务器中。由于产品可从任何角度旋转展示，消费者在挑选海尔的冰箱或空调时，可以像在传统商店一样从不同的角度仔细观察产品，也可放大观察产品的某个细部。

网上世博会的北京馆

上海世博会于2010年5月1日同期开展了"网上世博会"。在北京馆中，观众不仅能够感受天坛、"水立方"、国家大剧院、"鸟巢"等北京地标性建筑独特绚丽的造型，还能够深入漫游体验，通过图片、视频及全方位三维漫游等方式,在海宝和5个福娃小导游的引领下,畅游新北京,领略新北京繁荣、文明、和谐、宜居的城市理念和形象。

在每日"京"喜中,设置有北京元素的主题游戏,如胡同迷宫、画脸谱,使参观者通过网络的形式与北京馆充分互动。网站运用了 flash 和 3D 虚拟现实技术,真实地再现了实体馆中的景象,并在虚拟拓展空间中,给用户以全新的视觉和互动体验。

网上世博北京馆建设运用了水晶石公司的 N-city 技术。N-city 是一种跨网络的富媒体生产与发布平台,通过建模、渲染、自动处理引擎裁图、前台显示等一系列生产流程标准化操作,它可以实现基于网络图片传输和富媒体信息标注的三维内容模拟与交互,从而打造一个"立体"的网络展示平台。这也是此次网上世博会总平台的核心技术,3D 虚拟现实技术与互联网相结合,真实地再现了实体馆中的景象,使参观者获得更生动的参观体验。

(3) 交互式。互联网作为一种交互式的可以双向沟通的渠道和媒体,在企业与消费者之间架起了一道方便的双向互动的桥梁。利用网络环境开展网络营销活动,企业与消费者无须进行面对面的直接接触,通过网站就可以即时平等地获取对方的信息,进行双向互动式交流。企业通过互联网向消费者进行营销活动,如展示丰富生动的、最新的产品信息和相关资料,收集销售市场情报,进行新产品测试,消费者满意度调查和提供售后服务等;通过网站、搜索引擎、电子邮件或其他软件工具,消费者可以随时查询自己需要的任何商品或企业的信息,从容地对各种商品进行比较,理智地做出购物决策,并且还可以获得所需要的信息咨询与售后技术指导。可以说,网络实现了供需互动与双向沟通,使得企业与消费者的距离感大大缩短。这种交互性,既提高了消费者参与的积极性,满足了个性化的需求,同时也加强了企业营销策略的针对性。如时尚零售商 LandSend.com 在网站上设计了一个 Land 活动图标,只要消费者点击它,就可以和 Land 的员工联系,或者进入在线聊天室提出问题,来获得专门的产品信息。

(4) 拟人化。网络营销活动是在整个网络虚拟市场环境中进行的。它的独特之处在于,利用网络技术,引导商品(有形的或者无形的)或服务从生产者转移到消费者,再从消费者那里获得反馈意见。这种一对一的、理性的、消费者主导的、非强迫性的、低成本与人性化的促销,避免了推销员强势推销的干扰。如微博用户不仅可以通过购买虚拟产品来装扮自己的微博空间形象,还可以通过参与一系列的在线游戏进行虚拟交易,或者享受高级别的产品模块服务。而网站则会通过提供虚拟产品和服务获得收入。

 小案例

广州车展的互联网平台

2009 年 11 月份的广州车展,每天到展馆的参观人数超过 5 万,最高日参观人数为 11 万;而每天通过互联网查阅车展相关信息的人数超过 270 万,最高日独立访问用户为 533 万,线上参观车展的用户是线下参观用户的 50 倍左右。展览这种最具实体性的媒体形式正在走向虚拟化。

项目五 网络营销

宝马 X1 的"人人网"推广

宝马与人人网的合作选择是在春节这一最受中国人重视的节庆之时进行的。在双方的合作中,人人网将宝马 X1 的车型形象植入到魔法礼物之中供用户挑选。用户首先确定需要送礼的好友,并写入自己的祝福,然后点击发送即可;同时这一送礼信息还会出现在收到礼物好友的"新鲜事"之中,被该好友的所有好友看到。在短短的推广期内,发送礼物数量就超过了 10 万,而新鲜事传播量更是突破了 1 700 万。

(5) 成长性。网络用户的数量不仅成长迅速,而且遍及全球。网络用户多半是年轻人,他们受过或正在接受较高的教育。由于这部分群体不仅购买力强,而且具有很强的市场影响力,因此是一个具有极强开发潜力的市场。如对网购而言,从总体上看,目前全国网络购物渗透率只有 26%,即大约每 4 个网民中有 1 个网购用户。相比而言,日本和韩国这一比例已分别达到 53 .6%和 57%,美国甚至达到 70%。我国网络购物渗透率还会进一步提高。

(6) 整合性。网络营销贯穿在企业经营的整个过程,包括市场调查、客户分析、产品开发、生产流程、销售策略、售后服务、反馈改进等环节,将营销目标与顾客的需求整合到一起。企业借助互联网将营销活动中涉及的内部、外部信息,在网上实施策划调控、组织管理、整合运作,将传播资讯以统一的方式向消费者传达,避免因使用不同传播渠道而导致的不一致性,以及由此产生的消极影响。如基于开放性特征,微博客能够整合各类工具,表现出强大的兼容性,用户可以通过各种方式来更新自己的微博。手机短信、桌面客户端、在线更新、即时通信(IM),甚至可以通过输入法更新微博。

(7) 超前性。互联网作为一种功能最强大的营销工具,同时兼具渠道、促销、电子交易、互动顾客服务以及市场信息分析与提供等多种功能。这种一对一的营销能力,恰好符合定制营销与直复营销的未来趋势。如微博具备实时传播的特性,在面对突发新闻事件时,微博的报道速度往往能领先于传统媒体。

(8) 高效性。当今的企业竞争是快鱼吃慢鱼的过程。企业要获得较强的竞争力必须对市场需求做出快速反应,才能及时有效地了解并满足消费者的需求。由于网络营销是以网络通信技术和计算机技术为手段,其商业智能和个性化远远超过现存的其他媒体。网络可存储和共享大量的数据信息,可快速准确地处理和传输数据,而且信息的传播能力和交互能力都是其他媒体所无法相提并论的。网络营销的互动性及网络的可测试性和可追踪性,使企业可以及时了解消费者需求变化的情况,细分目标市场,提高营销活动效率。有了及时的营销效果评价,企业可以获得更满意的营销执行结果。

 小案例

地震消息的网络传播

2010 年初的海地地震中,美国著名的社交网站 Facebook 几乎成了地震最前沿消息报道的平台。海地受灾,机场关闭,大批等待前往海地的记者无法进入灾区,最重要的灾情却是通过社交网站发布出去的。

青海玉树发生7.1级地震，消息传开后，举国行动。相对于两年前的四川汶川地震，互联网新技术的发展让社交网站和微博在地震救援中大展身手。地震当天下午，壹基金在开心网上的40多万名"粉丝"收到一份来自壹基金的转帖：该基金已紧急启动青海玉树地震救援，200万元人民币的救灾物资亦准备就绪。同时，该基金还公布了人民币捐款账户，呼吁爱心人士与企业共同救灾。此时，距青海省玉树藏族自治州玉树县7.1级地震仅10个小时。在新浪、搜狐等微博里，地震消息都是被收听的热门话题。地震发生后不到1个小时，新浪微博中有关"青海地震"的微博数量已达数万篇。发消息、送祝福、报平安等，微博成为灾区和外界联系的重要纽带。

(9) 经济性。传统营销竞争的游戏规则是大鱼吃小鱼，在现实空间中，厂商之间进行面对面的竞争。企业的规模、雄厚的资金、处在黄金地段的店面和一批高素质的营销人员是商家最有力的竞争砝码。由于一个店面的覆盖面是有限的，如果厂商要扩大规模，就必须要增设店铺，建立庞大的销售网络。而网络营销是通过网络虚拟空间进行的，可以实现无店面销售。网站进入的便捷性和网站的知名度是企业竞争的砝码。而且在互联网上无论是存储信息、处理信息、发布信息，还是获得信息，渠道费用与传统方式相比，都是非常低廉的。由于网络营销的不少过程是由计算机系统自动完成的，可以减少印刷与邮递成本；另一方面网络营销的直销性降低了传统营销迂回式、多层次流通的损耗和费用，可以实现"零成本营销"。一般来说网络营销与传统营销相比较，成本可以降低30%~40%。据相关调查报告表明，网上促销的成本是直邮促销的1/3，但效果却是直邮促销的一倍以上。

 小案例

网络营销的经济性

湖北广济药业公司通过网上查询原料价格，使采购的生产原料价格从每吨4万美元降低到每吨2万美元，原材料成本大幅度降低。Dell公司由于是直销，所以在成本上比其他主要厂家低100美元至200美元。OneSwoop和Virgin.Cars.com这类欧洲汽车网购平台，是有跨国代购业务的。比如英国的车价比其他周边国家要高出20%以上，通过网上异国购车，消费者只需缴纳一定的服务费就可以完成选车、买车后期的一系列手续，比在英国当地买车省下4成的开销。

(10) 技术性。网络营销是通过互联网这个营销环境来传递营销信息、沟通厂商及消费者需求的信息化过程。它借助网络通信技术、信息处理技术、多媒体技术、数据库技术、人工智能技术等计算机硬件和软件技术来实现营销目标，这些都是其他营销方式无法比拟的，是企业提高营销效果和经营效率必要的技术保证。企业可以在网络上动态地采集数据，使数据库可以更快、更准确地反映市场的变化，营销的效果是可以测定的。正因网络营销具有可测定性和可评价性，营销企业可以通过网站的后台管理软件及网络数据库，统计网站浏览量、广告点击次数、各种产品的订货量、付款情况、发货情况，以此来评价营销业绩，还可进行网络客户关系管理。根据消费者的需求建议，找出企业的不足，调整营销策略，提高营销效率与企业竞争力。

项目五 网络营销

 小案例

联想的信息平台

联想在企业信息功能和结构方面制定了统一的业务标准,建立了统一的信息平台,并利用这个平台,对整个公司的信息流进行统一的规划和建设。公司的财务管理、销售管理、库存管理等多个环节被集成在一个信息系统里,减少了数据冗余,并且信息流动更加有序和安全。由于系统高度集成,用户订单、库存、采购等业务流程中的数据能够实时更新,并能在用户之间共享,同时又降低了运作成本,提高了盈利水平和工作效率。例如,财务结账时间由原来的 20 天降低到 1 天,仅财务结算项目,成本就减少了 9 成。

可口可乐公司的在线视频推广策划

可口可乐的"在线'宴遇'飞轮海"活动,通过三维实时引擎技术,让参与活动的网友,通过上传自己的大头照,以及操作简单的工具,随心调整上传照片的面部表情,就可以在网站上生成与飞轮海一起用餐的三维视频,网站同时提供链接复制、发布于日志等方式,让网友实时与好友分享。

(11) 个性化。买方市场的形成促使企业充分考虑客户的个性化需求,并通过各种方式与客户建立长期良好的稳定关系。互联网具有渠道选择、促销、电子交易、互动交流以及市场信息分析的多种功能,为一对一的个性化营销提供了技术支持。通过网络,企业能及时了解、更好地掌握最终客户的需求信息,进而为客户提供个性化的服务。如在销售之前,通过网络向客户提供丰富的产品信息和便利的查询工具,以利于客户经过多方比较后,做出正确的购买决策;在销售中,提供个性化的购物环境和支付手段;在制造中,可以小批量采购和生产,甚至按照每一个客户的订单制造;在客户购买商品后,可以利用网络的各种信息机制,提供随时与厂家联系的渠道,为客户提供更具亲和力的个性化关怀和细微周到的服务。

 小案例

Dell 公司的个性化定制

Dell 公司一直就是按照客户的设计和配置来为客户生产和服务的,既可以由客户通过互联网或电话指定计算机软件和硬件的配置、配件的性能、不同的运输方式和付款方式,以达到满足不同客户的个性化需求,也可以为不同企业中不同的工作岗位提供适合该岗位的机器。通过这种个性化的服务,Dell 创造了低库存、高效率和高满意度。

亚马逊的在线服务

亚马逊公司是领先的电子商务网站,以客户满意、生意兴隆和极高的市值而闻名世界。种类繁多的商品,容易浏览的站点信息,还有网站精明地利用电子邮件推销和为客户提供个性化服务,善于根据客户个人的需求情况推荐产品,这些都吸引了来自世界各地的客户。

斯柯达 e 购网

在国内，2009 年 7 月，以"定制未来，轻而 e 举"为主题的斯柯达品牌首家 e 购经销商上线。通过斯柯达 e 购中心，消费者可以足不出户享受上门一条龙服务，坐等个性化定制、手续齐备的车辆送上门。斯柯达 e 购中心建立了与斯柯达旗舰店展厅同比例的网上 3D 品牌展厅，消费者可以在"斯柯达 e 购"官方网站上任意选择自己喜欢的配置，"拼装"成一辆车。接到网上订单后，厂商为消费者量身定做。这是中国首个能在网上真正实现销售的汽车品牌。

3. 网络营销与传统营销的区别

网络营销是对传统营销在互联网上的应用和扩充，是企业整体营销战略的一部分。二者之间存在互补依赖的关系，最终目的都是占有最大的市场份额。但网络具有传统渠道和媒体所不具备的独特的特点。例如，信息交流直接、互动、自由、高效、开放和平等；信息交流费用低廉；消费者个性化突出；易于锁定目标用户等。作为新的营销方式和营销手段，网络营销与传统营销方式在理念上和操作上都有很大的区别。

1) 营销理念

传统营销理念把市场看成一个消费群体，因此，企业在开展广告促销与实施营销措施时，所投入的大量营销广告费，是针对所有的自然人进行的，营销带有很大的盲目性，营销效果不尽人意。网络营销顺应了当今社会消费需求个性化、多样化的发展趋势，从传统的大规模市场向集中型、个性化营销理念转变。同时，网上的促销效果是可以进行统计的，如网站的访问人数、来源、地理分布等，从而确定有效的营销目标，主动地、有针对性地制定网络营销策略，开展营销活动，有效地避免盲目营销，这是其他营销手段所无法具备的。企业借助电子商务系统可以收集大量信息来把握消费者的不同需求，可以更准确、更详尽地细分目标市场，可以从一个消费者身上寻找商机，为其提供称心如意的产品和服务，从而使企业的产品更能满足消费者的个性化需求。

 小案例

网络咖啡店的市场细分

easyEverything 网络咖啡店的创办人哈吉约安努在进行市场细分时，就把目标市场定位于学生、旅游人士及一些商人。结果，短短一年内，公司已在欧洲 11 个地点开设了分店。

团购网站的定向推送

中国的团购网站每天只需要提供一款产品，通过用户电子信箱推送给消费者。这种定向推动，对于商家来说，对产品品牌以及吸引用户流量都是非常有好处的；对于消费者来说，能以更低的价格获得希望购买的产品；而团购网站则是通过与商家之间的分成来获得收入。

项目五 网络营销

tot 苏打红茶的网络浪漫营销

tot 苏打红茶采用了"浪漫营销"理念。一首诗，一幅画。春日里如淡淡的蜡笔画一般的原野上，牵手的背影是他，是她，是我，是你，是触动每个人心灵深处最柔软地方的一丝柔柔触觉。相互牵着的手，勾出一个"tot"的形状，生动而形象地带出品牌的名字。在这样的背景下面，tot 通过网络，明确地展示了自己的营销诉求：tot 是浪漫的饮料。浪漫的海报，浪漫的广告，浪漫的品牌口号塑造起一片浪漫的天空，当消费者寻求、营造、欣赏浪漫氛围的时候，第一反应就想起了 tot。在这样的品牌攻势下，tot 可谓掀起了一场网络浪漫营销的风暴，将各类饮料的受众都囊括其中。有人说，今后，男孩的右手牵着女孩的左手，而男孩的左手和女孩的右手各拿着一瓶 tot 将是表达"大爱"的最美景象。

2) 沟通方式

(1) 传统营销沟通方式的不足。

① 信息输送的单向性。在传统营销中，企业向消费者传递商品信息是一种单向的传播沟通手段。传统的促销是企业为主体，促销手段主要是媒体广告。企业需要斥巨资，在电视、广播、报纸杂志或广告牌上对消费者进行强制式灌输，从而影响消费者对公司和产品的认知度和接受能力。信息传送后，企业难以及时得到消费者的反馈信息。同时消费者总处于被动地位，他们只能根据广告等在媒体中出现的频率、广告的创意等来决定购买意向，很难进一步得到有关产品功能、性能、特点等方面的详细资料。企业与消费者的沟通和联系是单向的。企业并不知道消费者到底需求什么，因而花了很大的代价去与消费者沟通，致使公司的促销成本很高。

② 信息内容的局限性。在传统的媒体上，尤其是在电视上做广告，尽管企业投入的可能是巨额资金，但所达到的营销目标只是企业的形象宣传，对产品的性能、特征、功效却无法进行详细的介绍。平面媒体在内容上面临网络的竞争，在免费性与即时性都不如网络的情况下，平面势必要往深化专业的方向发展，即使报纸短期仍具备大发行量及涵盖率广的特性，但策略性转型及找到优势目标群仍是以后必须面对的问题。2009 年国家广电总局发布了多项政策调整电视广告，特别是 61 号令对电视广告市场产生了一定的影响。61 号令在 2010 年 1 月 1 日正式实施。由于新令从内容和播出两个方面做出了严格限定，广告资源量的增长空间受到了严格的限制。根据 CTR 预测，2010 年电视广告的平均涨幅约达到 24%。总之，电视广告的价格上涨已成必然，传统媒体的品牌传播成本增大，广告主面临资源保卫战。

(2) 网络营销沟通方式的优点。

① 信息沟通的双向性。互联网的出现，使传统的单向信息沟通模式转变为交互式双向沟通模式。互联网的信息实时沟通特性，加强了与消费者在文化、情感上的沟通，改进了产品开发、生产及营销的效率。在网络营销中，消费者是主动的。消费者足不出户，通过网络可以非常方便地搜索到自己想知道的任何有关商品和企业的信息，极大地改变了传统市场中信息不对称造成的消费者处于劣势的境况，同时可以将自己的信息及时反馈给企业；企业通过对网站访客数据的分析研究，找出消费者的嗜好、购买意向，并从中发现产品或经营中存在的问题，及时加以纠正。通过这种交互式双向沟通模式，企业可以方便地掌握、

分析各种营销要素信息，如消费者特征与消费者行为的变化数据等，为营销战略的整体策划与实施提供可靠依据。

 小案例

Dell 公司的在线沟通

消费者只要到 Dell 的 Web 站点就可以获取有关 Dell 公司的信息，并可在线订购产品。Dell 同时还提供在线支持工具以帮助消费者解决各类常见的技术问题。Dell 为 5 000 多个有 400 名以上员工的美国公司建立了首页，这些大客户可以直接进入网站订购并获取相关技术信息。Dell 每天约有 500 万美元的 PC 机以这种方式订货。

② 信息内容的全面性。互联网的出现，将在很大程度上弥补传统营销在内容表达方面存在的缺陷。互联网的信息资源犹如一座取之不尽用之不竭的宝藏，具有发布及时、内容详尽、动态更新、空间无限的特点，具有共享、存储、跟踪、反馈、审计的能力。网络营销利用了互联网的特点，使营销活动中的信息交流更加自由、开放、平等，营销信息传递实时高效，通畅快捷，费用低廉。企业可以在互联网上利用各种不同类型的方式，为消费者提供丰富翔实的产品信息以及所有与产品有关的其他信息。如通过具有链接功能的一句十分简短的广告语，很容易地将消费者带到他们所感兴趣的、宣传企业产品和服务的页面上。

 小案例

三九健康网

三九健康网(www.999.com.cn)的健康大全中，包括了对男性健康、女性健康、老年健康和儿童健康的关注，对人们容易出现的各种心理问题进行的分析。在美容新干线中，有美容食谱、靓丽容颜和健身俱乐部等。超级资料库是三九健康网面对会员用户提供医药相关资料信息的大型数据库。资料库涉及内容广泛，包括国家对于医药的法律法规，药典，中、西、藏药的部颁标准；医药产品介绍、医药文摘和医药企业介绍。

卓越亚马逊的产品类

据卓越亚马逊介绍，母婴店涵盖玩具、书籍、母婴用品近 20 大类，并有 5 500 种新品进驻。食品店除地方特产、进口食品、有机食品、茶、冲调食品、零食等几十种食品外，还有国际名牌雀巢、立顿和本土品牌喜之郎、旺旺等。

3) 营销策略

新竞争力网络营销管理顾问提出"用户体验"的基本思想，认为让用户可以方便地获取有价值的信息和服务，才是网络营销的精髓；同时认为消费者在消费前、消费时、消费后的体验，才是研究消费者行为与企业品牌经营的关键。网络游戏、杀毒软件、电影、音乐等企业和网站经常采用互联网体验营销，为消费者提供一段时间的免费体验，消费者在体验感觉好的情况下才付费使用，让消费者感觉物有所值。

项目五 网络营销

小案例

黄果树瀑布的互联网体验营销

2007年,黄果树瀑布通过电子杂志平台Zbox进行互联网全景体验营销。在这种营销模式中,景区115平方千米范围内的"食、宿、行、游、购、娱"等活动都通过照片、动画等多种表现形式得到视觉、听觉包装和线上、线下推广,极大地满足了游客对景区文化内涵、生态地理环境、导游、导购等的需求。

而最近兴起的"试客网""试客一族"及"试客营销"更是成为互联网体验营销与传统营销相结合的新发展。

小案例

菲亚特汽车的在线营销策略

在巴西,菲亚特推出了一场别出心裁的活动,邀请广大消费者共同参与设计2010款概念车——Mio,连其营销策略也交由他们自由发挥。当时称2010年10月Mio将在圣保罗车展上亮相。2009年8月,菲亚特开通了专门的网站,参照社交网络的形式以增强用户参与性,两个星期内就获得6.7万访问量,收集到1 700条创意,社交网络Twitter上对其的评论达到4 000多条,甚至有20%的访问来自巴西以外的地区,所以网站开设了英语版本,同年9月还增设了西班牙语版本。花费不多的网上推广让菲亚特Mio还未上市就赢得了极高的关注。

由于消费者与企业之间不断的交流信息,使得消费者的地位发生变化,消费者不再仅仅是企业商品的购买者,而摇身变成企业的一种资源。企业的营销决策不是从企业自身的角度出发,而是从消费者的角度进行思考,在满足消费者需求的前提下,寻求企业利润的最大化。当消费者的需求不断得到满足时,就会逐步建立起对公司的忠诚意识;另一方面,又使企业的决策做到有的放矢,从根本上提高消费者的满意度。

小案例

淘宝网的"淘客推广"策略

淘宝网2008年12月推出一项按成交付费的新网络营销模式"淘客推广"。通过"淘客推广"平台,网民可帮淘宝网商销售商品并从中赚取佣金。"淘客推广"是2008年9月淘宝合并阿里妈妈并启动大淘宝战略以来,官方推出的首个结合二者资源的新业务。得益于淘宝网交易平台和广告平台(原阿里妈妈)资源的整合,新淘宝开始为网络零售商家提供从渠道到营销的整合服务。淘宝当时预计,将商品放在淘宝网店,把推广工作交给成千上万的"人肉营销大军",将成为当前网络零售商家的一种高效选择。未来一两年内,该项业务参与人群将超过百万,将为国内提供10万个直接就业机会。

4)营销组织

在传统营销中,商家要选择一个繁华地段建立店铺,再招聘一批素质好的营业员进行推销。众多的营销人员必须到处采购,以保证店铺中有足够的存货供消费者选购。互联网带动企业内部网的蓬勃发展,使得企业内外沟通与经营管理均依赖网络。企业不需要店铺和一大批营销人员,只需要一个机房、几台服务器、网站维护人员和少数营销人员。营销人员只需坐在计算机前,通过互联网与世界各地的相关供应商或采购商随时保持联系。结果将导致企业业务人员与直销人员减少,组织层次减少,经销代理与分店门市数量减少,虚拟经销商、虚拟门市、虚拟部门等虚拟组织盛行。这些影响与变化,都将促使企业对于组织再造工程的需要变得更加迫切,大批的营销人员将面临转型或失业的危险。

 小案例

柯达公司的协作服务

为确保网站能提供优质服务,柯达进一步将站点开发扩展到企业的各个部门,将信息系统部、国际互联网营销部和公共关系部连接起来。这种协作可确保用户反馈和查询被迅速准确地传给公司,同时也确保服务人员能立即做出反应。

团购网的组织结构

美团网在北京的创业团队有 20 多人,其中 7 个人负责去洽谈商务合作。而窝窝团是在原来企业基础上发展起来的,目前公司全部 20 多个员工,既要经营团购网站,还要兼顾公司原有的其他网站业务。

5) 顾客关系

良好的顾客关系是网络营销取得成效的必要条件。而传统营销在信息的获取与利用方面,与卖主相比,消费者总是处于相对不利的地位。未来,互联网的发展将更加凸显"用户主权"和用户之间的互动。可以预见,互联网营销模式也将会朝向充分为消费者服务、提高消费者主权、让消费者主动为企业营销的方向发展。

网络的互动性在较大程度上改善了商家与消费者之间的关系。消费者拥有比传统营销更大的产品选择自主权,可以直接提出自己的个性化需求,甚至参加到企业的产品设计中来;而企业根据消费者的个性化需求,利用柔性化的生产技术为消费者创造更多的价值,同时,企业将利用互联网的低成本获得的利润,通过让利或提高服务质量等形式,返还给消费者,使消费者得到更多的实惠;利用互联网,企业可以低成本、不受时间和空间限制地与消费者保持通畅的联系,随时通报企业的产品或活动信息,如新产品性能和培训消息等,为消费者提供高质量的服务;通过互联网,企业还可以实现与相关联的组织建立关系,以低成本帮助企业与企业的供应商、分销商等建立协作伙伴关系,实现双赢发展。

 小案例

各公司的顾客关系维护策略

Dell 公司通过建立电子商务系统和管理信息系统,与消费者建立了良好的信息互动关系,不但降低了库存成本和交易费用,提高了交易量,同时密切了双方的合作关系。

动力商城(http://www.comedl.com/),承诺不能在规定时间送到货就赔钱。其凭借传统供应渠道优势,给消费者最大价格实惠,还提供上门安装、调试、DIY 等服务,可见其"顾客至上"的营销理念。

凡客诚品也做到服务至上。一位业内人士曾经讲述过他的一段经历:"在舍得网上看到可凭券免费得凡客产品,我就尝试性地下了订单,很快收到邮件确认,第二天早上再次收到发货确认短信和电话,中午又收到物流配送确认电话。最后送到的不仅有衣服,还附赠两本宣传册,快递说这是针对不同客户定制的。

以后如果不在凡客买东西都对不起人家这服务质量！"凡客诚品服务的高明与周到之处在于，不仅快速响应了客户的需求，还让用户收获了一份好心情，成功黏住了用户。

常用的网络关系营销方式有以下两种。

(1) 互动栏目设计。互动栏目的运用是充分发挥网络特性的一种营销手段。通过互动栏目，可充分了解访问者的特征及嗜好，从而更直接地掌握第一手的市场资料。在网络社区中，对同类产品或服务感兴趣的任何个人或组织都可以实时交谈。这些交流方式是双向的和低成本的。利用这些互动栏目，更能加强与消费者的沟通和联系，更能了解消费者的需求愿望。

(2) 会员关系管理。通过网络会员管理系统，可以准确地把握每个会员的嗜好，便于企业有针对性地为会员提供个性化的信息及服务，以求在恰当的时间把恰当的信息或服务送到恰当的人手中。

4. 网络营销的主要内容

网络营销是建立在互联网基础之上，借助于互联网特性来实现特定营销目标的一种营销手段。作为一种全新营销方式，具有很强的实践性，是企业整体营销战略的一个组成部分。一方面，网络营销要针对新兴的网络市场，及时了解和把握网络市场的消费者特征和消费者行为模式的变化，为企业在网上市场进行营销活动提供可靠的数据分析和营销依据。另一方面，网络营销作为在互联网上进行的营销活动，它与传统营销的基本营销目的是一致的，传统营销中的产品品牌、价格、渠道和促销等要素都会在网络营销中得到体现，但与传统营销相比，又有很多变化。网络营销作为新的营销方式和营销手段以实现企业营销目标，它的内容非常丰富，主要包括以下几个方面。

(1) 网上市场调研。网上市场调研是指企业利用互联网的双向交互式的信息沟通渠道，收集市场调查中需要的各种资料，准确实施调查活动。包括网上问卷调查；在网上商店、网络论坛、邮件列表中获得消费者对公司及产品的评价和有关市场竞争者的信息；利用搜索引擎和一些专业网站的企业数据库资料开展市场调研等。

网上市场调研具有信息互动及时、采样直接高效、数据随机抽样可靠、调查成本低廉、调查手段新颖众多、调查效率高和效果好等特点。有效地利用网络工具和手段，实施市场调查，收集、整理、分析有用的信息已经成为营销工作的重点。

(2) 网络消费者行为分析。确定和找到适当的消费目标市场是企业营销成功的前提。网上用户表现的消费行为与传统市场上的消费群体在特征上有着明显的差异。企业只有掌握网络消费者的消费需求特征、消费动机、消费模式，以及对产品和服务的使用行为，才能找到正确的消费市场，提高网络营销效率。同时，网络消费者行为分析有助于企业与客户建立更深层次的关系，有利于锁住目标客户和扩大市场范围。例如，研究网上虚拟社区，了解这些虚拟社区消费者聚集的原因、特征和偏好习惯，虚拟社区的需求因素、虚拟社区的文化等。如果没有对消费者的行为进行充分分析，强行营销，势必引起消费者的反感。

小案例

网上强行营销的后果

著名的美国在线公司(www.AOL.com)曾经对其客户强行发送电子邮件广告,结果遭到客户的一致反对。许多客户约定,同时给 AOL 公司发送邮件进行报复,结果造成 AOL 的电子邮件服务器瘫痪,最终 AOL 不得不以道歉来平息众怒。

(3) 网络营销策略制订。每个企业由于自身的产品及企业状况的差异,在采取网络营销策略实现企业营销目标时,必须采取与企业相匹配的营销策略。因此,企业在制订网络营销策略时,应该考虑企业的产品形态、生产周期、交易成本、服务模式等各个方面因素。为了实现企业制订的总体目标,一般企业都会制订出严密的营销计划,认真落实每一项营销措施。

漆彩大地涂料公司的网络营销策略

漆彩大地涂料从高度、深度、宽度 3 方面对企业的网络营销推广进行系统构思,从整体策划到技术优化,先将网络营销从营销战术上升到企业战略,后从系统策划回到网络技术的应用。漆彩大地涂料的网络营销范围从简单的品牌网络广告投放,扩大到网络新闻传播、网络活动策划组织、论坛推广、博客传播等多种策略手段,开始在网络整合营销传播上展开实践,以打破现在涂料行业网络营销单一的关键词竞价的竞争怪圈。漆彩大地不是简单地根据企业推广需求选择搜索引擎关键词,而是通过整合,只要是可借用的通路,都投入使用;整合网络营销模式不受限于自有的大流量平台,在更多情况下漆彩大地的网络营销主要是组合其他优质的传播渠道资源,比如知名的门户网站、网络社区、网络博客等,走的是"通路整合、资源整合、平台整合"的路子。

(4) 网上产品和服务策略。企业的营销活动是从确定向目标市场提供产品和服务开始的。产品的网上销售与服务可以分为两个层次,一是传统的有形产品销售与服务在网上的延续;另一个是利用网络对无形产品的销售与服务的营销创新。网络营销不但充分利用互联网作为有效的信息沟通渠道,显示有形产品的性能、特点、品质、使用说明等;同时,可以针对消费者的个性化需求,开展一对一的营销服务。另外,互联网又成为一些无形产品和服务(如软件和远程服务)的载体,改变了传统产品的营销策略,特别是渠道的选择。作为网上产品和服务营销,必须重新考虑产品的设计、开发、包装和品牌开发的每个细节,以适应网络时代的新要求。

 小案例

BtoC 企业的产品和服务

携程网打破传统旅行社的模式,全国各地撒网,和众多酒店签订了合约,让旅游者可以凭借携程绕开旅行社的束缚,拿到比旅行社还要低的各种折扣。

中粮集团是《财富》500 强之一,中国最大的粮油食品企业。作为中国食品业的龙头,中粮集团于 2009 年 8 月正式推出中粮我买网,挺进 BtoC 市场。中粮集团此举的核心目标就是以消费者为导向,开拓全新的网络营销渠道,通过网络直营的方式,分析消费者的消费习惯,根据消费者的购买需求和反馈,快速高

项目五 网络营销

效地定制新的商品,并通过中粮我买网迅速地呈现在消费者眼前。而且中粮我买网并非只局限于中粮集团自己的产品,对于其他厂家的优秀产品,在经过严格的审核之后,也会在中粮我买网让销售,使产品更丰富,结构更合理。

(5) 网上价格营销策略。适当的价格,是企业盈利和竞争的重要手段。在传统市场条件下,信息不对称、消费者不能获得足够的商品价格信息,曾是企业获利的一个秘诀。互联网的全球性、开放性和低成本等特点,使消费者对产品和价格能做到充分了解,最终会使变化不定、存在差异的产品价格趋于一致,这对执行差别化定价策略的公司会产生十分重大的影响。由于消费者对价格的敏感性,以及互联网带来产品和营销的低成本,网上市场大多采取低价、折扣或者免费等价格促销策略,以此吸引客户的注意力。在客户被网站吸引住以后,再通过强档产品或互补产品来跟进营销,以形成网络效应。因此,制订网上价格营销策略时,既要考虑到季节变动、市场供需状况、竞争产品价格、互联网对企业定价的影响,又要考虑到客户的注意力问题。

 小案例

南非世界杯的网民狂欢

在南非世界杯期间,淘宝商城与央视合作,在每晚举行九宫格秒杀:每晚23点和23点45分由央视一套"球迷狂欢节"节目现场观众射门决定商品,然后当晚0点和0点15分分别在淘宝商城举行对应商品的秒杀,幸运者可以以1元的价格获得这件商品。在淘宝商城世界杯页面,首周合作的品牌包括曲美、东芝、美的、kappa、七匹狼、九阳、鸿星尔克等9个品牌。在2010年6月11日世界杯开赛当天,在腾讯拍拍网QQ商城与今日特价联合推出的"万人狂欢世界杯"万件商品秒杀活动中,众多靓丽、时尚的世界杯系列主题商品,受到了"足球宝贝"的疯狂抢购,平均每款商品在3~5分钟就被迅速一扫而光。其中一款市场售价为49 999元的世界杯形玫瑰金南非钻戒,拍拍网包邮秒杀价仅1.1元,吸引了数万网友眼球。在抢购开始前10分钟,点击率便以1 000人次/秒的速度增长,最终有46万多人一起参与疯抢秒杀,场面堪称壮观,其火爆程度也让网友们叹为观止。

(6) 网上渠道选择。所谓营销渠道是指产品从生产者转移到消费者或者使用者所经过的途径。传统营销渠道一般形式是"生产者→批发商→零售商→消费者"。互联网将企业和消费者直接连在一起,使渠道更加直接和多功能化。渠道的选择可以是直销方式或中介的多层次的网上营销渠道。

 小案例

Dell 公司的网络直销渠道

作为美国一家专门从事个人计算机系统生产的跨国公司,Dell公司利用互联网,建立直销网站,开展直销模式,提供技术支持与订购信息,包括直接从站点下载软件、回答技术问题等,获得了巨大成功。Dell公司的网络直销渠道,改变了传统渠道中的供应与销售层次多、客户需求不明确、不易管理与控制的局面,最大限度地降低了营销成本,使企业的效益大幅度提高。Dell公司采取网络直销后,90%的销售收入来自企业客户,10%的销售收入来自普通客户。

人人网上的奔驰车主页

目前人人网上的公共主页总数已超过 500 个,日活跃用户达 1 000 万。梅赛德斯-奔驰在人人网的公共主页的内容主要包括 4 大部分:首先是车迷最酷爱的"车型品鉴",在这里能够看到梅赛德斯-奔驰所有车型的图文介绍;其次,在"活动盛况"部分,车迷可以欣赏到梅赛德斯-奔驰在全球范围内的活动报道;第 3 部分"技术展示"也是发烧级车迷钟爱的内容,如新一代 S 级轿车混合动力技术的同步呈现等;最后的"幕后消息揭秘"更是令车迷大呼过瘾,甚至可以全程展示奔驰 B 级车最新广告制作的幕后故事。总之,人人网用户可以通过该品牌公共主页的"日志"了解到文字资讯,通过"相册"欣赏照片画面,并在"分享"中享受到精彩的视频。此外,透过公共主页,梅赛德斯-奔驰还可以回答车迷的各种问题与建议,与关注者实时互动沟通。基于梅赛德斯-奔驰的强大品牌号召力与人人网的庞大用户数,奔驰公共主页自 2010 年 3 月 1 日正式上线开始,短短 10 天时间内,已经有超过 6 万名人人网用户成为梅赛德斯-奔驰的"粉丝"。

(7) 网络促销。促销是企业为了激发消费者的购买欲望,扩大产品销售而进行的一种宣传工作,一般包括人员推销、广告、营业推广和公共关系等。企业利用网站开展促销和广告活动,可以充分发挥互联网的信息交流优势,采用双向互动式在线交流,可以跨越时空和地域的限制,不仅简捷高效,而且费用低廉。为了提高网上促销的效果,企业不但要研究计算机和网络技术在网络广告形式和内容表达方式上的应用和创新,同时需要研究网络消费者的购买心理,遵循一些网上信息交流与沟通规则。网络促销研究的一个重要内容,就是利用网络论坛、邮件等网络社区发展企业和其潜在消费者的关系,例如遵循虚拟社区的礼仪、赠送礼品等奖励措施。

小案例

中国民生银行的"网银大富翁"活动

2008 年 12 月,中国民生银行与小熊在线携手,通过大型益智线上游戏"创智大富翁"活动的运作,推广该行的网上银行业务,就是一个互利共赢、新型网络营销的良好范例。这一活动是以有奖游戏形式吸引玩家。玩家在这一虚拟股市游戏中,不仅可进行趣味游戏,还可以在设计的幸运转轮、线上答题、下载宣传 Flash 等环节中获得奖励,让玩家以游戏这种轻松的形式了解各种网银业务知识,既能感受到股市的紧张刺激,又能通过游戏积累财富。目前,随着民生网银大富翁活动的展开,已有越来越多的人到银行柜台开户,办理民生网银业务,这其中包括了很多最初只想尝试游戏的用户。这一活动使得玩家对于民生网银业务的便利性认识逐渐加强,愿意继续使用网银业务的人也越来越多了。

(8) 网络营销管理与控制。网络营销作为在互联网上开展的一项新的营销活动,会面临许多以往不曾遇到的新情况和新问题,这是传统营销活动中不曾接触到的,如网络信息内容的管理、消费者隐私权的保护、产品质量保证和售后服务、消费者信息及交易信息管理和挖掘,以及信息安全与保护问题等。在网络营销过程中,由于信息传播的广泛性、自由性与即时性,网民对敏感和热点问题的反应是异常强烈、迅速及时的。网络营销如何有效地管理与控制这些问题,对网络营销效果、企业经营目标、企业的品牌效应、网站的知名度等,都会产生深远的影响。网络营销利用信息双向交互沟通的技术性特点,可以对企业营销全过程的信息实施在线管理和控制,以低投入换取高利润,有效合理地调配企业的

项目五 网络营销

各类资源，实现企业的营销目标。例如 1288 的团购网就因为涉嫌收款不发货的事，在一些论坛上闹得沸沸扬扬，最终，这个团购网以 10 万元的价格被卖掉了。

5.1.2 网络营销策略

营销是企业经营和运作的重要内容，如何结合实际、制定合理有效的营销策略是企业实现其经营价值和利润的核心工作。在从事网络营销的过程中，可以通过市场调研对网络消费者购买行为的内在心理因素和外在影响因素进行详尽地分析，并对目标市场进行细分，在细分的基础上准确定位网络营销的目标市场，据此制定并实施营销组合策略。

1. 产品策略

产品策略是指企业凭借向目标市场提供各种适合消费需求的有形和无形产品或服务的方式来实现其营销目标，其中包括对与产品有关的品种、规格、式样、质量、包装、特色、商标、品牌以及各种服务措施等可控因素的组合和运用。一个企业的生存和发展，关键在于它所生产的产品能否满足消费者的需求。任何企业制定产品策略都必须适应消费者的需求及其发展的趋势。

 小案例

招商银行的 Young 卡

招商银行在国内首推针对大学生的信用卡产品——Young 卡。从大学生到时尚女性，该行采用细分市场、区隔市场的方式，利用不同的产品功能和设计来吸引特定的族群。招行通过网络与客户建立更为直接、互动性更强的沟通，有效实现了产品差异化战略，促进了对各细分市场的开拓。通过成功运用网络资源，该行信用卡的品牌形象已经深入人心。

团购网的产品策略

2010 年 7 月 2 日，中央电视台《经济信息联播》节目报道了时下团购网的产品营销策略。在这些团购网站上，类似足疗、美容美发、健身等服务产品，打的折扣都很大，4 折、3 折甚至是 1 折。位于北京中国人民大学附近的一家火锅店，由于和一家团购网站合作，推出了部分特价套餐，火锅店的生意十分火爆，一天套餐订购量达 16 305 套。火锅店的客流量是一天接待 370 多人。平均算下来，每天会有 150 个团购客户来火锅店消费。在这家团购网站上，特价火锅套餐售价只有 15 块钱，包括一个锅底、一大盘牦牛肉和一杯果汁，而这几样食品原价是 125 元。虽然这个套餐价格很低，但使用团购卡的顾客一般都会再消费其他食物，最后买单的费用基本都在 100 元到 300 元。从这个餐饮团购来看，消费者是享受到了低于 1 折的套餐优惠，商家则吸引到了大量的客流，而团购网站也会从合作商家那里赚取 10%到 30%不等的佣金。

网络营销是在网上虚拟市场开展营销活动，实现企业营销目标的。面对与传统市场有差异的网上虚拟市场，必须要满足网上消费者一些特有的需求特征，所以网络营销产品的内涵与传统产品的内涵有一定的差异性，主要是网络产品的层次比传统营销产品的层次大大扩展了。

小案例

凡客诚品的产品网络营销策略

凡客诚品就借助口碑营销、病毒营销等新潮的网络营销方式,策划了一个向企业高管赠送衬衫的活动,让他们在博客上写下自己穿 VANCL 衬衫的感受。在成立两周年之际,凡客诚品又邀请了近20名来自IT界和传媒界的精英人士作为免费代言人。当微博在中国迅速走红的时候,VANCL 的粉丝团也迅速壮大。

(1) 产品形态与定位选择。在互联网上,有形和无形产品的销售是不一样的。无形产品指企业销售的数字化的信息商品和在线服务,可以提供在线直接销售。数字化的信息商品包括各种软件游戏、电子图书、电子报刊等。在线服务又可以分为信息咨询服务、互助式服务和网络预约服务。而有形产品是指具有物理形态的物质商品。企业可以建立如同展厅似的主页,通过富有魅力的多媒体手段,方便的导航系统,全方位地展示产品,使消费者能迅速、快捷地寻找到自己所需要的产品信息。营销人员可以利用网络上的软件程序来跟踪在线服务,观察消费者挑选和购买产品的信息行为,以及他们在每件产品主页上所花费的时间。通过对这些数据的研究,营销人员可以了解到哪种产品是最受消费者欢迎的,产品在一天内的哪个时间段销售情况最好,以及哪种产品在哪个地区销售数量最多。营销人员通过统计分析,再将销售评测结果提供给企业决策人员参考,以制定出有针对性的营销策略。例如,源起于美国的 Group-on 团购网站,其商业模式很简单:每天仅团购 1 件商品或服务,寻找最大折扣的团购品,从中提成高达 3~5 成。网站在保证交易双方获益的同时,也能使自己得到不菲的收入。Group-On 成立第一年,就获得了 5 000 万美元的收入。

(2) 产品定制化。现代社会,产品设计和开发的主体地位已经从企业转向消费者。由消费者被动接受转变为以消费者为中心,消费者提出要求,企业辅助消费者来设计开发产品,以满足消费者的个性需求。网络所带来的低成本、高效率和互动的信息传递方式,使个性化定制成为可能。互联网可以在全球范围内进行市场调研。通过互联网,企业可以迅速获得关于产品概念和广告效果测试的反馈信息,也可以测试消费者的不同认知水平,从而更加容易地对消费者的行为方式和偏好进行跟踪。对不同的消费者提供不同的商品,满足消费者的个性化需求,这就是所谓的"一对一"的定制营销关系。

 小案例

海尔的产品定制活动

例如,海尔集团提出"您来设计我实现"的口号,消费者可以向海尔集团提出自己的需求个性,如性能、款式、色彩、大小等,海尔集团可以根据消费者的个性要求进行产品设计和生产;甚至可以允许消费者根据自己的需求,对同一产品或不同产品进行组装,来更好地满足消费者的个性化需求。

Lands' End 的网上试穿

Lands' End 网站利用 3D 模型网上技术,使网上试穿服装变为现实。消费者可以通过"电脑度身间"度量的资料,或输入自己的体型、三围、身高、体重、眼睛形状、嘴唇形状、鼻子宽窄、发型和发色等参数来创造自己的 3D 模型,然后选择自己中意的衣服款式和颜色,就能在网上看到自己穿上所选衣服后的直观效果。

项目五 网络营销

企业网站只有提供特色化、个性化、实时化和互动性服务，才能聚集人气，培养忠诚顾客，发挥商业功能。

 小案例

新浪网的个性化定制服务

新浪选择了提供"个性化定制服务"的模式。凭借它的播客平台、原创平台、视频平台互动营销模块等资源，结合品牌特性和产品特性，依据客户需求进行个性化定制服务。如为产品定制主题活动，通过用户参与来进行品牌推广；定制涵盖各个行业的视频节目，软性植入品牌及产品内涵；定制企业专属播客，展现企业魅力，上传品牌发展及新产品上市的视频；定制产品创意播客，将产品品牌要传达的信息植入到一段有趣的播客里，利用网络的传播速度引发受众的关注及传递；提供各类活动和栏目赞助的机会，植入企业产品特性，推广企业品牌；针对客户的不同需求，"炒作"相关品牌理念、营销事件、新品概念等，将事件推向高潮；配合新产品上市采用互动活动视频进行话题"炒作"，化文字"炒作"为视频"炒作"，声像具备；利用全国各地上千人的拍客资源、活跃的导演和机构资源、各界经营和网络名人资源等商业化资源，为企业活动提供支持。新浪和百事合作的"成为明日天团，表达新世代的声音——百事群音"活动取得巨大成功，影响力空前。可口可乐的"要爽由自己"、曼妥斯的"真的很曼妥斯"、MOTO ROKR 星天地及 MOTO 新摄会等活动都收到了非常好的效果。

(3) 产品的品牌。营销策略要适应网络环境下需求市场的消费行为变化，树立网络品牌意识。网上品牌是域名品牌和产品品牌的结合。营销过程的起点是消费者的需求，最终实现的是消费者利益的满足和企业利润的最大化。"个人化"把"服务到家庭"推向了"服务到个人"。消费者的个性化需求不断地得到越来越好的满足，就会对公司产品建立一种忠诚意识。企业和消费者之间的关系就变得非常紧密，甚至坚不可破。正是这种发展趋势，使得传统营销方式发生了革命性的变化。结果将导致大众市场的终结，对传统的标准化产品的冲击，并逐步体现市场的个性化，最终以每一个消费者的需求来组织生产和销售。这种个性化服务的驱动力是最终消费者，而不是由国外分销商的兴趣决定。同时互联网的新型沟通力又加速了这种趋势。因此，怎样更有效地满足各种个性化的需求，是每个上网公司面临的一大挑战。

 小案例

柯达网站的独特品牌服务

柯达网站(www.kodak.com)被广泛认为是商业价值营销效果最好的站点。柯达的建站目标就是要构建网上摄影百科全书、世界图片资料总汇和摄影教学中心。柯达清楚地知道，对于胶卷这种低值消费品而言，要想争取客户的一世喜爱，就必须培养客户对其品牌、对其网站的忠诚度。面对拍摄逐渐傻瓜化的趋势，柯达采取了别具一格的竞争策略，切实地推出了一些能在网上实施的对大众常规摄影有增值作用的服务项目，网络竞争定位在拍摄后的增值服务上。

可口可乐网络营销中的品牌定位

可口可乐(www.cocacola.com)是人们所熟知的产品，该公司在网络营销策略上，将可口可乐定义为具有文化内涵的品牌，而不仅仅只是一种饮料。从其品牌悠久的历史出发，彰显了美国文化那种巨大的包容性、强烈的扩张欲和旺盛的生命力，强调了它与美国文化发展难以割舍的血缘关系，重点定位在培养各阶层顾客对可口可乐品牌的忠诚度上。

(4) 产品的服务。网上站点的数量呈爆炸性增长，在这场"争夺眼球的战争"中，企业网站要想吸引更多的眼球、留住观众、培养忠诚的顾客，在白热化的竞争环境中脱颖而出，只有定位于"服务为本，与众不同"，才有可能在这场战争中争得一席之地。美国著名管理学家李维特曾指出：新的竞争不在于工厂里制造出来的产品，而在于工厂外能否给产品加上包装、服务、广告、咨询、融资、送货、保管，或消费者认为有价值的其他东西。

 小案例

IBM 公司的产品服务策略

美国 IBM 公司最先发现，用户最新购买计算机，不仅是购买进行计算的工具设备，而且主要是购买解决问题的服务，用户需要使用说明、软件程序、快速简便的维修方法等。因此，该公司率先向用户提供一整套计算机体系，包括硬件、软件、安装、调试和教授使用与维修技术等一系列附加服务。

在电子商务环境下，为购买产品的消费者提供附加的服务或利益有了更好的技术保证。企业在进行网络营销时，可以通过网络论坛收集消费者的意见、建议，掌握和了解消费者对产品特性、品质、包装及式样的要求，据此改造现有产品，研究开发新产品。

 小案例

海尔电子商务网的功能

海尔 BtoC 电子商务网站除了推出产品的在线订购销售功能外，最大的特色就是面向用户的 4 大功能：个性化定制、网上智能专家导购、未上市新产品在线预订和用户的设计建议等。这些模块为用户提供了独到的信息服务，使网站成为海尔与用户保持零距离、最大限度地满足用户的个性化需求的平台。

联邦快递的追踪和介入技术

在联邦快递，所有消费者均可借助其网址 www.fedex.com 同步追踪货物状况，还可以免费下载实用软件，进入联邦快递协助建立的亚太经济合作组织关税资料库。对于企业用户，FedEx 的智能系统能与用户企业网进行无缝链接，或通过 Web 页面直接介入到用户的物资运输中去。

麦包包的产品服务策略

麦包包建立了自己的客服中心，使用自主开发的 M-serve 客服管理系统，确保每位在线询问的客户能够得到快速及时的应答。麦包包以支付宝为主的网上支付、银行汇款、邮政汇款和特别针对国外客户的西联汇款等多种支付方式保障了客户支付的安全性、便捷性，又以热心细致的服务态度、丰富多彩的产品创新，努力为客户打造亲切快乐的购物氛围。通过打造高品位的"麦芽糖"杂志、"麦芽糖"论坛、麦包包

项目五 网络营销

官方博客等多种互动平台，与消费者产生分享和互动，这进一步巩固了自己的品牌知名度与影响力，也满足了消费者重复购买的条件。

（5）新产品开发。在网络营销产品中，产品设计和开发的主体地位已经从企业转向消费者，企业在设计和开发产品时还必须满足消费者的个性化需求。客户需要什么样的产品或服务，以及客户对企业产品的评价，不仅对企业营销策略的制定至关重要，而且可以大大地提高企业开发新产品的速度，也降低了开发新产品的成本。由于互联网体现的信息对称性，企业和消费者可以随时随地进行信息交换。在产品开发中，企业可以迅速向消费者提供新产品的结构、性能等各方面的资料，并进行市场调查，获得消费者的反馈信息。通过互联网，企业还可以迅速建立和更改产品项目，并应用互联网对产品项目进行虚拟推广。通过产品的网上竞卖掌握市场信息，了解消费者的倾向和心理，掌握市场趋势，从而制定以高速度、低成本实现对产品项目及营销方案的调研和改进，并使企业的产品设计、生产、销售和服务等各个营销环节能共享信息、互相交流，促使产品开发能从各方面最大限度地满足消费者需要。所以，企业要了解消费者需要的核心所在，围绕着消费者的需求进行产品创新、技术创新和管理创新，围绕着消费者的满意度进行服务创新与服务标准规范化，才能进行有针对性的生产经营。

 小案例

通用电气的网络营销系统

美国通用电气的网络营销系统，不仅能了解客户所希望的商品或服务的特殊性，还能介绍商品或服务。一旦某一个人成为公司的客户，系统立刻可用来传递或交换信息，提供实时支持。同时，系统还能为企业产品的功能设计、产品销售和各地区市场营销等收集到第一手信息，为公司指导生产、创建知识、产品改造提供依据。

新浪网的跨界传播

新浪可在新浪播客平台为客户制作 Viral Video 视频种子，在不同栏目进行传播，同时可将内容输出到电视。在可口可乐公益短片《乐在中国》的投放上，新浪视频、新浪博客、新浪论坛、新浪公益等频道同时投放，通过网络、电视等跨界传播，突破时空局限，达到更大范围、更深层次的传递，最大化实现内容传播，扩大影响力。通过新浪视频的广泛传播，可口可乐的公益短片在网友当中病毒式传播，使可口可乐"积极乐观，美好生活"的理念和倡导更加健康、乐观的生活态度得到广泛传播，为可口可乐公司树立了良好的企业形象。

2. 定价策略

定价策略指企业按照市场规律制定价格或变动价格等方式来实现其营销目标。它是竞争的主要手段。价格的合理与否会直接影响产品或服务的销路，关系到企业营销目标的实现与否。

互联网降低企业与组织之间的采购成本，共同享受由于成本降低带来的价值增值。这样，企业在对产品或服务制定价格时，会产生双赢的效果。例如美国的 Dell 公司允许消费者在互联网上，通过公司的网页和网上软件系统，自己选择、自己设计和组装满足个性需要的电脑。Dell 公司根据用户的要求生产电脑，并通过用户的价格反馈和市场的情况，灵活地调整价格水平，满足客户的要求。另外，互联网先进的网络浏览和服务器会使变化不定的且存在差异的价格水平趋于一致。这将对在各地采取不同价格的公司产生巨大冲击。而且，通过互联网搜索特定产品的代理商也将认识到这种价格差别，从而加剧了价格歧视的不利影响。总之，这些因素都表明互联网将导致国际价格水平的标准化。

网络定价的策略很多，这里主要根据网络营销的特点，着重阐述免费的定价策略、低位定价策略、个性化定价策略、使用定价策略、拍卖定价策略和信誉定价策略。在进行网络营销时，企业可以根据自己所生产产品的特性和网上市场的发展状况，来选择合适的价格策略。

(1) 免费定价。免费定价策略就是将企业的产品和服务以免费形式供消费者使用。免费定价策略是市场营销中常用的营销策略，主要用于促销和推广产品。在网络促销过程中，是一种相当有效的产品和服务定价策略，可以吸引很多访问者。许多新兴公司凭借免费定价策略一举获得成功。免费定价形式有以下几类。

① 产品和服务完全免费。如免费的新闻信息、软件、电子邮件信箱、个人主页空间、贺卡等。软件生产商可以在自己的站点上提供将要发行的新软件试用版，或有限试用时间和试用范围的正式版，供大家免费下载和试用。对于网上的信息服务商来说，免费是为了换取网站访问人数的增加，提高自己网站的宣传效果。如允许浏览者自由点击旗帜广告，免费浏览网页内容，不必支付任何费用。Yahoo 公司之所以能够在 4 年里迅速成长为世界著名的信息服务公司，正是得益于免费信息策略。网易能获得那么大的访问量，也是得益于长期以来的免费邮箱服务。从 QQ 起家的腾讯通过免费服务获得了巨大的用户群体，并以此为核心资源，推出一系列线上线下的产品与服务，这样的布局让盈利就变得顺理成章。可以这么说，通过免费模式获取无形资产，继而创造利润是腾讯成功的关键。

② 对免费产品或服务的使用次数进行限制。例如有些软件制造商，对许多免费试用软件限制了使用期限或者使用次数。超过使用期限或者使用次数，这种产品或服务就不能继续使用。要想进一步的使用，就需要向软件制造商支付费用了。

③ 对产品或服务的部分功能实行免费。让消费者试用，但要使用其全部功能则必须付款购买。

④ 对产品和服务实行捆绑式免费。即购买某种商品或服务时赠送其他产品与服务。免费向消费者赠送商品，是促使消费者认识商品、了解商品特点的常用手段之一。在网络促销中，实体样品赠送的方式主要是通过邮局寄送。某些软件产品除邮寄外，还可以通过网络直接下载。对实体产品来说，样品赠送是向消费者介绍新产品的最佳方式，但这种方式的代价比较昂贵。赠送的数量太少难以取得明显的成效，赠送的数量太大，可能会加大企业的经营成本。而微软公司运用差别定价的原理，将 Windows 95 分成 4 种包装进行出售，满足不同消费者的需求。为了让消费者感到"物超所值"，在产品的价值感方面则利用捆绑搭售(赠送)"杀毒软件""中文字体"和"输入法"的方式提高用户满意度。

(2) 低位定价。网络营销可以帮助企业降低流通成本，因而网上商品定价可以比传统营销定价低。消费者选择网上购物，一方面是因为网上购物比较方便，另一方面是因为从

项目五　网　络　营　销

网上可以获取更多同类产品信息，从而以最低价格购买到所需商品。由于网上的信息是公开和易于搜索的，消费者很容易获得多家公司的同类产品的价格信息，进行充分比较，从而选择质优价廉的商品。例如 Dell 公司电脑网上定价比同性能的其他公司的产品价格低10%～15%。在美团网上，原价18元的八喜冰激凌单球华夫圣代，团购价仅售 8 元！一天下来有 1.2 万多人参与购买。"两张电影票加可乐、爆米花和冰激凌，团购价 40 元。"这个由另一个团购网站"糯米网"推出的双人电影套票优惠券，两天就引来了 15 万网友争抢。

① 直接低价定价。直接低价定价策略就是定价时采用成本加一定利润，有的甚至是零利润。这种定价从一开始就比同类产品价格低。

② 折扣定价。折扣定价策略是指在原价基础上进行折扣，对消费者具有相当大的诱惑力。不少电子商城采用打折销售的方式来扩大知名度，客观上也起到了广告的效应。

 小案例

国外企业的网上折扣定价策略

EasyJet 为鼓励乘客在线订票，采取了给网上客户打折的营销策略。乘客在线订票可获得旅行中每一行程 5 英镑的折扣。而且 EasyJet 将所有促销活动都放在网上，客户要想获得折扣就必须在网上订票。

众所周知，国际一线时尚品牌在传统商场渠道中，几乎没有折扣，即使打折也很难见到 8 折以下的优惠，但在走秀网上的常规销售价格仅是 6～7 折，甚至 Prada、chloe 达 4 折，ck 和 Juicy 达到 2.9 折和 3.5 折。

(3) 个性化定价。按照消费者需求，进行个性化定制生产是网络时代满足消费者个性需求的基本趋势。所谓的个性化定价策略就是指充分利用网络互动性，根据消费者对产品外观、颜色、形状等方面的个性化需要，来确定商品价格的一种策略。

(4) 使用定价。所谓使用定价，就是消费者通过互联网注册后可以直接使用某公司产品，消费者只需要根据使用次数进行付费，而不需要将产品完全购买。实施使用定价策略，对企业可以有两方面的好处：既可以减少企业为出售产品进行的包装浪费；还可以吸引那些有思想顾虑的消费者使用产品，扩大产品市场份额。而对消费者来说，每次只是根据使用次数付款，可以节省不必要的开销。但是采用按使用次数定价，一般要考虑产品是否适合通过互联网传输，是否可以实现远程调用。目前，比较适合的产品有软件、音乐、电影等产品。

(5) 拍卖定价。网上拍卖是目前发展比较快的领域。经济学认为市场要形成最合理的价格，拍卖竞价是最合理的方式。网上拍卖使消费者通过互联网轮流公开竞价，在规定时间内价高者赢得。例如，雅宝网站(www.Yabuy.com)就是集个人竞价、集体议价、标价求购 3 种交易模式于一体的拍卖网站。该网站提供包括买卖信息、在线交易和信用保障在内的一揽子解决方案。

(6) 信誉定价。在网络营销的发展初期，消费者对网上购物和订货还持有怀疑态度，比如在网上所订购的商品，质量能否得到保证，货物能否及时送到等。在这种情况下，对于形象、信誉相对较好的企业来说，价格相应可定高一些；反之，价格则应定低一些。

3. 分销策略

分销策略是指企业以合理地选择分销渠道和组织商品实体流通的方式来实现其营销目标。其中包括对与分销有关的渠道覆盖面、商品流转环节、中间商、网点设置以及储存运输等可控因素的组合和运用。相较于传统的分销渠道，网络分销有着其无法比拟的优势：更快的分销速度、自主的渠道控制、更低廉的价格等。网络分销可以开辟第三利润来源。缩短渠道的层级，将渠道扁平化，还可以减少时间的消耗，进而全面提升利润率。例如百丽通过国内最大的电子商务软件及服务提供商 ShopEx 拥有的近 50 万独立 BtoC 零售商大力发展网络分销渠道，同时也借助 ShopEx 所提供的"全网电子商务解决方案"将自己的产品卖到了亚马逊、红孩子等第三方平台上。

传统营销渠道主要有店铺经营、人员推销、广告促销、经销代理等几种，依赖库存和中间环节，有很强的市场进入壁垒和市场扩展障碍。网络营销为企业架起了一座通向国际市场的绿色通道。企业直接面对全球大市场开展营销活动，不受时间、地域和国别的限制，触角可以延伸到互联网所能达到的市场范围。互联网大大提高了商品和劳务供应方与需求方的直接接触的能力，淡化"中间人"的角色作用。通过互联网，生产商可以更好地与最终客户接触，形成了以最低的成本获得最大市场销售量的新型直销模式。例如，浙江海宁建立了网站中国皮革城(www.chinaleather.com)，将 17 种商品的式样和价格等信息公布于众，半年多时间就吸引了美国、意大利、日本、丹麦等 30 多个国家和地区的 5 600 多位客户，仅雪豹集团一家就实现外贸供货额 1 亿多元。

分销策略可分为网络直销和网络间接销售。

(1) 网络直销。网络直销也称网络直销销售，是指生产厂家直接通过互联网所开展的销售活动，中间没有任何形式的网络中介商的参与。这种买卖交易的最大特点是供需直接见面，中间环节少，市场反应速度快，营销费用低。在传统的商业模式中，企业和商家不得不拿出很大一部分资金用于开拓分销渠道。分销渠道的拓展，虽然扩大了企业的分销范围，加大了商品的销售量，但同时也意味着更多的分销商参与利润分配。企业不得不让出很大一部分利润给分销商，用户也不得不承受高昂的最终价格。网络直销的诱人之处在于，它能够有效地减少交易环节，大幅度地降低交易成本，从而降低消费者所得到的商品的最终价格。

网络技术的发展，使遍布全球的网络直接连接到最终消费者，电子商务使消费者能以较低交易费用与生产者直接交易，为网上直销提供了便捷有利的条件。

小案例

Dell 公司的网络直销模式

Dell 因其独特的直销模式获取了较行业平均水平更高的收益。Dell 公司在创建之初的核心理念就是"消除中间人，以更有效率的方式来提供电脑。"直销减少了中间环节的开销，节省了成本。按订单进行生产，减少了库存，加速了产品的上市时间。Dell 模式取得的巨大成功，使得整个个人计算机行业不得不对它的在线直接销售模式做出反应。

项目五　网　络　营　销

越来越多的调查表明，网络直销将会成为未来营销方式的主流。由于网络直销合并了全部的中间环节，并提供更为详细的商品信息，买主能更容易地比较商品特性及价格，从而在消费选择上居于主动地位，而且与众多销售商的联系更加便利。对于卖方而言，这种模式几乎不需要销售成本，而且即时完成交易，好处是显而易见的，具体体现在以下方面。

① 网络直销促成产需直接接触。企业能够通过网络及时了解到消费者对产品的意见和建议，可以直接从市场上搜集到真实可靠的第一手资料，可以提高企业对市场的反应速度，便于企业合理地安排生产，做到即时生产，即时销售。

② 网络直销对买卖双方都有直接的经济利益。网络直销减少了企业的营销成本，特别是营销渠道费用，使企业可以以更低廉的价格为消费者提供更满意的服务。

③ 便于开展促销活动。营销人员可以利用各种网络工具，如电子邮件、电子公告牌等，随时根据消费者的愿望和需要，开展各种形式的促销活动，迅速扩大产品的市场占有率。

④ 可以充分利用自己的网站资源，架起一座与消费者进行有效的直接沟通的桥梁，及时掌握消费者的需求动态，分析消费者的购买心理等，从而使企业有针对性地进行网络促销活动。

⑤ 可以扩大企业的知名度和提高企业的形象。网络直销的主要形式是企业自建网站。企业自建网站，可以扩大企业的知名度和提高企业的形象。当然，自建网站也存在自身的缺点，对于一些企业来讲，不仅技术基础实施需要进行大量的投资，而且进行有效的维护管理和网站的宣传推广也是一笔相当高的费用，这不是每个企业都能负担的。所以，中小型企业是否建立自己的网站需要慎重考虑。

(2) 网络间接销售。网络间接销售就是企业通过网络商品交易中介机构，将商品和服务销售给最终用户。网络商品交易中介机构的基本功能是连接网络上推销商品或服务的卖方和在网络上寻找商品和服务的买方，成为连接买卖双方的枢纽。它是通过电子中间服务商(如阿里巴巴 BtoB 网站、中国商品交易中心、厨卫百分百、京东商城等)，把商品由这些中间商销售给消费者的营销渠道。中间商一般具备完善的渠道功能，如订货、结算、配送等。间接营销渠道一般适应于小批量商品及生活资料的交易。

网络商品交易中介机构的存在，大大简化了市场交易流程。由于网络中介机构的网站汇集了大量的种类繁多的产品信息，买方可以从中获得不同厂家的同类产品的信息，卖方也只要通过同一个中间环节就可以和买方发生交易关系，这大大简化了交易过程，加快了交易速度，能够更加有效地推动商品进入目标市场。另外，由于这些专业的网络中介机构知名度高、信誉好，并且可以解决"拿钱不给货"或者"拿货不给钱"的问题，从而降低买卖双方的风险，确保了买卖双方的利益。利用网络中介服务商完成商品从生产领域向消费领域转移，是实现社会经济效益和企业经济效益的一个主要源泉。利用网络中介服务商销售商品的好处是节省费用，而且企业也免去了繁重的网站设计、网页维护和更新等工作。对于中小型企业来说，利用网络商品交易中介机构的网络平台来销售产品，可以说是个最佳的选择方案。例如，由通用汽车、福特以及戴姆勒-克莱斯勒创建的 Covisint，就是汽车行业的一个大型电子市场。零部件供应商和汽车制造商在这个系统内可以无缝地、高效地进行工作。

随着电子商务的发展,在互联网上出现了越来越多的新型网络商品交易中介机构,在网络市场中为用户提供信息中介服务功能。这些中介服务商的功能作用、服务特色、服务质量差别非常大。因此,正确选择网络商品交易中介机构对企业开展网络营销有着十分重要的影响。

4. 促销策略

在网络营销活动的整体策划中,网上促销是其中极为重要的一项内容。网络促销是指利用现代化的网络技术向虚拟市场传递有关商品和服务的信息,以激发消费者的需求欲望,刺激消费者购买产品和服务,实现网络营销目标。由于网络消费者独特的需求特征和网络媒体的特点,商家必须在深入了解和准确把握的基础上,制订合适的促销策略。

 小案例

3721 网站的促销活动

3721 网站(www.3721.net)是一个为使用汉语的网民推出的域名管理系统,它可以直接用中文代替英文域名,简单易用。许多国内著名 ISP/ICP 纷纷注册中文域名,并在其主页显著位置设立下载中文软件的链接。同时 3721 网站推出有奖注册使用等一系列促销活动,使得 3721 网站在很短的时间内就被广大的网民认可和接受。

1) 网络促销的特点

(1) 网络促销是利用计算机技术和网络技术传递商品和服务的性能、功效及特征等信息的,因此网络促销不仅需要营销人员熟悉传统的营销技巧,掌握必要的商务知识,而且需要具有相应的计算机和网络技术知识,包括各种软件的操作和某些硬件的维护。

(2) 网络促销是在互联网这一虚拟市场上进行的。除了要满足消费者在现实社会活动中的交易需要外,还要满足另外 3 种需要,即兴趣的需要、聚集的需要和交流的需要,从而为企业培养大批来自网络的忠诚客户。

 小案例

人人网上的伊利促销植入应用

"人人餐厅"是人人网上继"开心农场""阳光牧场"之后,又一款在白领间广泛流行的高参与、高互动的社交游戏,目前已拥有注册用户数近 700 万,日均活跃用户超过 100 万。其中,游戏用户每天都有一个必需的设置和环节——"补充体力",这样才能确保游戏高效率地持续性进行。伊利将"营养舒化奶"设置为"补充体力"的必要环节,用户在使用之后能够瞬间恢复体力,用最直观、有效的方式讲述"舒化营养好吸收"的实际特色。这种巧妙的植入,促使用户切实理解"舒化奶"带给他们的真正价值。一个月内,伊利"营养舒化奶"作为补充体力的道具共被使用超过 1.7 亿次。此外,对于这款 APP 游戏其他植入式的应用,伊利也发挥得淋漓尽致,同样一个月内,以"营养舒化奶"为食材的用户累计超过 1.6 亿次,并有超过 200 万人次用舒化奶制作新菜品,好友餐厅之间街道上的无干扰广告牌的设置,对累计超过 4 000 万的参与用户进行曝光,无一不体现伊利独具匠心的营销睿智。

项目五 网络营销

(3) 互联网虚拟市场的出现,打破了传统的区域性市场的空间局限,便竞争范围发展到全球,而且在这个虚拟市场上,企业的大小、规模、类型等概念将日渐模糊。这迫使每个企业都必须掌握在全球统一大市场上做生意的游戏规则和技巧。否则,就会有被淘汰的危险。

 小案例

世界杯的网络促销

网络以即时、方便、互动的特性得到了众多球迷的欢迎。不管是宿舍里没有电视机的大学生,还是出差在外不方便收看电视的商务人群,都可以借助视频网站、BBS、SNS 等新兴数字媒体上的在线视频以更加便捷的方式收看世界杯。在数字媒体的崛起和迅猛增速的同时,广告主们也已经开始利用数字媒体来进行世界杯营销。

2) 网络促销的策略

根据网络营销活动的特征和产品服务的不同,网络促销的策略主要有以下几种。

(1) 网络广告。网络广告类型很多,根据形式不同,可分为旗帜广告(横幅广告)、按钮广告、弹出式广告、文字广告、电子邮件广告、电子杂志广告、公告栏广告、博客广告等。

 小案例

百事可乐和雅虎的联合促销

百事可乐和雅虎共同宣布了一项在线和离线联合促销方案。根据协议,百事将在 15 亿瓶饮料瓶上印雅虎标志,并在全美 5 万家商店公开销售。同时雅虎将专门新开 Pepsistuff.com 网站以促销百事产品。所有百事饮料瓶盖上都带有代码,消费者可以通过网络兑奖并得到优惠。

新浪视频直播中的广告植入

2009 年 7 月 22 日的新浪日全食全程直播,最高同时在线人数达 320 万,3 个小时内累计观看人数超 3 000 万,这两项数字超过 2008 奥运时期网络视频直播创下的历史纪录。鉴于这样巨大的网络视频影响力,2009 年 7 月 23—28 日,睿翼以视频 15 秒前插的广告形式投放新浪日全食专题全流量。为了把视频广告做得更精致、更贴切,新浪还为睿翼设计了 3 个创意点:一是将车灯光晕类比日食光环,产生商品与事件的形象关联;二是发出"坐睿翼车,去看日全食"的口号,将商品使用特性与事件有效关联;三是发放 15 万个全日食观测镜,直接吸引和促进用户点击广告。百年不遇的天体奇观,也成就了车中新锐的营销经典。本次投放以前插视频呈现,将创意与事件完美结合,突出了广告效果。广告完整播放率 89.88%,近 90%的用户完整观看了睿翼广告创意,广告宣传效果出众。

(2) 搜索引擎。一方面,搜索引擎用户规模和渗透率持续增长;另一方面,用户使用搜索引擎的频率增加,生活中各种信息的获取更多地诉求于互联网和搜索引擎。为了满足用户的多元需求,进一步提升搜索引擎作为互联网入口的地位,国内各搜索引擎厂商服务更加多元化,增加了浏览器、输入法、网络社区、网络视频、电子商务等不同领域的投入;同时,微博等新兴网络应用的快速发展,助推了国内实时搜索技术的研发和应用。在搜引擎用户规模快速增长、搜索服务能力不断提升的基础上，搜索引擎在网络营销的精准性和营销效果评估方面的挖掘，大大提升了网络媒体的营销价值。最近由中国科学研究院管理学院发布的研究报告表明，企业在搜索引擎投入 1 元钱的推广费用，平均能够拉动 81.44 元的实体销售增长，间接带动上下游产业的销售增长更超过 171 元，搜索引擎对经济发展的拉动作用日益显著。搜索引擎可能是目前网商们最常使用的营销渠道。

 小案例

英国石油公司处理公关危机中的搜索引擎营销

2009 年 6 月 9 日，据国外媒体报道，英国石油公司(BP)在全力封堵墨西哥湾不断泄露的石油的同时，还需要处理一场公关危机。因此，BP 向谷歌和雅虎等搜索引擎购买了如"漏油"(oil spill)、"漏油索赔"(oil spill claim)等关键词。公司女发言人表示，此举意在"帮助最严重的受害者，帮助他们快速而有效地找到正确的援助形式和援助人员。"例如，当用户在谷歌或雅虎的搜索引擎上键入"漏油"(oil spill)时，会跳出几百万个搜索结果。但第一个链接将会是一个赞助商广告，点击后便进入 BP 为此次事件设立的相关专页，用户可以看到原油泄露事件的相关信息与进展。

搜索引擎营销的实质是如何将企业的网站和网页信息登录到搜索引擎中，并通过搜索引擎优异地表现出来。企业的营销人员，通过免费注册搜索引擎、交换链接或付费的竞价排名、关键字广告等手段，使自己的网址被各大搜索引擎收录到各自的索引数据库中。因此，企业网站注册搜索引擎时，是否获得理想的排名，是否设计出较为准确的关键字，都会直接影响搜索效果。另外，由于不同的搜索引擎有一定差异，每一个搜索引擎收集的网站和网页都不够全面。据统计，目前搜索引擎搜集网站仅有实际网站的 1/3，因此最好向多个搜索引擎注册，至少两个以上的搜索引擎上注册网址，如 Yahoo、Infoseek 等。注册时采用与本企业的广告、营销、成功案例、创新、新闻等有关的关键词，以达到使客户看到该词就能联想到企业的目的。比如，如果你是一家网络广告公司，你可以购买搜索引擎 AltaVista 的"网络广告"这个关键词，当人们键入"网络广告"这个搜索字串进行查询时，你的 Banner 广告就会出现在结束页的顶部，这样保证网站来访者 100%是你的目标客户。在著名搜索引擎上用关键词注册，方便消费者利用搜索引擎查询网址，是推广网站和宣传企业产品的有效方法。

 小案例

企业搜索引擎营销的效果

国内某船用锚链生产厂家由于在登录搜索引擎之前对网站做了优化工作，因此当客户以"anchor chain"一词搜索时，其网页在搜索引擎排名时是处于第一位的。所以在该企业每年 600 万美元的销售中，60%的外贸订单来自网上。

北京柏斯顿自控工程有限公司自从购买了新浪搜索引擎的网站推广服务后，更多的用户能通过搜索引擎找到该公司的产品和服务，并与其合作。清华同方及永浩利自控等公司就是通过新浪搜索引擎，与该公司达成了战略合作伙伴关系的。

项目五 网络营销

苏宁则和百度合作,在构建平台的同时,百度为苏宁提供 BtoC 搜索营销解决方案,凭借百度的优势资源提升苏宁易购网的体验。

(3) 提供免费资源和服务。通过免费资源和服务促销是互联网上最有效的法宝。通过这种促销方式取得成功的站点很多,有的提供免费信息服务,有的提供免费贺卡、音乐、软件下载等,从而扩大站点的吸引力,增加站点的访问量。

(4) 有奖促销。为了通过网络渠道和客户建立关系,企业至少应该知道客户的电子邮件地址,以及个人爱好、年龄、经济状况、在购买中扮演的角色等更详细的客户资料。为了获得这些更详细的信息,企业一般应向客户提供一些奖励。

 小案例

在线企业的有奖促销活动

Yaya 是著名的开发品牌游戏的公司,Yaya 最受欢迎的一次广告活动,是为加拿大福特汽车新款跑车 Ford Escape 制作的促销广告游戏——The Escape Moon Rally,完成游戏的人可获得赢取奖品的资格。据统计,在过这款游戏的人中有一半人将其通过邮件转发给了朋友。

定位为创意家居、办公、个人时尚商品零售平台的趣玩网,从销售商品到促销都始终抓住"创意"这一定位。在"购物送券"的同时还赠送"神奇小礼物",吸引了广大消费者的眼球和好奇心。"无购物抽奖"活动则是消费者无论在趣玩上有无购物行为,只要注册都有抽奖机会,奖励从网站上所销售的各种创意产品和优惠券等。此外,趣玩在过去这类促销活动基础上有所发展,凡是中奖用户都免快递费,这无疑提高了消费者的信任度。

在南非世界杯赛程期间,每天 00:00—18:00,淘宝商城在世界杯频道开展押球队输赢竞猜。猜中的球迷第二天会有旺旺消息通知,将有机会参与转盘抽奖,赢得淘宝商城千元豪礼。同时,足球狂欢夜邀请的主持人、嘉宾签名的足球、球衣将在世界杯频道拍卖,拍卖所获得的公益基金捐入淘宝公益账户。该频道还举行天天特卖会,每天一个类目商品全场 5 折优惠。

(5) 网上赠品促销。在新产品推出试用、产品更新、对抗竞争品牌、开辟新市场等情况下,利用赠品促销,可以达到较好的促销效果。

 小案例

当当网的购物礼券

继先前接连发起图书特惠月、畅销书买二赠一特价专场以及"冠军大猜想""与书谈一场恋爱"折上直减等名目繁多、令人目不暇接的限时抢、秒杀活动之后,2010 年 6 月 18 日至 24 日期间,凡当当网顾客购买全场任意一种图书、音像商品,只要单张订单购物金额达到 100 元及以上,即可获得 20 元当当购物礼券,礼券全场通用,可用于购买当当网全场任何图书、百货商品。

(6) 积分促销。在网络上应用积分促销,比传统营销方式要简单得多,也更容易操作。网上积分活动很容易通过编程和数据库等来实现。积分促销一般设置价值较高的奖品,消费者通过多次购买或多次参加活动来增加积分,以获得奖品。

小案例

腾讯公司的积分促销活动

"QQ梦想地带"积分是QQ用户和手机用户付费使用腾讯公司的服务或者参加腾讯公司的指定推广活动所获得的积分,分为消费积分和奖励积分两种:消费积分指QQ用户以QQ为身份标识,付费使用腾讯公司的服务或者购买腾讯公司的产品产生的积分;奖励积分指腾讯公司为了奖励用户的忠诚度、贡献度、活跃度或参加指定推广活动而赠送的额外积分。对"鲜花汇"的服务进行评价的用户,会立即得到500积分的奖励,价值5元人民币,可在"鲜花汇"消费时当现金使用;推荐新用户或所推荐用户进行消费,也会得到相应比例的现金和积分回报,推荐新用户还可提升自己的用户级别。

(7) 发行虚拟货币促销。当消费者申请成为网站会员或参加某种活动时,可以获得网站发行的虚拟货币,用来购买该网站的商品,如腾讯Q币、新浪U币、盛大元宝、网易POPO币等。Q币是腾讯公司为聊天工具QQ的用户提供的一种虚拟货币。通过支付Q币的形式,可以玩游戏、购买电子贺卡、网上头像、参与网上交友等。用Q币还可以在QQ商城购买琳琅满目的商品,设计自己的QQ秀。

(8) 网上打折促销。网上打折促销,亦称折扣,是指企业对标价或成交价款实行降低部分价格或减少部分收款的促销方法。商品打折销售,可对某些商品直接打折,也可按购买的数量给予不同的折扣,还可采取季节打折的方法。通过打折降价销售来吸引消费者,是不少网站常用的促销方式,如当当书店等。

3) 网络广告

所谓网络广告,是指在互联网站点上发布的以数字符号为载体的各种一对一的经营性广告,是互联网作为市场营销媒体最先被开发和利用的营销技术。绝大多数的网页中都有各种各样的图片广告,有的是静态的,更多的是动态的。这些图片的设计和制作都很精致,色彩鲜艳,富有强烈的视觉冲击力,常常会吸引浏览者把鼠标放在上面去点击。当浏览者有意或无意地点击后,这些图片会引导浏览者去浏览广告客户的网站,从而可以让浏览者了解与广告有关的更多信息,达到网络广告的目的。网络广告的出现为企业提供了一种新的宣传促销手段。如罗氏制药公司在各大网站发布的"赛尼可"网络广告,就以柔和的色彩、动感的Flash画面、富有亲和力的广告语,吸引了众多女性的眼球。

网络广告是伴随着互联网的商业应用而出现的。《HotWired》杂志网络版于1994年10月14日在其站点上发布了第一个网络广告,标志着网络广告的诞生。《HotWired》杂志并不是通过销售杂志的电子拷贝来赚钱,它用传统的方式,即向赞助商收取高额的广告费来获取利润。这本以Web为基础的杂志在1994年10月吸引了AT&T等16家赞助商。每家做广告的公司向该杂志交付3万美元,获得两个月的广告资格。

我国网络广告的萌芽大约始于1995年,以马云创办"中国黄页"为标志。从我国的网络广告供应商来看,最具竞争力的当属搜狐和中文雅虎。

随着互联网的进一步发展,网民数量的进一步增加和网民结构的进一步成熟,网络广告的跨时空、跨地域、图文并茂双向传播信息的超凡魅力,将会吸引更多的个人和企业。网络广告将成为一种具有巨大商业潜力的传播媒介。

项目五　网　络　营　销

 小案例

汽车经销商的网络广告投入

美国著名汽车媒体 cars.com 的最新调查报告显示，美国 2/3 的汽车经销商将提高互联网领域的广告投入。因为越来越多的厂商意识到互联网媒体是消费者重要的研究诸如汽车之类大宗购买的渠道，互联网广告的投入能够为其带来比传统媒体质量更高的汽车消费人群，所以对于汽车工业来说，汽车互联网营销在汽车营销中的重要性与日俱增。

(1) 网络广告的特点。网络广告本身是一种很有潜力的广告载体，它具有传统媒体广告所无法比拟的优势。

① 经济性。电视、报纸、广播广告价格很高，且价格取决于占用的空间、广告投放的天数(或次数)等因素。与其他传统广告媒体比较，网络广告投入成本极为低廉，因此网络广告在价格上具有极强的竞争优势。互联网虽不能让全国所有的人都看到，但它却更集中地让特定的用户看到，其千人成本虽然较高，但它的总体费用比电视广告还要低得多。而且网络广告专门提供给特定的用户群，其广告的效率也远远高于电视广告。

 小案例

凡客诚品网络广告的成效

凡客诚品从 2008 年年初开始在互联网上投放广告，仅一个月后，订单量就突破了 1 000 万元，来自网络的订单达到了 50%。从 2008 年的 3 月份开始，各大门户网站、视频网站，甚至是一些小网站上，开始铺天盖地地出现凡客诚品"68 元 POLO 衫初体验"的广告。后来，凡客诚品采用广告联盟的形式，将分散的网站流量聚集起来，通过成熟的效果衡量和监测技术，按照每一单销售、每一个有效点击来与网站和联盟企业透明分账，营销成本和销售结果变得更加透明化，极大地降低了成本。目前，网络推广的分成比例占据了凡客诚品销售额的 40%，随着品牌的影响力越来越大，客户的重复购买率会逐渐加大。

② 广泛性。传统广告媒体的受众是社会公众，主要创意形式一般以人文、新奇或名人效应为主；受到播放时段和空间篇幅的局限，不可能将必要的信息详细介绍，并且广告信息难以保留。网络广告弥补了传统传媒广告的很多缺陷，可以不受电视广播广告的时间限制，也不受报纸广告的版面约束。网络广告的信息内容极为丰富，一个站点的信息承载量可以大大超过公司所有印刷宣传品；不仅可以详细介绍产品信息，而且还可以宣传公司的现状、历史、职员情况等相关内容。可以说，公司花很少的钱却提供了关于企业和产品的百科全书式的信息。网络广告可以放到网络广告提供商的站点，也可以通过链接连接到商家站点，感兴趣的浏览者可以深入和全面地了解，这样有利于树立公司的整体形象，提高品牌知名度。

③ 交互性。传统广告是一种单向的强迫他人接受的广告形式，采用基于印象的联想型劝诱机制，通过反复的感官冲击，使受众留下印象。网络广告具有广告发布的直接性和交互性，这是传统广告媒介(如报纸杂志、广播和电视等)无法比拟的，也是网络广告的魅力所在。网络广告主要采用基于信息的理性说服机制，通过提供海量信息、信息比较，甚至

153

可以通过智能化软件，使消费者做出更为理性的判断。消费者可以随心所欲地主动选择自己感兴趣的广告信息，或者通过电子邮件向厂商进一步咨询，或提出自己的意见和要求。厂商也能够在很短的时间里收到信息，并根据客户的要求和建议及时做出积极回应。网络广告采取双向交流的方式，将广告、咨询、技术指导及订购有机地连成一体，提高了经营效率。

小案例

视频营销热

现在广告主越来越看重自身品牌与用户间的互动，也更多地思考如何发挥网络视频的营销优势。视频营销已经不是简单地将电视广告移植到网络平台，而是如何凭借网络视频影响力和多元互动性，以创新的网络营销方式深入消费群体，潜移默化地感染用户。

新浪视频在全球拥有数量众多的忠实、活跃用户。其中不仅有观看视频的最广大用户，还有参与视频制作和上传的拍客。这些用户为新浪各热点频道贡献了大量有价值的内容，并且积极参与各种视频征集活动，与广告主进行高效互动，还自发把视频以"病毒"的形式传播开来。无论从数量上还是从质量上来看，新浪的视频用户对广告主都极具吸引力。

④ 易统计性。传统媒体广告的目标受众游离在广告客户的监控之外，广告客户无法确切统计哪些人观看了广告，广告效果较难测试和评估。广告客户必须为所有这些人支付广告费。网络广告在统计方面有较大的优势。广告客户可以通过目标受众发回的电子邮件直接了解目标受众的反应，还可以通过 LOG 访问记录软件随时获得浏览者的详细访问记录。据此获得本企业网址访问人数、访问过程、浏览的主要信息等方面的情况，并可随时监测广告的有效性，更好地跟踪广告受众的反映，及时了解用户和潜在用户的信息，及时调整市场策略，准确捕捉商机，从而为网络营销的准确定位打下良好的基础。

⑤ 主动性。主动选择是网络广告的显著特点。网络广告的阅读取决于浏览者的个人意愿，不感兴趣的产品广告完全可以不去点击。大多数网络浏览者从经济的角度考虑，都会认真选择他们真正感兴趣的内容来浏览。网络广告提供商往往能够针对相关的群体更准确地投放广告，可以根据站点注册用户的购买行为很快地改变广告的投放页面；可以根据访问者的 IP 地址或访问时搜索主题等信息有选择地显示广告。比如，广告客户如果只想针对年龄在 30—45 岁、年收入超过 3 万元的妇女做广告，网络广告提供商就能运用相关技术很快满足广告客户的这一要求。英特尔就曾与网络红人"小胖"合作拍摄了"跟我斗，你太嫩"的系列视频，随着网民的自发转帖，其植入的某款处理器广告也得到了传播。

⑥ 实时性。浏览者的注意力资源是有限的。经常更新的广告，可以吸引浏览者的注意力，否则，再好的广告也会出现熟视无睹的现象。在传统媒体上做的广告发布后很难更改，即使可改动也需付出较高的经济代价。而网络编程语言的日趋成熟使得网上广告的制作更加迅速。这样，企业便可以根据整体营销计划及时推出网上广告，以配合整个营销活动的进程。同时，企业对网上广告进行动态更新也很方便。当企业营销策略发生变化，或发现现存的广告方案存在问题，或需要增加新的信息内容，必须对目前的网上广告进行调整时，只需对既有的程序做出修改即可。例如，对于某一产品价格变动的信息，在网络广告上修改信息只需几分钟，从而及时实现广告与其他营销组合之间的协调。

项目五　网络营销

⑦ 形式多样。网络广告在尺寸上可以采取旗帜广告、巨型广告，在技术上可以用动画、视频、游戏等方式，在形式上可以有在线收听、收看、试用、调查等方式，可以吸取各种传统媒体形式的精华，从而达到传统媒体无法具有的效果。JavaScript 语言的出现更使网络广告锦上添花。此外，交互式界面可以使浏览者对网络广告的阅读层次化，除了产品的概况介绍之外，感兴趣的浏览者还可以有选择地阅读有关详细资料。而且借助于电子邮件等先进的技术手段，广告阅读者还可以很方便地向企业请求咨询服务。2009 年年初，来自美国多家知名互联网研究机构的报告显示，视频广告将成为今后网络广告市场增长的主要驱动力，全球每 10 美元的互联网广告投放中就有 1 美元分流给视频广告。

(2) 网络广告的发布渠道。网络广告的发布渠道有很多种。广告客户应根据自己产品所表达的信息、网络营销的整体策略等方面做出选择。

① 主页形式。即建立公司自己的网站。主页形式是公司在互联网进行广告宣传的主要形式。通过主页，企业可以载入大量的、涵盖企业各个方面的广告信息。如亚马逊网站上消费者留下的书评，同时也为其他寻找图书的人提供了额外的信息。实际上，网络广告的最根本手段是建立公司主页，而其他各种形式的网络广告仅仅是为了提供连接到公司主页的多种途径，以扩大公司网页的访问规模。

② 网络内容服务商。投放站点广告的首要原则是将广告投放到目标受众经常光顾的站点，还要考察所选择的站点本身的经营策略、经营方法及效果。一般来说，应选择信息量较大、内容充实、栏目数量大、条理清晰而且丰富的站点。网络内容服务商(ICP，Internet Content Provider)的站点上，由于提供了海量的浏览者感兴趣的信息，吸引了很多人关注。这些站点是网络广告发布的有效空间。据权威机构数据表明，每天有超过 1 亿的网民通过国内 300 多家知名网站浏览新闻、获取专业信息，同时了解品牌、产品等信息，如果商务网站能占领各大主流网站的推广渠道，则意味着获得了更有效地、更有力度地推广品牌和产品的机会。如搜狐是靠广告获得收入的。在搜狐网络上，广告投入较大的企业主要集中于 IT、通信两个行业，比如 NOKIA、联想、爱立信和西门子等，它们的旗帜广告一般放在搜狐的首页或是次一级的目录页上。

③ 专类销售网。专类销售网是一种在互联网上专门从事某种产品销售的站点。这类网站上汇集了大量该类产品的详细信息，无疑是有明确购买方向的消费者的首选查询目标。如点击率高达 35.97%的"润妍"广告，其目标受众定位在追求自然美的少女和成熟女性，其网络广告主题是表现东方女性的自然美。它在选择投放媒体的时候则更多地考虑了知名综合门户网站的相关频道、区域性覆盖网站以及一些知名女性垂直网站。选择有明确定位的站点投放广告，虽然这种站点的受众数量可能较少，但这些站点的浏览者往往正是广告客户所宣传的对象，他们更容易关注广告，广告效果更好。

④ 电子公告牌。电子公告牌(BBS)等虚拟社区把具有相同爱好的客户联系起来，是公众的讨论与分享信息的自由空间。具有大量用户的、稳固的虚拟社区可以产生巨大的网络效应。如在网络社区上，尤其是在一些生活、家居、装修、建材等论坛上，经常能看到漆彩大地涂料品牌的帖子，或直接性的软文。漆彩大地涂料的新营销意识已经觉醒，并付诸了行动，即将进入系统网络营销规划。

⑤ 使用公共黄页和行业名录。公共黄页是在互联网上提供查询检索服务的网站，如

Yahoo、Infoseek 等。像电话黄页一样，这些网站在设计时，把在其站点登记的企业按类别分类。浏览者只需在搜索栏中输入某个关键字，网页上就会显示和该关键字相关的公司的广告图标，并可以链接到广告客户的主页上。在这些站点做广告，优点是针对性好，而且位置醒目，容易成为广告客户的首选。

⑥ 加入广告交换网。可利用一些专门从事全球范围内网络广告自由交换服务的站点发布广告。加入广告交换网不仅互为免费，而且广告接触面广，又可以即时、准确地统计广告效果。

 小案例

广告交换推广案

Google 搜索引擎曾是雅虎的一个合作伙伴。如果浏览者输入的一些特定的搜索字串，雅虎中国无法找到相应的网站，这时，雅虎会自动将浏览者的搜索要求转到 Google 中。而 Google 的搜索结果是在雅虎的相关网页目录下。

国内知名的杭州易特广告联盟(www.ete.cn)，经过 7 年的努力，如今已成为一个互联网营销解决方案服务商，每天覆盖广告浏览量达 3 亿多人次，拥有 4 万多个网站会员数，成为全国领先的网络广告联盟。该联盟已为热血三国、武林英雄、商业大亨、兵临城下、江湖传说等几十家游戏厂商进行合作推广。

⑦ 使用邮件列表发布广告。广告客户定期把广告信息通过电子邮件直接发给个人。广告客户可以建立自己的邮件列表服务器，也可以借用其他公司的电子邮件列表。

⑧ 搜索引擎。通过搜索引擎来发布广告，可给网站带来显著的访问量。搜索引擎广告被称为性价比最高的在线广告。越来越多的搜索引擎提供广告管理系统，极大地提高了广告效果。如亚马逊在雅虎和 Excite 做广告，他们向亚马逊提供信息，通过访问亚马逊网站的人数和实际购买人数来评估广告的效果。

⑨ 博客或微博。Web 1.0 时期的典型代表是论坛，Web 2.0 时期的典型代表则是博客。博客可以直接带来潜在用户。由于越来越多的用户开始阅读博客文章并开始自己的博客写作，提供博客内容托管服务的网站就积聚了大量的人气，这种注意力为博客成为一种营销手段奠定了基础。博客网络广告具有较高的投资回报，同时可以触及那些拥有话语权的、具有社会影响力的人群。广告商可以选择在某个博客上投放广告，价格相比一般网络媒体更便宜。如美国电视网络已经开始青睐博客网站的网络广告，他们认为通过博客网站的细分目录，可以将广告以更低的价格推到那些最有可能观看他们节目的人群面前。

2010 年中国的互联网互动式营销又迎来了"微博"时代。第一批的中国微博用户多为 Twitter 和饭否等网站的用户。2009 年上半年之前，在国内活跃的微博网站，是以饭否、嘀咕、做啥等为代表的专业型网站。2009 年下半年，新浪开始推出微博产品，新浪微博以名人为切入口，短期内迅速扩张，并获得了业内好评，现在已俨然成为中国网站微博产品的代名词。2010 年初，搜狐、网易已在积极内测自己的微博产品，人民网也于 2010 年 1 月开始内测人民微博。

传统媒体不仅对微博的崛起进行报道，从微博客中选择新闻线索，还正在把微博作为自己的另一个推广传播平台。

项目五 网络营销

小案例

传统媒体的微博营销

《纽约时报》在 Twitter 上的官方网站已经有 90 多万名关注者,《华尔街日报》也有 5 万名关注者,他们将新闻在 Twitter 上实时更新。在英国,134 家一线杂志都开辟了 Twitter 账号,其中关注《新科学家》《NME》《Dazed & Confused》等杂志的读者都在 2 万以上。而在新浪微博上,《三联生活周刊》的粉丝已经超过 9 万,《中国新闻周刊》的粉丝数已经超过 8 万,新浪头条新闻的粉丝数甚至超过了 40 万。

B2C 企业的微博营销

创意生活第一品牌的趣玩网是率先推举微博营销的 B2C 行业企业,现如今已经在新浪、腾讯、搜狐、网易、百度 i 贴吧等多家知名媒体开放了趣玩网微博空间,吸引了超过 15 万人的关注。同时微博又成为趣玩网的发布信息平台,趣玩网重大活动、消息可以第一时间发布出去,与广大网民产生互动,更加体现了微博营销快速反应、互动性强的特点,拉近了趣玩网品牌与消费者之间的距离。除此之外,凡客诚品、百思买等众多知名的 B2C 企业,也都加入了微博营销。

(3) 网络广告的种类。

① 旗帜广告(Banner)。旗帜广告是互联网上最常见的广告类型,广告效果最佳而收费最贵。旗帜广告又称横幅广告,是一幅放置在网页最上端表现广告客户广告内容的矩形图片,通常采用 468 像素×60 像素(宽度×高度),以 GIF、JPG 等格式建立,如图 5.1 所示。旗帜广告的主要优点之一就是能根据目标顾客群定制,广告客户能决定集中于哪一个细分目标市场。

图 5.1 旗帜广告

② 按钮广告(Button)。也叫图标式广告,是旗帜广告的特殊形式,其制作方法、付费方式和自身属性与旗帜广告没有区别,仅在形状和大小上有所不同。由于所占空间较小,可以被设置在网页的任何位置。通常是一个链接着广告客户主页或站点的企业标志(Logo),如图 5.2 所示。由于尺寸偏小,表现手法较简单,为了吸引浏览者的注意,有的设计者把它制作成浮动式的,又称浮动广告或浮标广告,不停地在网页上浮动。

图 5.2 按钮广告

③ 弹出式广告。弹出式广告是在浏览者打开一个新的网页或关闭某个网页时弹出一个包含广告内容的新窗口。这种广告的出现具有强迫性，都是自行出现在浏览器上，很容易引起网民的反感。如图5.3所示的是人民网的弹出式广告。

图5.3　弹出式广告

④ 文字链接广告。有些广告发布者为了节省有限的网页空间，或者节约成本，常常在网页中只做一段或一句带有特别颜色或者下划线的文字。文字链接广告长度通常为10～20个文字，内容多为一些吸引人的标题，点击后连接到指定页面。文字链接广告是一种对浏览者干扰最少，但却最有效果的网络广告形式。文字链接广告的另一种形式，就是关键词广告。在浏览者检索信息的同时出现的广告，简称为关键词广告。广告客户可以买下搜索引擎的流行关键词，凡是输入这个关键词的浏览者都可以被吸引到一个公司的网站上去。关键词广告的最大优点是有助于网站寻找目标群体。

小案例

谷歌的关键词广告方案

谷歌为广告客户提供了使用最少的精力获取高目标受众的关键词广告方案。根据广告客户购买的关键词，以纯文本方式将广告安置在相关搜索页面的右侧空白处，每个页面最多放置8个这样的文字链接。这些关键词或关键语句与浏览者的查询紧密匹配，让许多浏览者对广告发生了兴趣。据统计，谷歌广告的点击率高达2%，超出传统条幅广告的5倍。谷歌的文字链接广告，如图5.4所示。

图5.4　谷歌的文字链接广告

项目五 网络营销

⑤ 在线分类广告。分类广告一直是报纸广告的主要形式。在线分类广告对传统的报纸媒体带来了巨大的冲击，因为在线形式的分类广告有其与生俱来的独特优势，包括可搜索性、快捷的更新和灵活的表现形式等。

⑥ 电子邮件广告。35%的电子邮件用户使用过网络购物，占总体网民的20.4%，占网络购物人群的82.1%。企业利用收集的电子邮件地址或网站的电子刊物服务中的电子邮件列表，准确有效地将广告信息发放给邮箱所有人。电子邮件用于广告活动时，非常像直邮广告。如Hotmail公司对使用他们电子邮件阅读器的用户免费提供服务，当用户收发电子邮件时，广告就会在设定好的时间轮流播放。

⑦ 电子杂志广告。即利用免费订阅的电子杂志发布广告。由于电子杂志是由网民根据兴趣与需要主动订阅的，同垃圾邮件有本质的区别，所以此类广告更能准确有效地面向潜在客户。此外，电子邮件杂志还可以让数百万订户不必花费很多时间和上网费，就可以获得大量的中文优质信息。在这类专业杂志上面投放广告，不仅费用低廉，而且效果也非常显著，能够将企业的产品和服务等广告信息在互联网上迅速推广传播。

⑧ 电子公告牌广告。电子公告牌(BBS)是一种以文本为主的网上讨论组织。在这里，用户可以通过网络，以文字的形式，与别人聊天、发表文章、阅读信息、讨论某一问题，或在网站内通信等。这种站点往往有许多讨论区，如体育、艺术、社会信息等，包含了丰富的内容。也会有一些关于商业、就业、旧货交易等内容的选项。由于国内BBS站点多是大学或科研机构开设的，所以其商业信息的比重不是很大。在这些商业信息中，更多的是以消息、新闻为主，具有快速、自由的特点，并且由于参与者之间有一种公约式的自觉性，这里的内容具有比较高的准确性。目前BBS商务网站比较成功的是"中国黄页"的供求热线。虽然国内的BBS并非为商业目的而设，但其潜在的商业应用价值不容忽视。

在BBS上，尤其是在专用的商务BBS站点上，最应该利用的一项优势就是与别人交流。你可以提出任何需要了解的问题，得到在其他传媒上不可能得到的解答，特别是需要别人帮助、总结、归纳的内容，总是有活跃在网上的热心人给出答案。当然，你也应该尽可能地帮助别人，向他人提供自己知道的任何信息。这种交流方式为广告信息的发布提供了一种简单可行的途径。据统计，超过4成的论坛/BBS用户在网上购买过东西，占到总体网民的12.5%，占网购人群的5成。图5.5所示的是阿里巴巴的论坛广告。

图5.5 阿里巴巴的论坛广告

⑨ 伸缩栏广告。伸缩栏广告一般位于网页边框栏移动条附近，用户鼠标悬停或点击时会自动扩大，受感应变化展现广告宣传内容，尺寸大小与其他广告形式类似，相对固定，形式富于变化，但有一定干扰作用，发布时需要考虑用户行为感受。图 5.6 所示的是网易的伸缩栏广告。

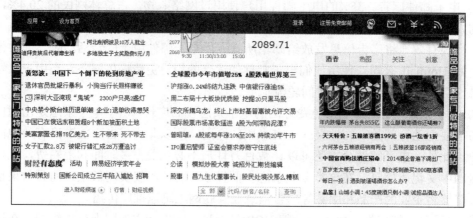

图 5.6　网易的伸缩栏广告

⑩ 矩形广告。又称"画中画"广告，通常嵌入到新闻或专题报道等文本中，四周被文字环绕，在阅读文字时，目光不得不在其上有所停留。通常使用 Flash 技术制作矩形广告，尺寸根据网页结构大小有所不同。在矩形广告中的擎天柱广告通常放置在页面左侧或右侧，在满足广告大曝光量的同时，应尽可能考虑和尊重浏览习惯，避免使用过多、过小的广告表达元素。图 5.7 所示为矩形广告举例。

图 5.7　矩形广告

⑪ 全屏广告。一般表现面积为网页显示的全屏，当打开浏览网页时，广告全屏显示，有的全屏广告显示 3～5 秒后，逐渐收缩成页面顶部的 Banner。全屏广告有半透明和不透明两种表现形式，从浏览行为的角度一般都提供关闭的按钮。图 5.8 所示为全屏广告举例。全屏广告是定位广告中价格相对较高的，常用于重点阶段的广告宣传。由于广告文件体积比较大，影响到网页打开的速度，网络媒体应谨慎使用全屏广告，避免用户流失。

项目五 网络营销

图 5.8 全屏广告

任务实施

1. 登录有关免费搜索引擎

(1) 百度搜索网站提交登录入口。http://zhanzhang.baidu.com/sitesubmit/index，如图 5.9 所示。

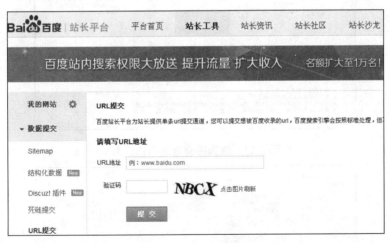

图 5.9 百度搜索网站提交登录入口页面

(2) 114 啦网址登录。http://url.114la.com/，如图 5.10 所示。

(3) 搜狗提交登录入口。http://www.sogou.com/feedback/urlfeedback.php，如图 5.11 所示。

(4) 360 搜索引擎登录入口。http://info.so.360.cn/site_submit.html，如图 5.12 所示。

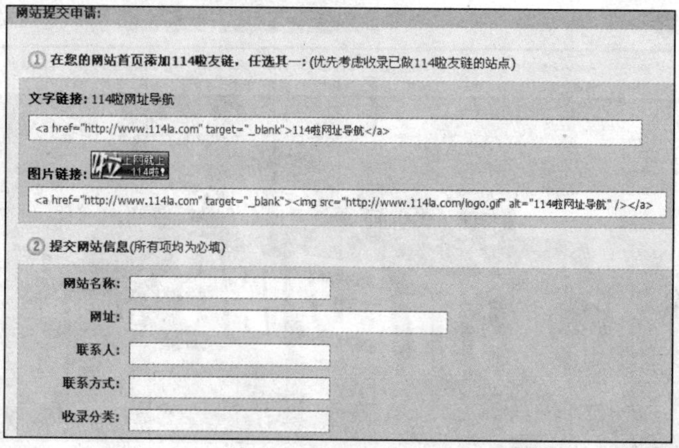

图 5.10 114 啦网址收录页面

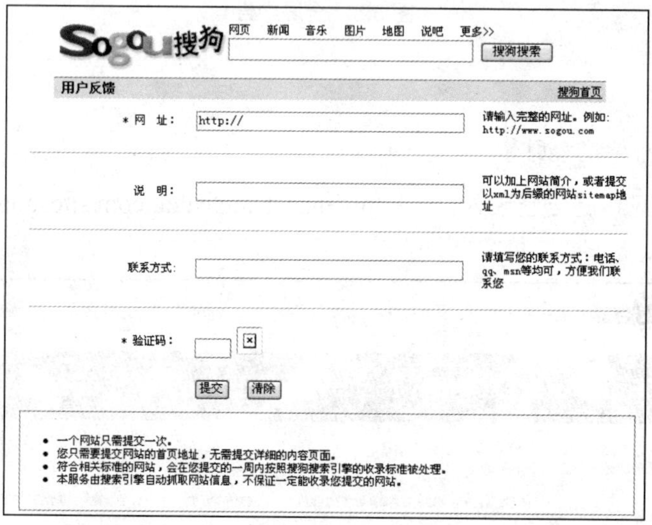

图 5.11 搜狗提交登录入口页面

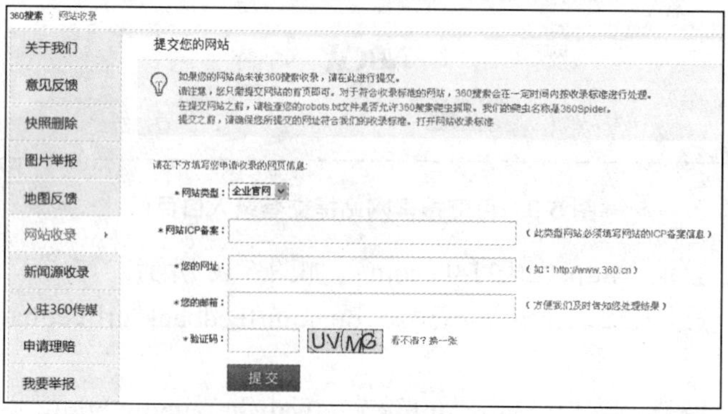

图 5.12 360 搜索引擎登录入口页面

2. 向分类目录提交网站信息

亚马逊 DMOZ 网站(www.dmoz.org)是一个著名的开放式分类目录(Open Directory Project)，之所以称之为开放式分类目录，是因为与一般分类目录网站利用内部工作人员进行编辑的模式不同，DMOZ 是由来自世界各地的志愿者共同维护与建设的最大的全球目录社区。

(1) 登录 DMOZ 网站(http://www.dmoz.org)。

(2) 选择"World:Chinese Simplified"，进入中文简体页面，如图 5.13 所示。

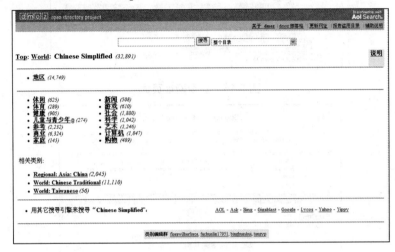

图 5.13　中文简体页面

(3) 单击"商业"分类，进入类目列表页面。选择"营建与维修"选项，再选择"材料与供应"选项，如图 5.14 所示。

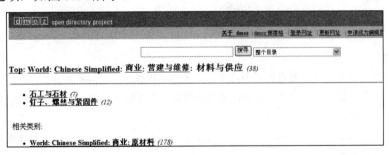

图 5.14　选择"材料与供应"页面

(4) 登录网址。单击图 5.14 中的【登录网址】按钮，输入网站的基本信息，包括：网站 URL、网站名称、网站摘要介绍以及联系 E-mail 及验证码，如图 5.15 所示。

(5) 信息检查无误后，单击下面的【Submit】按钮，提交申请即可，如图 5.16 所示。提交完毕后，网站会在一定时间内收录，如果内容有所变化，还可以单击上面的"更改网址"来更新网站内容。

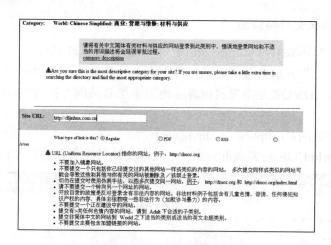

图 5.15　登录网址页面

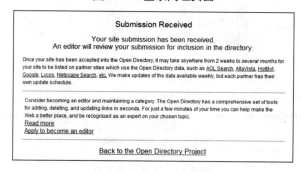

图 5.16　网站信息提交成功页面

 **案例分析**

微博营销经典案例：笨 NANA 的营销浅析

【案例简介】

你是否吃过可以像香蕉一样剥皮的冰激凌呢？如果你在玩微博、空间等社会化媒体，应该或多或少都有所印象。或许你还正在寻找哪里可以买到这样的冰激凌。看到这样的图片后，当你在超市看到这样的冰激凌可能会忍不住要买。

它就是雀巢公司新上市的一款冰激凌，不仅制造了"史上第一支可以剥开吃"的冰激凌，还制造了最新一起微博营销的经典案例。

截至目前，笨 NANA 新浪微博的粉丝 9 423 人，新浪搜索相关信息 400 万余条。腾讯微博粉丝 38 740 人，相关信息 38 万条左右。QQ 空间相关说说和日志 4 万条左右。还有人人网等社交媒体都在热烈地讨论着这款新奇的冰激凌。很多人都在问哪里可以买到。

从 2011 年 12 月到 2012 年 2 月期间，雀巢就注册了一些时尚美食类微博，并且发布了"香港有好玩好吃的笨 NANA"之类的话题。而在此时只有香港有售"笨 NANA"，大陆还不能购买，大陆人只能看到别人分享的微博图片等。这是"笨 NANA"的热身活动，也是一次饥饿营销。

在"笨 NANA"上市前 5 个月，雀巢就与北京奥美签订营销外包服务合作协议。雀巢的传播需求非常明确："第一，对新产品有认知度；第二，与消费者有进一步沟通。"最终营销传播方案的大主题定为"雀巢'笨 NANA'为你揭开神奇乐趣。"奥美互动必须对雀巢"笨 NANA"可以像香蕉一样剥开吃的独特产品特性以及由可剥性带来的新奇感,进行充分的发挥和演绎。最终传播目标则是"让晒'笨 NANA'成为一种新时尚,让广大用户成为雀巢'笨 NANA'的代言人。"

2012年2月份之后,"笨 NANA"才逐渐在大陆开始售卖,到目前为止,效果非常惊人,已经成为雀巢冰激凌产品中排列第二名的单品,仅次于已经推出七八年的八次方冰激凌。

【案例分析】

笨 NANA 的营销成功原因主要归为以下方面。

(1) 产品新奇性。新奇有趣的东西大家也非常愿意关注,乐意分享,传播起来就容易得多了。"像香蕉一样剥开吃的冰激凌"这款产品研发于泰国,设计初衷是为儿童研发好玩的冰激凌。但市场调查显示,无论在泰国、中国香港还是大陆,比儿童年长很多的年轻人都很喜欢这款产品,雀巢遂决定将其引入大中华区。

(2) 对社会化媒体营销的重视。大企业特别是国外的大企业都非常乐意尝试新的营销方式,而一般的传统企业对这样的营销方式并不重视。此次营销活动,雀巢确定了细致的计划,对消费者的口碑传播进行引导和推动,使得广大用户成为雀巢"笨 NANA"的代言人,不断地主动去分享产品信息。

(3) 社会化媒体的成熟。微博的火热,空间用户的忠诚,智能手机的运用,都是这次营销成功必不可少的元素。运用智能手机,消费者可以将喜欢的产品迅速拍照分享到空间、微博等。加上营销机构的"鼓动",口碑营销越演越烈。

(资料主要来源:站长网 http://www.admin5.com/article/20120524/433040.shtml)

5.2 习 题

一、单项选择题

1. ( )作为一种交互式的可以双向沟通的渠道和媒体,在企业与消费者之间架起了一道方便的双向互动的桥梁。

　　A. 互联网　　　B. 内部网　　　C. 公用网　　　D. 电子数据交换 EDI

2. ( )是指企业利用互联网的双向交互式的信息沟通渠道,收集市场调查中需要的各种资料。

　　A. 网上市场调研　　　　　　B. 网络消费者行为分析
　　C. 网络营销策略制定　　　　D. 网上产品和服务策略

3. 网络营销是以( )为基本手段进行信息交换的。

　　A. 互联网　　　B. 内部网　　　C. 公用网　　　D. 电子数据交换 EDI

4. ( )是指企业凭借向目标市场提供各种适合消费需求的有形和无形产品或服务的方式来实现其营销目标。

　　A. 产品策略　　B. 定价策略　　C. 分销策略　　D. 促销策略

5. ( )是指利用现代化的网络技术向虚拟市场传递有关商品和服务的信息,以激发消费者的需求欲望,刺激消费者购买产品和服务,实现网络营销目标。

　　A. 网络直销　　B. 网络促销　　C. 网络营销　　D. 电子商务

6. (　　)的实质是如何将企业的网站和网页信息登录到搜索引擎中，并通过搜索引擎优异地表现出来。

　　A．网络直销　　　　　　　　B．搜索引擎营销
　　C．网络营销　　　　　　　　D．网络广告

7. 网络广告可以不受电视广播广告的时间限制，也不受报纸广告的版面约束。网络广告的信息内容极为丰富，这句话是说网络广告的什么特点？(　　)

　　A．广泛性　　B．经济性　　C．交互性　　D．易统计性

8. Banner 的中文意思是(　　)。

　　A．网站广告　　B．弹出式广告　　C．按钮式广告　　D．旗帜广告

9. 一般表现面积为网页显示的全屏，当打开浏览网页时，广告全屏显示，有的广告显示 3~5 秒后，逐渐收缩成页面顶部的 Banner。这是一种什么形式的广告？(　　)

　　A．弹出式广告　　　　　　　　B．伸缩栏广告
　　C．全屏广告　　　　　　　　　D．矩形广告

10. (　　)是在浏览者打开一个新的网页或关闭某个网页时弹出一个包含广告内容的新窗口。

　　A．弹出式广告　　　　　　　　B．电子邮件广告
　　C．全屏广告　　　　　　　　　D．旗帜广告

二、操作题

1. 上网收集各种形式的广告，分析其广告对象和广告效果的不同之处。
2. 访问 Dell 公司的网站，分析 Dell 公司的直销策略，并写出分析报告。

项目六 电子商务物流

教学目标

通过本项目的学习,使学生掌握电子商务下物流的特点;了解物流信息的采集和跟踪技术、供应链管理知识;掌握电子商务下物流配送的基本运作方式和操作流程。

教学要求

知识要点	能力要求
电子商务与物流概述	(1) 了解物流的发展历史、类别 (2) 了解物流活动的基本功能 (3) 掌握电子商务下物流的特点 (4) 了解物流在电子商务流程中的重要性 (5) 了解电子商务环境下物流业的发展趋势
电子商务与物流管理	(1) 了解物流信息的采集和跟踪技术 (2) 了解物流与供应链管理
电子商务下全新的物流模型	(1) 掌握第三方物流运作模式 (2) 了解电子商务物流配送的功能和主要模式

重点难点

- 电子商务下物流的特点
- 物流与供应链管理
- 第三方物流运作模式
- 电子商务物流配送的功能和主要模式

6.1 任务 电子商务物流公司操作体验

任务引入

最近，大学生小张在淘宝上开了一家网店，为了选择一家准时、便宜、信誉好的物流配送公司为其网店开展配送服务，需要选择一家物流公司，并且以网店平时的业务量申请成为该物流公司的稳定客户，以此获得物流服务的优惠。

任务分析

在淘宝网上开店，选择快递公司也是很重要的。选择一家好的快递公司，能够保证货物快速有效到达，能提高客户满意度，也能间接提高自己的店铺信誉。如果不幸选择了一家服务差的快递公司，轻则让快件延误损失了客户的购物体验，重则丢失货物并拒绝赔偿。这样就不仅是损失信誉那么简单，而是直接造成经济损失了。小张选择了韵达快递作为配送公司。在该物流公司网站上注册，了解物流公司网站的功能，每次通过因特网向物流公司进行派件，并通过网络监控邮件的物流状态。

相关知识

6.1.1 电子商务与物流概述

电子商务的整个运作过程是信息流、商流、资金流和物流的流动过程，其优势体现在信息资源的充分共享和运作方式的高效率上。利用互联网进行电子交易，毕竟是"虚拟"的经济过程，最终的资源配置绝大部分还需要通过商品实体的转移来实现，否则对于实体商品的交易就不会真正实现信息流、商流和资金流。只有通过物流配送，将商品或服务真正转移到消费者手中，商务活动才能结束。物流实际上是以商流的后续者和服务者的姿态出现，而物流配送效率也就成为客户评价电子商务满意程度的重要指标。

1. 物流概述

物流活动是一种很常见的经济活动。例如，消费者到商场购买商品回家、生产者采购原材料用于生产等，这些活动都是物流活动。

物流(Physical Distribution)一词最早出现于美国。阿奇·萧最早在《市场流通中的若干问题》(1915年)中就提到"物流"一词，并指出"物流是与创造需求不同的一个问题"。20世纪初，西方一些国家已出现生产大量过剩、需求严重不足的经济危机，企业因此提出了销售和物流的问题，此时，物流指的是销售过程中的物流。

在第二次世界大战中，美国军队建立了"后勤"(Logistics)理论，以解决战争供应问题，这里的"后勤"是指将战时物资生产、采购、运输、配给等活动作为一个整体进行统一布置，以求战时物资补给的费用更低、速度更快、服务更好。后来"后勤"一词在企业中广泛应用，又有商业后勤、流通后勤的提法。这时的后勤包含了生产过程和流通过程的物流，因而是一个包含范围更广泛的物流概念。

项目六 电子商务物流

美国物流管理协会(CLM，Council of Logistics Management)1998年对物流的定义是："物流是供应链流程的一部分，是为了满足客户需求而对商品、服务及相关信息从原产地到消费地的高效率、高效益的正向和反向流动及储存进行的计划、实施与控制过程。"在该定义中，不仅把物流纳入了企业间互动协作关系的管理范畴，而且要求企业在更广阔的背景上来考虑自身的物流运作。即不仅要考虑自己的客户，而且要考虑自己的供应商；不仅要考虑到客户的客户，而且要考虑到供应商的供应商；不仅要致力于降低某项具体物流作业的成本，而且要考虑使供应链运作的总成本降到最低。

2006年，中华人民共和国国家标准《物流术语》将物流(Logistics)定义为："物品从供应地向接收地的实体流动过程。根据实际需要，将运输、储存、装卸、搬运、包装、流通加工、配送、回收、信息处理等基本功能实现有机结合。"

电子商务活动主要涉及两种物流，即有形物流和无形物流。对于无形物流来说，可以直接通过网络传输的方式进行配送，如各种电子出版物、信息咨询服务、有价信息软件等，可以在网上直接下载；而对于有形物流来说仍要经由物理方式传输。由于一系列机械化、自动化工具在物流业的广泛使用，以及先进的物流管理信息系统的应用，加强了物流企业对物流过程的监控，使有形物流的流动速度加快、准确率提高，能有效地减少库存，缩短生产周期。

2. 物流的发展历史

物流的发展经历了储运时代、配送时代、综合物流时代和供应链时代4个发展阶段。

1) 储运时代

20世纪初到20世纪60年代，随着经济的发展，生产规模的不断扩大，市场竞争日益激烈。为了确保收益，许多公司把目光投向了如何降低物流费用方面，物流成本意识开始出现。但是，在这个时期，物流的各个活动还是按不同的功能、不同的场所互不联系地独立进行。物流主要是对商品进行保管和运输，只有保管和发货部门在努力降低成本。

2) 配送时代

在20世纪60年代到70年代，随着顾客购买需求的不断变化、运输费率的不断增加、高价值的产品等因素出现，美国和世界上其他许多国家的公司都把注意力放在"实物配送"方面，这些公司系统地管理一系列的物流活动，如运输、仓储、配送、库存控制、包装、搬运等，以确保高效地配送物品。

3) 综合物流时代

在20世纪70年代到80年代，物流公司发现通过综合规划，采购运输与配送运输可以进一步节省成本，于是将采购运输与配送运输都由运输经理管理。

20世纪80年代后，由于管制放松，物流公司可以与承运人谈判运输费率，达到一定的运输量，就可获得优惠的运费和更好的服务。于是，许多物流公司将商品从采购到送至顾客手中的过程看作一个完整的体系，这样就提高了物流企业的运作效率，从而节省了更多的成本。

4) 供应链时代

在20世纪80年代后期到90年代，由于种种因素的影响，使公司对物流的关注扩充到整个物流过程,包括所有涉及的公司,从原材料供应商到最终顾客,以保证最终顾客能在准确的时间,准确的地点,收到准确的商品。

3. 物流活动的分类

从不同的角度对物流活动进行划分,具有不同的类别。

1) 按照物流活动的范围划分

按照物流活动涉及的空间和范围不同,可以将物流分为国际物流和区域物流。

(1) 国际物流。国际物流是伴随和支撑国际经济交往、贸易活动和其他国际交流所发生的物流活动。国际物流是现代物流系统发展快、规模大的一个物流领域。

(2) 区域物流。相对于国际物流而言,一个国家范围内的物流,一个城市范围内的物流和一个经济区域范围内的物流都属于区域物流。

2) 按照物流系统性质划分

如果按照物流系统的性质对物流进行分类,又可以将物流分为社会物流、行业物流和企业物流三大类。

(1) 社会物流。社会物流是指超越一家一户的,以一个社会为范畴,以面向社会为目的的物流。

(2) 行业物流。顾名思义,在一个行业内部发生的物流活动就是行业物流。

(3) 企业物流。企业物流是从企业角度研究与之有关的物流活动,是具体的、微观的物流,可细分为企业生产物流、企业供应物流、企业销售物流、企业回收物流、企业废弃物流。

3) 按照物流在社会再生产过程中的作用划分

按照在企业经营过程的不同阶段中物流所起的作用,可以将物流分为供应物流、销售物流、生产物流、回收物流、废弃物流等不同的种类。

(1) 供应物流。供应物流包括原材料等一切生产资料的采购、进货运输、仓储、库存管理、用料管理和供料运输。它是企业物流系统中独立性相对较强的一个子系统,并且和生产系统、搬运系统、财务系统等企业部门以及企业外部的资源市场、运输条件等密切相关。

(2) 销售物流。销售物流是企业物流系统的最后一个环节,是企业物流与社会物流的又一个衔接点。销售物流与企业销售系统相配合,共同完成产成品的销售任务。销售活动的作用是企业通过一系列营销手段,出售产品,满足消费者的需求,实现产品的价值和使用价值。

(3) 生产物流。生产过程中各种原材料、在制品、半成品、产成品等实物在企业内部的运输、制造和存放。

(4) 回收物流。不合格物品的返修、退货以及周转使用的包装容器,从需方返回到供方所形成的物品实体流动。

(5) 废弃物流。将经济活动中失去原有使用价值的物品,根据实际需要进行收集、分类、加工、包装、搬运、储存等,并分送到专门处理场所时所形成的物品实体流动。

项目六　电子商务物流

4) 按照物流活动的主体划分

按照物流活动的主体，物流可分为企业自营物流、专业子公司物流、第三方物流。

(1) 企业自营物流是指企业自身经营物流。

(2) 专业子公司物流是指部分电子商务企业采取把自己的一部分职工分离出来，成立物流子公司的物流经营方式。

(3) 第三方物流(Third-Party Logistics，简称 3PL)是指由供方与需方以外的物流企业提供物流服务的业务模式。第三方物流其实是专业的物流服务提供商。因为物流在很多公司不算核心竞争能力，于是就被外包到一些专业物流公司，为"流程外包"的一种。这类专业物流公司包括仓储、运输以及其他的相关服务。

4. 物流活动的基本功能

物流活动的基本功能是指物流活动应该具有的基本能力以及通过对物流活动最佳的有效组合，形成物流的总体功能，以达到物流的最终经济目的。一般认为，物流活动的基本功能应该由物资运输、包装、装卸搬运、储存保管、流通加工、配送、物流信息处理等项工作构成。也就是说，物流目的是通过实现上述功能来完成的。

1) 运输

运输指用设备和工具，将物品从某一地点向另一地点运送的物流活动，其中包括集货、分配、搬运、中转、装入、卸下、分散等一系列操作。运输职能主要是实现物质资料的空间移动。对运输问题进行研究的内容主要有：运输方式及其运输工具的选择，运输线路的确定，以及为了实现运输安全、迅速、准时、价廉的目的所施行的各种技术措施和管理方法等。

2) 包装

包装具有保护物品、便利储存运输的基本功能。在物流过程各环节中都有包装的存在，包括产品的出厂包装，生产过程中在制品、半成品的换装，物流过程中的包装、分装、再包装等。一般来讲，包装分为两种：一是为保持商品的品质而进行的工业包装；二是为使商品能顺利到达消费者手中、提高商品价值、传递信息等以销售为目的商业包装。

3) 装卸搬运

搬运是在同一场所内，对物品进行水平移动为主的物流作业。装卸是在指定地点，以人力或机械将货物装入运输设备，或从运输设备卸下。对装卸搬运方面的研究，主要是对装卸搬运方式的选择，装卸搬运机械的选择，以及通过对装卸搬运物品灵活性和可运性的研究，提高装卸搬运效率。

4) 储存保管

储存就是保护、管理、贮藏物品。保管就是对物品进行保存及对其数量、质量进行管理控制活动。一般来讲，储存保管是通过仓库的功能来实现的。物质资料的储存，需要保持物质资料的使用价值和价值不发生损害，为此就需要对储存物品进行以保养、维护为主要内容的一系列技术活动和保管作业活动，以及为了进行有效的保管，需要对保管设施的配置、构造、用途及合理使用、保管方法和保养技术的选择等做适当处理。

5) 流通加工

流通加工是指物品在从生产地到使用地的过程中,根据需要施加包装、分割、计量、分拣、刷标志、拴标签、组装等简单作业的总称。对流通加工方面的研究,涉及的内容非常丰富,诸如流通过程中的装袋、单元小包装、配货、挑选、混装等,生产外延流通加工中的剪断、打孔、拉拔、组装、改装、配套等,以及因经济管理的需要所进行的规模、品种、方式的选择和提高加工效率的研究等,所有这些都是为了更好地实现物流的职能。

6) 配送

配送指在经济合理区域范围内,根据用户要求,对物品进行拣选、加工、包装、分割、组配等作业,并按时送达指定地点的物流活动。一般来讲,配送是集包装、装卸搬运、保管、运输于一体,并通过这些活动实现将物品送达的目的。有关配送问题的研究包括配送方式的合理选择,不同物品配送模式的研究,以及围绕配送中心建设相关的配送中心地址的确定、设施的构造、内部布置和配送作业及管理等问题的研究。

7) 物流信息处理

物流信息,指反映物流各种活动内容的知识、资料、图像、数据、文件的总称。信息处理的基本职能在于对情报信息的收集、加工、传递、存储、检索、使用,包括物流信息处理方式的研究,以及管理信息系统的开发与应用研究等,目的在于保证情报信息的可靠性和及时性,促进物流整体功能的发挥。

5. 电子商务下物流的特点

电子商务时代的来临,为全球物流带来了新的发展。

 小案例

中国邮政速递物流

速递物流公司依托中国邮政,逐步建立起了覆盖全国、遍布城乡的现代快递物流服务体系,自有42条国内和国际航线,火车运能500多节车厢,按照特快客运列车级别设立5条行邮专线及177条铁路邮路、铁路干线运输网和区域汽车快速网,构建起了由飞机、火车、汽车等组成的全国性综合、立体干线运输网;在全国许多重要网络节点城市均拥有大规模的集散中心,特别是亚洲规模最大、技术装备最先进的中国邮政"全夜航"自主航空物流集散中心在南京建成并投入使用。公司还依据多年实践悉心积累的业务运作和管理经验,运用当前先进的信息技术和网络架构,创建了功能强大的信息网,揽收和投递工作人员配有便携数据采集器,突出实现了各类邮件全流程自动化、信息化处理和全过程实时动态跟踪查询。

如今,物流信息化、网络化、自动化、智能化、柔性化已成为电子商务下的物流企业追求的目标。

1) 信息化

电子商务需要物流信息化。物流信息化表现为物流信息收集的数据库化和代码化、物流信息处理的计算机化、物流信息传递的标准化和实时化、物流信息存储的数字化、物流信息的商品化等。物流的信息化,促进各种先进的技术设备应用于物流领域。信息技术及计算机技术在物流中的应用,将会彻底改变世界物流的面貌。

项目六 电子商务物流

2) 网络化

当前,网络技术的普及,为物流网络化提供了良好的外部环境,物流网络化趋势明显。物流的网络化包括配送系统内部网络化和组织外部网络化。

小案例

中国物资储运总公司

中国物资储运总公司所属 64 个仓库分布在全国各大经济圈中心和港口,形成了覆盖全国、紧密相连的庞大网络。物流网络成为中国物资储运总公司跻身市场、建立现代物流配送中心的基础。该公司利用这一网络,不仅提供仓储运输等物流服务,还有效地整合商流资源,成为金属材料、纸制品、化肥等生产企业的代理分销商。

3) 自动化

自动化的表现为无人化,省力化,作业效率的提高。物流自动化的设施非常多,如条码/语音/射频自动识别系统、自动分拣系统、自动存取系统、自动导向车、货物自动跟踪系统等。由于我国物流业起步晚,发展水平低,自动化技术的普及还需要相当长的时间。

4) 智能化

物流智能化是物流自动化、信息化的高层次应用。物流作业过程涉及大量的运筹和决策,如库存水平的确定、运输(搬运)路径的选择、自动导向车的运行轨迹和作业控制、自动分拣机的运行、物流配送中心经营管理的决策支持等问题,都需要借助物流智能化才能解决。

5) 柔性化

柔性化指能根据消费者需求的变化来灵活调节生产工艺。这就要求物流配送中心要根据消费需求"多品种、小批量、多批次、短周期"的特色,灵活组织和实施物流作业。

此外,物流设施、商品包装的标准化,物流的社会化等也是电子商务下物流的新特点。

6. 物流在电子商务流程中的重要性

随着电子商务在我国的推广与应用,特别是各种类型电子商务模式的兴起,物流对电子商务活动的影响日益明显,物流对电子商务的限制作用也日益突出。在我国,物流发展水平低下已经成为我国电子商务发展的一大瓶颈。

对于电子商务,可以用以下流程来简单描述,如图 6.1 所示。

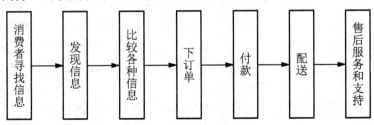

图 6.1 电子商务流程

从以上流程可以看出,一笔完整的电子商务交易,一般包含着几种基本的"流",即信息流、商流、资金流、物流。其中信息流贯穿于整个流程的每个步骤中，无疑是电子商务过程中最重要的因素。在电子商务活动中，信息流、商流和资金流的处理都可以通过计算机和网络通信设备实现。对物流而言，对于无形商品和服务，例如，付费软件、有偿信息等来说，可以直接通过网络传输的方式发送到消费者手中；而对于大多数物质形态的商品和基于物质商品的服务或面对面服务来说，物流仍要经由物理方式传输。

在整个交易流程中，物流虽然只是电子商务流程的一个环节，但其往往是商品和服务价值的最终体现。总的来说，物流在以下几个方面体现了其重要性。

1) 物流是生产过程的保障

无论在传统的交易方式下，还是在电子商务下，生产都是商品流通之本，而生产的顺利进行需要各类物流活动支持。供应物流从原材料采购开始，将生产所需的材料采购到位，保证生产的顺利进行；生产物流涉及的原材料、半成品的物流贯穿于生产的各工艺流程之间，以实现生产的流动性；回收物流是对生产过程中的部分余料和可重复利用的物资进行回收；废弃物物流完成对生产过程中废弃物的处理。

生产企业的物流结构，如图6.2所示。

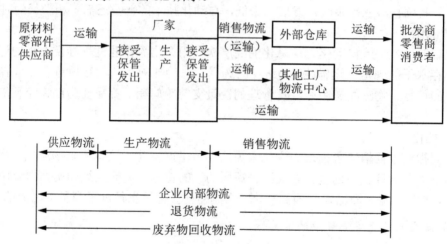

图6.2 生产企业的物流结构图

2) 物流使商品最终实现价值

在电子商务下，消费者通过上网点击购物，即可完成商品所有权的交割过程，即商流过程。商流活动的最终结果是将商品所有权由供方转移到需方，但电子商务的活动并未结束，只有商品和服务真正转移到消费者手中，商务活动才告以终结。只有当物流活动执行完成后，也就是卖方按买方的需求将商品实体以适当的方式和途径转移到买方，才能最终实现价值。可见，物流在电子商务交易的商流中起到了后续者和服务者的作用。

3) 物流使电子商务核心优势得以体现

电子商务为消费者提供了很大方便。人们不必再跑到拥挤的商业街，在每家商店里费时、费力地挑选自己所需的商品，而只要坐在家里，在互联网上搜索、查看、挑选、订购，就可以完成自己的购物过程，购买到所需商品。便捷、省时、低成本正是电子商务相对于传统商务模式最核心的优势和价值所在。而消费者收到准确的、无质量问题的商品是这种优势和价值的最终体现。如果没有高效、低成本物流体系的保障,漫长的等待送货时间、高昂的运费,将抵消消费者通过网络购物所节省的时间、成本和所感受的便利。

6.1.2 电子商务与物流管理

物流管理是指为了以最低的物流成本达到客户满意的服务水平,对原材料、半成品和成品等物料在企业内外流动的全过程所进行的计划、实施、控制等活动。

电子商务物流管理,指在最小费用下、配合电子商务的信息传递,将物质资料从供给地向需要地转移、满足客户需要的活动。在电子商务条件下,为了提高物流管理的水平,必须采用一些现代化的物流技术。

1. 物流信息的采集和跟踪技术

1) 利用条码技术对生产物流信息进行采集跟踪的管理

在现代化工业大规模生产流水线上,时间是以秒为单位计算的,手工方式采集物流信息既费时、费力,又容易产生错误。企业为了满足消费者个性化的需求,生产制造从过去的大批量、少品种的模式向小批量、多品种的模式转移,给传统的手工采集物流信息的方式带来更大的压力。手工采集物流信息的方式效率低,由于各个环节的统计数据的时间滞后性,造成统计数据在时序上的混乱,无法进行整体的数据分析,也无法给管理决策提供真实、可靠的依据。

而利用条码技术采集物流作业基本信息,不仅可以即时统计数据,而且可以减轻企业运作的压力,大幅度提高工作效率。

条形码是由一组规则排列的条、空以及对应的字符组成的标记。"条"指对光线反射率较低的部分,"空"指对光线反射率较高的部分。这些条和空组成的数据表达一定的信息,并能够用特定的设备识读,转换成与计算机兼容的二进制和十进制信息。通常对于每一种物品,它的编码是唯一的。对于普通的一维条形码来说,还要通过数据库建立条形码与商品信息的对应关系,当条形码的数据传到计算机上时,由计算机上的应用程序对数据进行操作和处理。因此,普通的一维条形码在使用过程中仅作为识别信息的工具,它的意义是通过在计算机系统的数据库中提取相应的信息而实现的。

在不同类型的物流作业领域,利用条码技术采集物流作业基本信息的流程也不尽相同。

(1) 零售企业物流作业基本信息收集和跟踪。

① 销售作业的信息采集。在商品上贴上条码,零售企业就能利用销售信息系统(POS,Point of Sale)快速、准确地进行销售和配送管理。其过程为:对销售商品进行结算时,通过光电扫描读取并将信息输入计算机,然后输进收款机,收款后开出收据,同时通过销售信息系统掌握进、销、存的数据。

② 订货作业的信息采集。零售企业的货架上每种商品价格卡的用途有二:一是向顾客告知商品价格;二是可按要求所注的订货点,计算商品所剩的陈列量是否低于设定的订货点。若需订货,可以使用条形码扫描器读取货架上每种商品价格卡上的商品条形码,就可自动获取商品货号。

③ 配送中心的进货验收作业的信息采集。对整箱进货的商品,其包装上有条形码,放

在输送带上经过固定式条形码扫描器的自动识别,可按接收指令传送到存放位置。对整个托盘进货的商品,叉车驾驶员用手持式条形码扫描器扫描外包装箱上的条形码标签,利用计算机与射频通信系统,可将存入指令下载到叉车的终端机上,完成进货验收作业。

④ 补货作业的信息采集。商品经过进货验收后,被移到保管区,需要适时、适量地补货到拣货区。当商品被移动到位时,用条形码扫描器读取商品条形码和储位条形码,由计算机核对是否正确,从而保证补货作业的正确操作。

⑤ 拣货作业的信息采集。拣货作业通常有两种方式:一是按客户需求进行摘取式拣货;二是先将所有客户对各商品的订货汇总,一次拣出,再按客户需求分配各商品量,即整批拣取,二次分拣,又称为播种式拣货作业。在拣取商品后用条形码扫描器读取刚拣取商品上的条形码,即可确认拣货是否正确;对于播种式拣货作业,当商品在输送带上移动时,由固定式条形码扫描器判别商品货号,并指示移动路线和位置。

⑥ 仓储配送作业的信息采集。由于大多数的储存货品都备有条形码,所以,通常采用条码作为自动识别与资料收集方式。商品条形码上的资料经条形码读取设备读取后,可迅速、准确、简单地将商品资料自动输入信息系统,从而达到自动化登录、控制、传递、沟通信息的目的。

(2) 制造企业物流作业基本信息收集和跟踪。

① 生产线上的产品信息收集和跟踪。首先由商务中心下达生产任务单,任务单跟随相应的产品进行流动;然后在每一生产环节开始时,用生产线终端扫描任务单上的条形码,更改数据库中的产品状态;最后产品下线包装时,打印并粘贴记录产品信息的条形码。

② 产品标签管理。在产品下线时,产品标签由制造商打印并粘贴在产品包装的明显位置,产品标签将成为跟踪产品流转的重要标志。

③ 产品入库管理。入库时,利用条码读取设备读取产品上的条码标签,同时录入产品的存放信息,将产品的特征信息及存放信息一同存入数据库。存储时,还应进行检查,看是否有重复录入。通过条形码传递信息,有效地避免了人工录入的失误,实现了数据的无损传递和快速录入。

④ 产品出库管理。根据商务中心产生的提货单或配送单,选择相应的产品出库。为方便出库备货,可根据产品的特征进行组合查询,可打印查询结果或生成可用于移动终端的数据文件。产品出库时,要扫描产品上的条形码,对出库产品的信息进行确认,同时更改其库存状态。

⑤ 仓库内部管理。在库存管理中,条形码可用于存货盘点,通过手持无线终端,收集盘点产品信息,然后将收集到的信息由计算机进行集中处理,从而形成盘点报告。此外,条形码还可用于出库备货。

⑥ 货物配送的信息采集。配送前将要配送的商品资料和客户订单资料下载到移动终端中,到达配送客户后,打开移动终端,调出客户相应的订单,然后根据订单情况挑选货物并验证其产品标签,确认配送完一个客户后,移动终端会自动校验配送情况,并做出相应的提示。

⑦ 保修维护的信息采集。维修人员使用条形码识读器识读产品标签,确认商品的资料。维修结束后,录入维修情况及相关信息。

项目六　电子商务物流

(3) 运输业物流作业基本信息收集和跟踪。由于汽车运输、铁路运输、航空运输等运输行业存在着货物的分拣搬运问题，应用条形码技术，只需将预先打印好的条形码标签贴在待发送的物品上，并在每个分拣点装一台条形码扫描器，就可以将包裹或货物自动分拣到不同的运输工具上。

① 收货。典型的分拣搬运作业从收货开始。送货卡车到达后，叉车司机在卸车的时候用手持式扫描器识别所卸的货物，条码信息通过无线数据通信技术传给计算机，计算机向叉车司机发出作业指令，显示在叉车的移动式终端上。

② 入库。在收货站台和仓库之间一般都有运输系统，叉车把货物放到输送机上后，输送机上的固定式扫描器识别到货物上的条形码，计算机确定该货物的存放位置，输送机沿线的转载装置根据计算机的指令把货物转载到指定的巷道内，然后由巷道堆垛机把货物送到指定的库位。

③ 出库。巷道堆垛机取出指定的托盘，由运输机系统送到出库台，再由叉车到出库台取货。首先，拣货员用手持式扫描器识别货物上的条形码，计算机随即向叉车司机发出作业指令，或者为拣货区补充货源。被拣出的货物放入货盘内，连同订单一起运到包装区。包装工人进行检验和包装后，将实时打印包含发运信息的条形码贴在包装箱上。包装箱在通过分拣机时，根据扫描器识别的条形码信息被自动拨到相应的发运线上。

2) 利用 RF 技术收集和跟踪物流作业基本信息

射频技术 RF(Radio Frequency)是利用无线电波对记录媒体进行读写的一种识别技术。典型的 RF 系统由电子标签、读写器以及数据交换、管理系统组成。

(1) 射频技术原理。射频技术 RF 的基本原理是电磁理论。射频系统的优点是不局限于视线，识别距离比光学系统远。射频识别卡可具有读写能力，可携带大量数据，难以伪造，且有智能。

近年来，便携式数据终端(Portable Data Terminal，PDT)的应用多了起来，PDT 可把那些采集到的有用数据存储起来或传送至一个管理信息系统。便携式数据终端一般包括一个扫描器、一个体积小但功能很强并带有存储器的计算机、一个显示器和供人工输入的键盘。在只读存储器中装有常驻内存的操作系统，用于控制数据的采集和传送。

PDT 存储器中的数据可随时通过射频通信技术传送到主计算机。操作时，先扫描位置标签，货架号码、产品数量就都输入到 PDT，再通过 RF 技术把这些数据传送到计算机管理系统，可以得到客户所需产品清单、发票、发运标签、该地所存产品代码和数量等。

(2) 射频技术在物流管理中的适用性。RF 适用于物料跟踪、运载工具和货架识别等要求非接触数据采集和交换的场合，由于 RF 标签具有可读写能力，对于需要频繁改变数据内容的场合尤为适用。

我国 RF 的应用也已经开始，一些高速公路的收费站口使用 RF 可以不停车收费。我国铁路系统使用 RF 记录货车车厢编号的试点已运行了一段时间。一些物流公司也将 RF 技术用于物流管理中。

3) 利用 GPS 技术收集和跟踪物流作业基本信息

GPS 是"Global Positioning System"的简称，是利用卫星星座、地面控制部分和信号接收机对对象进行动态定位的系统。

在物流系统中，可以利用 GPS 技术收集和跟踪物流信息。

(1) 利用 GPS 系统对运输工具进行实时监控。任意时刻通过发出指令查询运输工具所在的地理位置(经度、纬度、速度等信息)，并在电子地图上直观地显示出来。物流作业中心通过系统的信息交换，可进一步了解并控制整个运输作业的准确性(发车时间、卸货时间、返回时间等)。

(2) 利用 GPS 系统对运输工具进行动态调度。物流企业调度人员利用 GPS 系统，可在任意时刻通过调度中心发出文字调度指令，并得到确认信息。可进行运输工具待命计划管理，操作人员通过在途信息的反馈，在运输工具未返回前即做好待命计划，可提前下达运输任务，减少等待时间，加快运输工具周转速度。

(3) 利用 GPS 系统加强对运能的管理。GPS 系统可以将运输工具的运能信息、维修记录信息、运行状况信息、驾驶人员信息、运输工具的在途信息等多种信息，提供给调度部门决策，以提高装车率，减少空载时间和距离，充分利用运输工具的运能。

(4) 可以利用 GPS 系统服务客户。物流企业可以利用 GPS 系统进行服务质量跟踪，在中心设立服务器，上传运输工具有关信息(运行状况、在途信息、运能信息、位置信息等用户关心的信息)，让有该权限的用户能异地方便地获取自己需要的信息。

2. 物流与供应链管理

1) 供应链形成的背景

(1) 20 世纪 80 年代以来，全球经济一体化逐步形成。跨国公司在全世界争夺市场过程中发现，国际贸易的传统做法常常受国际形势多变的影响，受局部战争干扰，受对方国政策阻挠，受关税、反倾销的措施限制。如果在开展国际贸易的同时，通过跨国建厂，不仅能解决上述问题，还能充分利用当地廉价的劳动力资源、廉价的土地、电力、能源等。另外一个好处，就是大幅度降低国际物流费用。于是在全球范围内寻求合作伙伴，在众多的选择对象中择优选择，结成广泛的生产、流通、销售网链，便成为一股潮流和趋势。

(2) 大企业集团纷纷通过增强核心业务能力，提高企业核心竞争力。由于全球采购、全球生产、全球销售趋势的形成，以及新经济和信息时代的到来，国际专业化分工日趋明显；同时为了争夺国际市场和降低成本，增强竞争力，越来越多的大企业集团采取加强核心业务，甩掉多余包袱的做法，将生产、流通和销售等多种业务外包给合作伙伴，只做自己最擅长、最专业的部分。这样做既维持了国际贸易份额，又与贸易对象所在国紧紧地融合在一起，增强了抗风险的能力，减少了外界干扰。供应链的形成，使它们既达到了预想的目的，又节省了费用，而利润不减少，稳定度加强，风险降低。

(3) 互联网公众平台的实现，把世界经济带入了信息化时代。互联网技术的发展，使信息传递打破国界和行业局限成为现实；信息共享、全球网络化信息传递使世界经济格局和贸易方式发生了质的变化。跨国公司、大型企业只要资金雄厚，市场定位准确，就能在全世界无限制地择优选择合作者，迅速构筑供应链，并能随时更换合作对象，永远维持供应链的最优化结构。因为实现了远程化运作、供应链的管理，决策者能够选择世界任何一个地区最可靠、最积极、最佳质量、最热情服务、最低廉费用的合作者，并可以做到随时筛选、随时更换，主动权完全掌握在供应链主宰者手中。

(4) 随着社会经济和科技的不断发展,设计出高效益、低成本的供应链管理方案成为可能。随着社会经济和科技的不断发展,管理学、系统学、运筹学和组织学有了长足的进步,出现了高水平、高智商、高专业能力和组织筹划能力的社会咨询顾问机构。这些机构能够为企业设计出现代化、系统化和可操作性极强的供应链系统。这种社会咨询机构或组织,拥有一批高精尖的人才队伍,掌握了最新的专业知识和最新的信息手段。他们充分利用计算机和互联网技术,能为客户设计出最佳供应链组合,构筑一整套高效益、低成本的供应链管理方案。

2) 供应链的概念

供应链(Supply Chain)是指由原材料和零部件供应商、产品的制造商、分销商和零售商到最终用户组成的价值增值链,分成内部供应链和外部供应链两种。内部供应链由采购、制造、分销等部门组成;外部供应链包括原材料和零配件供应商、制造商、销售商和最终用户。

供应链是围绕核心企业,通过对信息流、物流、资金流的控制,从采购原材料开始,制成中间产品以及最终产品,最后由销售网络把产品送到消费者手中,将供应商、制造商、分销商、零售商、最终用户连成一个整体的功能链状结构模式。

供应链的运作方式有两种:推动式和牵引式。推动式的供应链运作方式以制造商为核心,产品生产出来后从分销商逐级推向用户。牵引式供应链的驱动力产生于最终用户,整个供应链的集成度较高,信息交换迅速,可以根据用户的需求实现定制化服务。

3) 供应链管理的定义

供应链管理(Supply Chain Management,SCM)就是对企业整个原材料、零部件和最终产品的供应、储存和销售系统进行总体规划、重组、协调、控制和优化,加快物料的流动、减少库存,并使信息快速传递,时刻了解并有效地满足顾客需求,从而大大减少产品成本,提高企业效益。

4) 供应链管理与物流管理的区别和联系

在我国,有人把供应链管理与物流管理等同起来,实际上,两个概念既有区别又有联系。

供应链管理由3部分组成:供应管理(供应商部分)、运营管理(公司内部管理)、物流管理(客户端)。也可以说,供应链管理就是从供应商处采购(供应管理),在内部进一步增值(运营管理),再配送给客户(物流管理)。这里所谈的物流管理是指外向物流,即从公司流向客户的最终产品流。当然,采购中也涉及一定的物流管理,即内向物流,指从供应商流向公司的半成品、部件流。内向物流一般相对比较简单,所以很多公司由采购部门负责。而外向物流就比较复杂,一般由专门的物流管理部门负责。

物流管理是供应链管理的一部分,物流管理又分为外向物流和内向物流。其中,内向物流与采购有关;外向物流与销售有关。

5) 供应链管理策略介绍

(1) 快速反应 QR(Quick Response)。快速反应的起因是美国零售商、服装制造商等为减少从原材料到销售点的时间和整个供应链上的库存,最大限度地提高供应链的运作效率。

QR 的着重点是对消费者需求做出快速反应。

实施 QR 可分为 3 个阶段：
① 对所有的商品单元条码化。
② 在第一阶段的基础上，增加与内部业务处理有关的策略。
③ 与贸易伙伴密切合作，采用更高级的 QR 策略，以对客户的需求做出快速反应。

(2) 有效客户反应 ECR(Efficient Consumer Response)。有效客户反应 ECR 的起因是在食品杂货分销系统中，分销商和供应商为消除系统中不必要的成本和费用，给客户带来更大效益而进行密切合作的一种供应链管理策略。

联合整个供应链所涉及的供应商、分销商以及零售商，改善供应链中的业务流程，使其最合理有效；然后，再以较低的成本，使这些业务流程自动化，以进一步降低供应链的成本和时间。

具体地说，实施 ECR 需要将条码技术、扫描技术、POS 系统和 EDI 集成起来，在供应链(由生产线直至付款柜台)之间建立一个无纸化系统。

(3) 电子订货系统 EOS(Electronic Ordering System)。电子订货系统 EOS 是指将批发、零售商场所发生的订货数据输入计算机，即刻通过计算机通信网络将资料传送至总公司、批发商、商品供货商或制造商处。可见，EOS 并非单个的零售店与单个的批发商组成的系统，而是许多零售店和许多批发商组成的大系统的整体运作方式。

EOS 能处理从新商品资料的说明，直到会计结算等所有商品交易过程中的作业，可以说涵盖了整个商流。从经济的角度，零售业不会拿出许多空间用于存放货物，在要求供货商及时补足售出商品的数量，且不能有缺货的前提下，更有必要采用 EOS 系统。

(4) 企业资源计划 ERP(Enterprise Resource Planning)。影响企业生存与发展的因素可以从企业外部环境和内部因素两个方面来看：从影响企业生存与发展的外部环境看，有顾客(Customer)、竞争(Competition)和变化(Change)3 股力量，简称 3C；从影响企业生存与发展的内部因素看，企业必须要进行管理思想上的革命(Reform)、管理模式与业务流程上的重组(Reengineer)、管理手段上的更新(Reform)，简称 3R。

ERP 系统的核心管理思想是实现对整个供应链的有效管理，主要体现在以下 3 个方面。
① 体现对整个供应链资源进行管理的思想。
② 体现精益生产、同步工程和敏捷制造的思想。

"精益生产"(Lean Production)思想，是由美国麻省理工学院提出的一种企业经营战略体系，即企业按照大批量生产方式组织生产时，把客户、销售代理商、供应商、协作单位纳入生产体系。企业同其销售代理、客户和供应商的关系，已不再是简单的业务往来关系，而是利益共享的合作伙伴关系，这种合作伙伴关系组成了企业的一个供应链。

"敏捷制造"(Agile Manufacturing)思想，即当市场发生变化，企业遇有特定的市场和产品需求时，企业的基本合作伙伴不一定能满足新产品开发生产的要求，这时，企业就会组织一个由特定的供应商和销售渠道组成的短期或一次性供应链，形成"虚拟工厂"，把供应和协作单位看成是企业的一个组成部分，运用"同步工程"(Simultaneous Engineering)组织生产，用最短的时间将新产品打入市场，时刻保持产品的高质量、多样化和灵活性，这就是"敏捷制造"的核心思想。

③ 体现事先计划与事中控制的思想。ERP 系统中的计划体系主要包括：主生产计划，

物料需求计划，能力计划，采购计划，销售执行计划，利润计划，财务预算和人力资源计划等，且这些计划功能与价值控制功能已完全集成到整个供应链系统当中。

6.1.3 电子商务下全新的物流模型

电子商务能降低企业运作成本，但是企业如果不加强品质经营，即没有强调时效性，电子商务下企业成本优势的建立和保持都难以实现。

1. 第三方物流运作模式

在国外，第三方物流常被称为契约物流、物流联盟或物流外部化。第三方物流已越来越成为物流市场的主体，在美国有 57%的物流量是通过第三方物流业完成的。在社会化配送方面发展得最好的是日本，其第三方物流业占整个物流市场更是高达 80%。

1) 第三方物流的分类

(1) 按照物流企业完成的物流业务范围的大小和所承担的物流功能划分。

① 综合性物流企业，指规模较大、资金雄厚并且具有良好的物流服务信誉的企业。

② 功能性物流企业，指单一功能、仅仅承担和完成某一项或几项物流功能的企业，如运输公司、仓储公司、流通加工公司。

(2) 按照物流企业是自行完成和承担物流业务，还是委托他人进行操作划分。

① 物流自理企业，指自行完成和承担物流业务的企业。

② 物流代理企业，指委托他人进行物流操作业务的企业。

2) 第三方物流运作的三种模式

(1) 传统外包型物流运作模式。传统外包型物流运作模式是第三方物流企业独立承包一家或多家生产商或经销商的部分或全部物流业务。

企业外包物流业务，降低了库存，甚至达到"零库存"，节约物流成本，同时可精简部门，集中资金、设备于核心业务，提高企业竞争力。第三方物流企业各自以契约形式与客户形成长期合作关系，保证了自己稳定的业务量，避免了设备闲置。这种模式以生产商或经销商为中心，第三方物流企业几乎不需专门添置设备和业务训练，管理过程简单。订单由产销双方完成，第三方物流只完成承包服务，不介入企业的生产和销售计划。

目前我国大多数物流业务就是采用这种模式。实际上这种方式与传统的运输、仓储业相比，区别并不大。这种方式以生产商或经销商为中心，第三方物流之间缺少协作，没有实现资源更大范围的优化。这种模式最大的缺陷是生产企业与销售企业，以及与第三方物流之间缺少沟通的信息平台，会造成生产的盲目和运力的浪费或不足，以及库存结构的不合理。而且目前物流市场以分包为主，总代理比例较少，难以形成规模效应。

(2) 战略联盟型物流运作模式。战略联盟型物流运作模式包括运输、仓储、信息经营者等以契约形式结成战略联盟，内部信息共享和信息交流，相互间协作，形成第三方物流网络系统。联盟可包括多家同地和异地的各类运输企业、场站、仓储经营者。理论上，联盟规模越大，可获得的总体效益越大。信息处理这一块，可以共同租用某信息经营商的信息平台，由信息经营商负责收集处理信息，也可连接联盟内部各成员的共享数据库(技术上已可实现)，实现信息共享和信息沟通。目前我国的一些电子商务网站普遍采用这种模式。

与第一种模式相比,这种模式有两方面改善:首先,系统中加入了信息平台,实现了信息共享和信息交流,各单项实体以信息为指导制订运营计划,在联盟内部优化资源。同时信息平台可作为交易系统,完成产销双方的订单和对第三方物流服务的预定购买。其次,联盟内部各实体实行协作,联盟内部通用某些票据,可减少中间手续,提高效率,使得供应链衔接更顺畅。例如,联盟内部经营各种方式的运输企业进行合作,实现多式联运,一票到底,大大节约运输成本。

在这种运作模式中,联盟成员是合作伙伴关系,实行独立核算,彼此间服务租用,因此有时很难协调彼此的利益。在彼此利益不一致的情况下,要实现资源更大范围的优化就存在一定的局限。

 小案例

Dell 公司与供应商的策略联盟

Dell 和 50 家材料配件供应商保持着密切、忠实的联系,所需材料配件的 95%都由这 50 家供应商提供。在实际运作中,Dell 的物料采购部门在网上寻求物料供应商,通过比较供应商的商品质量、价格和供应商的信誉等级,选择供货渠道,并根据商务计划部门一定时期内的需求量预测,订购一定时期内的采购量。而且 Dell 与这些供应商每天都要通过网络进行协调沟通。Dell 监控每个零部件的发展情况,并把自己新的要求随时发布在网络上,供所有的供应商参考,提高透明度和信息流通效率,并刺激供应商之间的相互竞争;供应商则随时向 Dell 通报自己的产品发展、价格变化、存量等方面的信息。通过与供应商的策略联盟,增强了 Dell 的核心竞争力。

(3) 综合物流运作模式。第三种模式就是组建综合物流公司或集团。综合物流公司集成物流的多种功能,如仓储、运输、配送、信息处理和其他一些物流的辅助功能,如包装、装卸、流通加工等,组建完成各相应功能的部门。综合第三方物流大大扩展了物流服务范围,对上家生产商可提供产品代理、管理服务和原材料供应,对下家经销商可全权代理为其提供配货送货业务,可同时完成商流、信息流、资金流、物流的传递。

可见,综合物流项目需要进行整体网络设计,即确定每一种设施的数量、地理位置、各自承担的工作。其中信息中心的系统设计和功能设计,以及配送中心的选址流程设计都是非常重要的问题。物流信息系统基本功能应包括信息采集、信息处理、调控和管理。目前,物流系统的信息交换主要利用 EDI、无线电和互联网。互联网因为其成本较低(相对于 EDI 技术),信息量大,已成为物流信息平台的发展趋势。配送中心是综合物流的体现,地位非常重要,它衔接物流运输、仓储等各环节。综合物流是第三方物流发展的趋势,组建方式有多种渠道。

物流活动是一个社会化的活动,涉及行业面广,涉及地域范围更广,所以必须形成一个网络才可能更好地发挥其效用。综合物流公司或集团必须根据自己的实际情况,选择网络组织结构。现在主要有两种网络结构:一种是大物流中心加小配送网点的模式;另一种是连锁经营的模式。前者适合商家、用户比较集中的小地域,选取一合适地点建立综合物流中心,在各用户集中区建立若干小配送点或营业部,采取统一集货,逐层配送的方式;后者是在业务涉及的主要城市建立连锁公司,负责对该城市和周围地区的物流业务,地区间各连锁店实行协作,该模式适合地域间或全国性物流。连锁模式还可以兼容前一模式。

项目六　电子商务物流

2. 电子商务物流配送

1) 电子商务物流配送含义

(1) 物流配送。物流配送(简称配送)是物流中商流与物流紧密结合的一种特殊的、综合的活动形式，它包括了商流活动和物流活动，也包括了物流中的若干功能要素。

(2) 电子商务物流配送。电子商务物流配送，指物流配送企业利用网络化的计算机技术、现代通信技术及先进的管理手段，针对社会需求严格地、守信用地按用户的订货要求，进行一系列分类、编配、分工、配货等理货工作，定时、定点、定量地交给没有范围限度的各类用户，满足其对商品的需求的活动。

配送是商品市场发展的产物，随着大批量、少批次的物流配送活动逐步被小批量、多批次所取代，个性化、多样化的市场需求越来越占有更多的市场份额，配送已成为电子商务时代物流活动的中心环节和最终目的。然而，这样做很容易使生产企业原本提供的售后服务出现真空。这就需要物流配送企业与电子商务企业明确分工，更多的要依靠物流配送企业。显然，物流配送企业要改变过去单一送货的观念，应该让企业内部的人员都面向市场、面向客户，协助电子商务企业完成售后服务，提供更多的增值服务内容，如跟踪产品订单、提供销售统计和报表等，当然也需要生产企业给付更多的报酬。只有这样，物流配送企业才能紧跟电子商务的步伐，使售后服务不脱节，生产企业才不致被市场淘汰，配送企业也能得到更好的发展。

2) 电子商务物流配送中心的功能

为适应电子商务的需要，配送中心的功能应有所变化。这些配送中心的基本功能应当具有以下几方面。

(1) 货物储存。无论是生产企业生产出来的，还是从外地转运来的供应本区域生产或生活需要的商品，都要储存到仓库里，以备送货用。

(2) 运输，就是指送货和进货。根据网上销售的信息，将网上销售的商品送到用户手中。还要及时进货，保证及时吸纳生产企业生产出的产品(这里将是生产企业的成品库)，并保证货物不脱销。

(3) 包装、装卸、流通加工等功能。除了以上传统的配送中心都有的功能外，在电子商务的情况下，还需要增加两种功能，即商品展示功能和销售零售功能。增设这两项功能的原因是，当网上商店替代了大多数的实体商店以后，人们通常都在网上虚拟商店中购物，极少到实体商店里去。但是，人们有时，尤其是节假日出行，也想逛逛商场，看看实物。所以配送中心也需要满足这些需求而增设展示和零售的功能。由于这些需求量不会太多，所以附设在配送中心比较合适。如果这些需求量很大，或者配送中心不愿增设这些功能，则必须在配送中心之外，还要保留适量的超级商场。

3) 电子商务物流配送的主要模式

物流配送模式主要分为集货型配送模式、散货型配送模式、混合型配送模式 3 种。

(1) 集货型配送模式。该模式主要针对物流配送的上家(供货方)的采购物流过程进行创新而形成。上家生产的产品之间具有相互关联性，物流配送的下家(需求方)之间需求互相独立，上家对配送中心的依存度明显大于下家，上家相对集中，而下家则相对分散。同时，这类配送中心也强调其加工功能。此类配送模式适于成品或半成品物资的推销,下家需求以少品种、大批量为主要特征,如汽车配送中心。

(2) 散货型配送模式。该模式主要是对物流配送的下家的供货物流进行优化而形成。物流配送的上家对配送中心的依存度小于下家,而且配送中心的下家相对集中或有利益共享(如连锁业)。采用此类配送模式的流通企业,其上家竞争激烈,下家需求以多品种、小批量为主要特征,适于原材料或半成品物资配送,如机电产品配送中心。

(3) 混合型配送模式。这种模式综合了上述两种配送模式的优点,并对商品的流通全过程进行有效控制,有效克服了传统物流的弊端。采用这种配送模式的流通企业,规模较大,具有相当的设备投资,如区域性物流配送中心。在实际流通中,多采取多样化经营,降低了经营风险。这种运作模式比较符合新型物流配送的要求,特别是电子商务下的物流配送。

4) 电子商务物流配送流程

电子商务物流配送的基本流程是接受并汇总客户订单、进货、理货和配货、出货。

(1) 接受并汇总客户订单。接受客户订单的部门将订单加以汇总,并及时将经过汇总的客户订单通知给配送中心。

(2) 进货。配送中心的进货流程包括如下4种作业。

① 订货。配送中心收到配送单以后,要查询库存,如果库存有货,就转入拣选流程;如果库存缺货,则需要及时向供应商发出订单,进行订货。

② 验收。配送中心工作人员采取一定的手段对接收的货物进行检验,如果符合客户订货合同的要求,可以进入下一道工序;否则,记录差错情况,并拒收货物。

③ 分拣。配送中心工作人员将通过验收环节的商品按类别、品种将其存放到指定的地点,或者直接加工或拣选。

④ 存储。为了保证配送活动正常开展和享受价格上的优惠,有时需要大批量进货,配送中心需要将这部分的货物暂时存储起来。

(3) 理货和配货。配送中心要对组织进来的货物进行整理,并根据客户的要求进行组合,属于配送企业的关键环节。具体包含以下几种作业。

① 加工。加工作业属于增值性的经济活动,它完善了配送中心的服务功能。

② 拣选。拣选作业就是配送中心的工作人员根据客户订单的要求,从存储的货物中拣出客户所要商品的一种活动。

③ 包装。为了方便运输和识别各客户的货物,配送中心有时要对配备好的货物重新进行包装,并在包装物上印上标签。

④ 配装。配送中心为了充分利用载货车辆的容积和提高运输效率,往往将同一路线上的不同客户的货物组织起来,配装在同一辆载货车上。

(4) 出货。这是配送中心的末端作业,包括装车和送货两项活动。

① 装车。配送中心的装车作业有两种表现形式:一种是使用机械装卸货物;另一种是利用人力装车。

② 送货。一般情况下,配送中心都是使用自备车辆进行送货作业。有时也借助社会上专业运输组织的力量,联合进行送货作业。

项目六 电子商务物流

任务实施

为了选择一家合适的快递公司作为网店的合作伙伴,小张组织同学们对快递公司的物流服务进行了需求调查,找出顾客满意度较高的快递公司,再根据快递公司的网点分布,最终选择了价格比较便宜、服务比较好、配送速度比较快的韵达快递公司。

上海韵达速递(物流)有限公司于 1999 年成立,总部设在上海,是国内知名民营快递快运品牌企业,服务范围覆盖国内 34 个省(区、市),形成了到付、贵重物品、同城区域当天件、国内次晨达件、国内次日达件、代收货款等特色服务,首页如图 6.3 所示。

图 6.3 韵达快递首页

1. 注册会员

如图 6.3 所示,客户在韵达快递首页上可以了解到韵达快递的基本信息及相关服务,如产品服务、服务网点、业务流程、加盟韵达等。如果要体验韵达快递的更多网上增值服务就需要注册成为韵达快递的网上会员。

(1) 选择首页的【登录】,单击进入韵达快递网上服务的登录页面,如图 6.4 所示。

图 6.4 韵达快递登录页面

(2) 初次使用韵达快递网上服务功能的客户需要进行网上注册。单击首页顶部的【注册】按钮，注册成为韵达快递的线上会员，如图 6.5 所示。

图 6.5　韵达快递在线客户注册

(3) 按照提示填写信息，完善会员资料，完成注册，如图 6.6 所示。

图 6.6　完成注册

2. 网上功能操作

客户通过韵达快递网上免费注册成功后，登录网站即可享用韵达快递的网上寄件、查询寄件订单、收件订单等信息。下面介绍两种常用功能。

1) 网上寄件

(1) 在线下单。利用申请的韵达快递客户信息登录韵达快递网站，体验在线下单功能，页面显示如图 6.7 所示。

在这一步，韵达快递为注册客户提供【添加发件地址】和【添加收件地址】的功能，免去了客户重复填写的烦琐程序。

(2) 寄件记录查询。韵达快递客户单击菜单列表，选择【我的订单】选项，即可查看到该时间段内客户操作过的所有订单，并对其进行管理，如图 6.8 所示。

项目六 电子商务物流

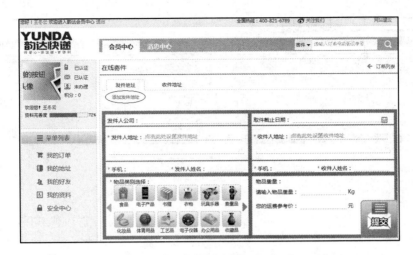

图6.7 在线填写寄件订单

图6.8 寄件记录查询

2) 自助查询

网上客户要追踪自己的订单信息可以通过两种方法。

(1) 注册客户或者非注册客户均可以在韵达快递首页直接单击【快件追踪】按钮,并输入单号和验证码,如图6.9所示,即可以看到相关物流配送信息,如图6.10所示。

图6.9 首页快件追踪

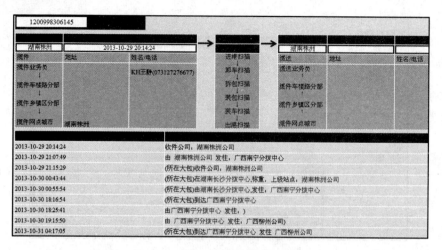

图 6.10　首页快件追踪查询结果

(2) 注册客户登录韵达快递网站后台,选择【寄件】选项或者【收件】选项,填写要查询的单号,单击【查询】按钮,即可查询订单,如图 6.11 所示。

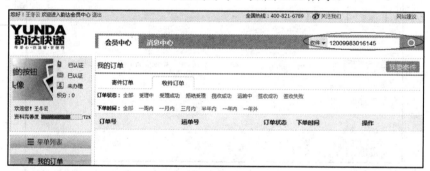

图 6.11　韵达注册客户后台查询订单

案例分析

中国邮政速递物流股份有限公司：物流电子商务平台

【案例简介】

中国邮政速递物流股份公司,是中国邮政集团公司旗下专业经营和管理全国邮政速递物流业务的大型现代综合快递物流企业。企业拥有 EMS 邮政特快专递和 CNPL 中邮物流等品牌,拥有员工 10 多万人,专用揽收、投递(配送)、运输车辆 3 万余台,仓储场地超过 100 万平方米,8 个区域分拨中心,业务通达全球 200 多个国家和地区,国内 2 800 多个县市,年业务规模 200 多亿元,为客户准时、可靠地组织各种货品的供应与配送,实现最优化库存管理。

中国邮政速递物流建设了统一的电子商务平台,并推出了一套定制的快递物流服务"e 邮宝",以应对日益发展的电子商务快递物流业务。该电子商务平台是 EMS 统一的电子商务合作伙伴订单接入渠道和生产协作平台,平台集仓储、订单、派揽、运输、退换货、代收货款等功能为一体,并提供丰富的订单管理、统计分析、信息反馈、KPI(Key Performance Indicator,关键绩效指标)质量考核功能,能够方便、快捷地为电子商务合作伙伴提供信息接入,形成一个高效的电子商务协同作业平台。

下文详细介绍下这一电子商务平台。

项目六 电子商务物流

(1) 物流电子商务平台的3层信息服务标准(见表6-1)。该标准是：标准客户的"订单管理+仓储+配送"一体化服务，中级客户的"标准服务+代收到付+结算等"高附加值服务，高级客户的"中级服务+流程控制+定制时限+专线客服等"定制化服务，实现了更多B2C客户更加便捷的接入。系统提供对订单信息进行分派、派揽、自动反馈，集成快递详情单号码管理，以便于合作伙伴在线打印运单及标签条码；实现对合作伙伴订单及运输信息统计、分析与计费；对揽收、运输及退换货情况的监控、反馈、跟踪查询；建立完善的运营质量指标KPI考核体系；统一的EDI/XML接口规范，能够帮助其他合作伙伴方便、快捷的接入。

表6-1 3层信息服务标准

服务	普通客户(标准服务)	高价值客户(附加服务)	核心客户(定制化服务)
仓储管理	●	●	●
订单管理	●	●	●
流程控制	×	×	●
预约揽收	●	●	●
退换货	×	●	●
定制化时限	×	×	●
支付	×	●	●
结算	×	●	●
附加服务	●	●	●
呼叫中心客服	×	×	●
电子物流	●	●	●

(2) 物流电子商务平台的核心功能主要包括面向客户服务、生产作业及运营管理3方面。

① 客户服务。订单与邮件在线跟踪查询、呼叫中心语音及短信服务等。

② 生产作业。订单管理、详情单号段管理、在线订单接收、订单状态反馈(订单接收/揽收/投递等状态)、订单派揽、邮件收寄；仓储管理及监控，收发货及库存透视与控制；运输与投递监控，分拣封发、预约投递、网点自取等；退换货管理；附加值服务，代收货款、签收单返回等。

③ 运营管理。实现大客户承诺时限库管理、KPI报表订制、计费结算管理及异常监控等。

(3) 客户应用情况。大型电子商务客户如京东、淘宝商城等主流B2C企业对精益仓储、配送质量、订单管理、销售回款及资金管理的要求比较严格。为此EMS在运输配送服务基础上，挖掘增值服务潜力，扩大项目收益来源，如仓储包装、代收佣金、发票寄递、退货管理等，是EMS在电子商务业务上的突出优势。目前，基于电子商务平台运作的eBay网、橡果国际、邮乐网及苹果网上商城等配送服务，淘宝网与中国移动的仓储服务，都已得到了这些大客户的认可。如苹果网上商城项目，通过改进运输标签、电子对账与结算、定日派送、短信通知、订制呼叫中心、退货与改址等服务，推动了EMS电子商务B2C配送服务的流程优化。

图6.12展示了淘宝网、移动积分、eBay网、邮乐网和苹果网上商城满足不同客户的个性化需求配置。

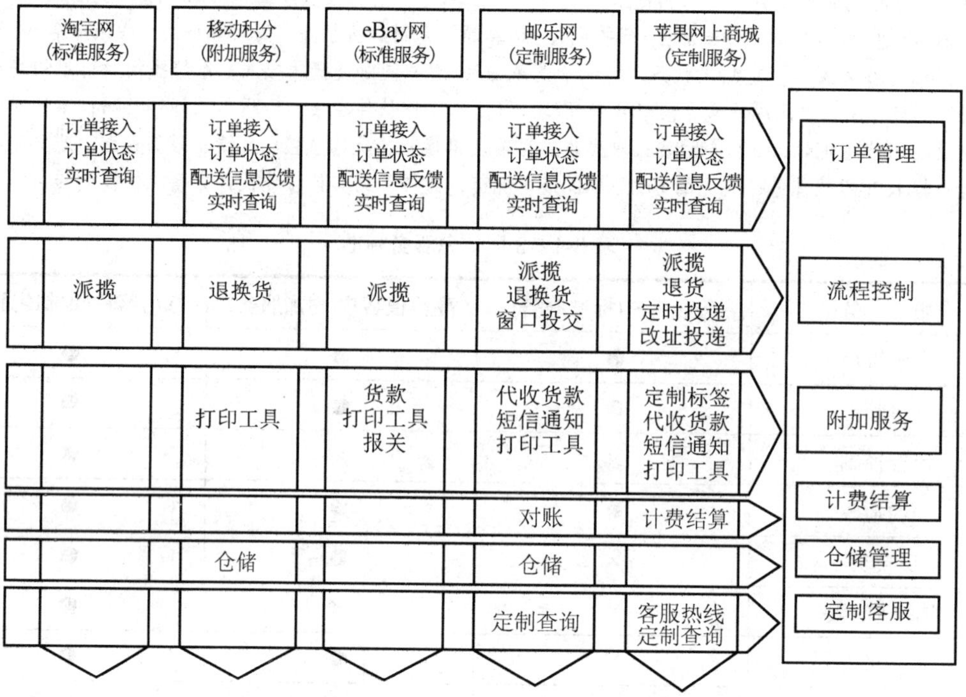

图 6.12 满足不同客户的个性化需求配置

(4) 电子商务平台系统介绍。电子商务平台,是一个介于 EMS 内部作业系统与外部客户系统之间的协同系统。系统构架既要保障内部作业系统的稳定性和安全性,使之在大量数据提取和交互的同时不影响生产作业效率;又要支持新合作伙伴的快速应用整合,使之能增强新项目开发时对性能、个性化需求和项目进度的要求。电子商务平台应用概览如图 6.13 所示。

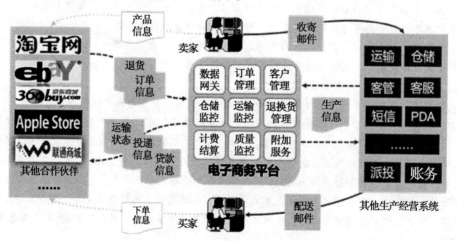

图 6.13 电子商务平台应用概览

项目六　电子商务物流

案例分析

邮政速递电子商务的成功经验在于以下几方面：

1) 追求时限、速度和效率的快递服务

该公司最早开办了国际、国内特快专递业务。近年来，为不断适应和满足市场需求，相继推出了卓越、标准和经济三大类服务产品。打造了"次晨达""次日递""限时递"等高端承诺服务业务，率先创办了国内特快专递代收货款业务，推出了收件人付费、鲜花礼仪速递等增值业务，以及电子商务速递和经济快递业务。

2) 精益物流服务物流业务

围绕精益物流服务，确立了一体化合同物流、中邮快货和分销配送三大主要产品。采用先进物流运作模式和技术手段，努力为客户提供个性化、量体裁衣的各类完善的物流解决方案，提供基于供应链管理的，包括仓储、封装、配送、加工、理货、运输和信息服务于一体的综合物流服务。

3) 覆盖全国、遍布城乡的现代快递物流服务体系

公司依托中国邮政，逐步建立起了覆盖全国、遍布城乡的现代快递物流服务体系。依托邮政大网，不断丰富完善专网，构建起了由飞机、火车、汽车等组成的全国性综合、立体干线运输网，拥有覆盖全国2 800多个县市的现代速递物流集散中心和网络处理平台，在许多重要网络节点城市均拥有规模较大的区域集散中心，特别是亚洲地区规模最大、技术装备最先进的中国邮政航空速递物流集散中心也即将在南京建成并投入使用。近年来，为加快速递邮件时限，提供优质的时限承诺服务，组建了以南京为中心的"全夜航"自主航空快速网，拥有18架飞机，42条国内和国际航线。

4) 功能强大的速递物流邮件综合信息处理平台

公司依据多年实践悉心积累的业务运作和管理经验，运用当前主流先进的信息技术和网络架构，依托邮政综合网和互联网，采用全国联动、统一版本软件和数据大集中模式，创建了功能强大的速递物流邮件综合信息处理平台，突出实现了各类邮件全流程信息化处理和全过程实时动态跟踪查询功能；同时实现了综合统计分析、清分结算、客户管理和运行监控等主要应用功能。揽收和投递工作人员配有便携数据采集器，邮件及货物信息分秒之间即可通过网站、手机短信息、11183客服电话查询。此外，依托中国邮政综合信息网的电子邮政子系统(网上支付、认证系统)、金融子系统，实现网上订货、网上支付等功能，为客户提供 SCM(Supply Chain Management，供应链管理)配套信息解决方案。

(资料主要来源：中国物流与采购网 http://www.chinawuliu.com.cn/information/201301/29/204473.shtml)

6.2　习　　题

一、单项选择题

1. 配送中的(　　)是物流活动中的终端运输。
   A．配货　　　　B．进货　　　　C．理货　　　　D．出货
2. 配送企业的关键环节是理货和(　　)。
   A．配货　　　　　　　　　　　B．接受并汇总客户订单
   C．进货　　　　　　　　　　　D．出货

3. 按照在社会再生产过程中的作用可将物流分为( )。
   A．供应物流、地区物流、行业物流、企业物流
   B．供应物流、生产物流、销售物流、企业物流
   C．供应物流、生产物流、销售物流、回收物流、废弃物流
   D．地区物流、国内物流、国际物流、社会物流、行业物流
4. ( )是指物品在从生产地到使用地的过程中，根据需要施加包装、分割、计量、分拣、刷标志、拴标签、组装等简单作业的总称。
   A．储存保管   B．流通加工   C．装卸搬运   D．配送
5. 物流的发展经历了储运时代、配送时代、综合物流时代和( )4个发展阶段。
   A．第三方物流时代   B．企业自营物流时代
   C．供应链时代   D．行业物流时代
6. ( )是利用卫星星座、地面控制部分和信号接收机对对象进行动态定位的系统。
   A．PDT   B．RF   C．条形码   D．GPS
7. ( )适用于物料跟踪、运载工具和货架识别等要求非接触数据采集和交换的场合。
   A．PDT   B．RF   C．条形码   D．GPS
8. 电子商务物流配送的3种主要模式是：集货型配送模式、散货型配送模式、( )。
   A．混合型配送模式   B．供应链管理模式
   C．第三方物流模式   D．综合物流运作模式
9. 供应链管理策略主要包括快速反应、有效客户反应、电子订货系统、( )等。
   A．EOS   B．POS   C．ERP   D．ECR
10. 按照物流活动涉及的空间和范围不同，可以将物流分为( )和区域物流。
    A．企业物流   B．行业物流   C．销售物流   D．国际物流

二、操作与实践

1. 尝试在顺丰速运公司网站、韵达快递公司网站等进行一次网上注册、下订单、物流跟踪等操作，并分析这些网站服务的异同。
2. 登录宝供物流企业集团公司的网站和中国电子商务与物流网，了解他们的运营模式和服务功能。

项目七 电子商务安全技术

教学目标

本项目主要讲解电子商务中的各种安全问题，面临的各种攻击手段以及各种安全要求和安全防护技术等知识。使学生通过本项目的学习，能够了解电子商务的安全原则，电子商务安全体系的建立，电子商务的各种防护技术，信息加密技术，数字签名和认证技术以及电子商务法律等各种知识。

教学要求

知识要点	能力要求
电子商务安全基本知识	(1) 掌握安全认证的原则 (2) 掌握电子商务安全面临的威胁
电子商务安全技术	(1) 掌握防火墙技术 (2) 了解VPN技术 (3) 掌握防病毒技术的使用 (4) 深入掌握计算机加密技术 (5) 全面了解身份认证技术
电子商务法律法规基础	(1) 了解电子商务相关法律问题 (2) 了解我国电子商务法律的基本情况

重点难点

> 计算机加密技术的原理
> 身份认证技术
> 常见电子商务安全认证软件的设置与使用

7.1 任务 电子签名保障医院无纸化

任务引入

中国医科大学附属第一医院始建于 1908 年，是一所集医疗、教学、科研、预防、保健、康复为一体的大型现代化综合性三级甲等医院，是辽宁省沈阳市医疗保险定点医院。

2013 年辽宁省卫生工作会议中提出，辽宁省将逐步推进卫生信息化工程，到 2015 年全省有望实现居民健康卡的普及。居民健康卡，主要用于居民在医疗卫生服务活动中身份识别、基础健康信息存储、跨地区和跨机构就医、费用结算和金融服务等方面。中国医科大学附属第一医院作为辽宁省首家居民健康卡推行试点医院，在为居民就诊提供便利的同时，也为实现知情文书的无纸化提供了新的解决思路。为推进医院信息化发展，实现全院无纸化管理，医院设计在信息系统建设中引入 CA 认证(又称证书授权，Certificate Authority)，保障电子病历的真实可信、合法有效。

任务分析

在医院信息系统建设中引入 CA 认证，有着极其重要的意义。

(1) 在医护人员开展诊疗、管理人员开展质量管控等工作时，身份的真实可靠十分重要。因此，需要建立高安全性、高可靠性的身份验证机制。

(2) 从电子病历的数据完整性、医护人员诊疗行为的不可抵赖和责任认定机制上防止内容否认、时间否认和行为否认，有效解决电子病历的合法问题，为无纸化提供有力保障。

(3) 为保证知情文书无纸化后的真实性、完整性和合法性，需要通过技术手段实现医患双方可靠电子签名，其中的难点在于解决患者电子签名问题。目前医院正在推行居民健康卡，尝试通过结合居民健康卡，为患者提供电子签名的"工具"，再利用电子签名技术解决患者电子签名问题，从而保证电子化知情文书合法有效。

项目涉及的产品有数字签名验证服务器、时间戳服务系统、信手书手写签名服务器等。知情文书的无纸化建设是这个项目的特点。将患者数字证书受理业务，结合到医院住院部相关手续办理点进行统一受理，通过将数字证书灌入到居民健康卡/临时卡中，实现患者数字证书与居民健康卡的结合，再通过部署实施知情文书电子签名所需部件，供医患双方知情文书电子签名调用，患者只需采用"传统手写签字"方式，即可实现可靠的电子签名。

中国医科大学附属第一医院的电子病历医疗病案系统、电子医嘱医护工作站系统、检查科信息管理系统和检验科信息管理系统成功实施后，为医院所有科室的相关医护人员发放了数字证书，发证量达到 1 479 张。

通过全面引入电子认证服务，可以保证电子病历的真实性、合法性和有效性。通过结合医院现有的业务模式，将居民健康卡与患者数字证书有效结合，可以很好地解决知情文书患者电子签名的问题，推进了医院无纸化进程，节约了医疗成本，提升了医院业务及管理效率。

(资料来源：http://www.bjca.org.cn/hyyy/cgal-zgykd，北京数字认证股份有限公司)

项目七　电子商务安全技术

> 相关知识

7.1.1　电子商务安全概述

随着互联网及电子商务的发展,电子商务的安全问题受到了越来越多的关注。客观地说,没有任何一个网络能够免受安全的困扰,据统计,全球平均每 20 秒钟就有一个网络遭到入侵。仅在美国,每年由于网络安全问题造成的经济损失就超过 100 亿美元。

黑客们对网络进行攻击的目的各种各样,有的是出于政治目的,有的是员工内部破坏,还有的是出于好奇或者满足自己的虚荣心。随着互联网的高速发展,也出现了有明确军事目的的军方黑客组织。

1. 电子商务的安全认证原则

为了让电子商务和网上交易顺利地进行下去,防止黑客和病毒的攻击,必须对电子商务整个流程进行安全认证。电子商务对安全认证有以下几个要求。

1) 授权合法性

安全管理人员能够控制用户的权限,分配或终止用户的访问、操作、接入等权利,被授权用户的访问不能被拒绝。在电子商务过程中,要求保证信息确实为授权使用的交易各方使用,使他们有选择地得到相关信息与服务,防止由于电子商务交易系统的技术或其他人为因素,造成系统对授权者拒绝提供信息与服务,反而为未授权者提供信息与服务的现象。

2) 有效性

有效性也称"可用性"。电子商务以电子形式取代了纸张,那么如何保证这种电子形式的贸易信息的有效性,则是开展电子商务的前提。电子商务作为贸易的一种形式,其信息的有效性将直接关系到个人、企业或国家的经济利益和声誉。因此,要对网络故障、操作错误、应用程序错误、硬件故障、系统软件错误及计算机病毒所产生的潜在威胁加以控制和预防,以保证贸易数据在确定的时刻、确定的地点是有效的。

3) 机密性

电子商务作为贸易的一种手段,其信息直接代表着个人、企业或国家的商业机密。传统的纸面贸易都是通过邮寄封装的信件或通过可靠的通信渠道发送商业报文来达到保守机密的目的。由于电子商务是在一个开放的网络环境下进行的,因此,维护商业机密是电子商务全面推广应用的重要保障。所以,信息的发送和接收要求在安全的通道进行,保证通信双方的信息保密、交易的参与方在信息交换过程中没有被窃听的危险、非参与方不能获取交易的信息等。

4) 完整性

电子商务简化了贸易过程,减少了人为的干预,同时也带来维护贸易各方商业信息的完整、统一的问题。由于数据输入时的意外差错或欺诈行为,可能导致贸易各方信息的差异。此外,数据传输过程中信息的丢失、信息重复或信息传送的次序差异也会导致贸易各方信息的不同。贸易各方信息的完整性将影响到贸易各方的交易和经营策略,保持贸易各方信息的完整性是电子商务应用的基础。因此，要预防对信息的随意生成、修改和删除，同时要防止数据传送过程中信息的丢失和重复，并保证信息传送次序的统一。

5) 个体识别性

由于网络电子商务交易系统的特殊性，企业或个人的交易通常都是在虚拟的网络环境中进行，所以对个人或企业实体进行身份确认成了电子商务中很重要的一环。

网上交易的双方可能素昧平生，相隔千里。如果使交易成功，首先要确认对方的身份，商家需要考虑客户是否为骗子，而客户也会担心网上的商店是一个以欺诈为手段的黑店。因此方便可靠地确认对方身份是交易的前提。交易双方能够在互相不见面的情况下确认对方身份，这意味着当某人或实体声称具有某个特定的身份时，鉴别服务将提供一种方法来审查其声明的正确性，对身份的认证一般都通过认证机构(CA中心)和数字证书来实现。

6) 不可抵赖性

电子商务可能直接关系到贸易双方的商业交易。如何确定要进行交易的贸易方正是进行交易所期望的贸易方，是保证电子商务顺利进行的关键。在传统的纸面贸易中，贸易双方通过在交易合同、契约或贸易单据等书面文件上手写签名或印章来鉴别贸易伙伴，确定合同、契约、单据的可靠性，预防抵赖行为的发生。在无纸化的电子商务方式下，通过手写签名和印章进行贸易方的鉴别已是不可能。

由于商情的千变万化，交易一旦达成是不能否认的，否则必然会损害一方的利益。例如订购黄金，订货时金价较低，但收到订单后，金价上涨了，如收单方否认收到订单的实际时间，甚至否认收到订单的事实，则使订货方在交易中蒙受重大损失。不可抵赖性可通过对发送的信息进行数字签名来获取。

2. 电子商务安全面临的威胁

电子商务安全性分为网络安全和商务交易安全两大类。所以电子商务面临的安全威胁也主要来自这两方面。

1) 计算机网络安全威胁

(1) 破坏网络完整性。是指利用各种技术或物理的手段导致计算机系统和网络不可使用，这是针对网络的可用性进行的攻击，如中断网络、破坏、盗窃设备、强行停电等。

(2) 数据窃取。是对机密性进行的攻击，主要是以获取机密的个人信息和商业情报为目的。

(3) 非授权访问。是对授权合法性进行的攻击，通过采用各种网络技术手段非法地取得系统访问权限，进入网络交易系统。

(4) 篡改。是针对信息的完整性进行的攻击，对信息进行非法的修改、删除、随意生成等。

(5) 假造。是对个体识别性进行的攻击，包括假造各种信息和身份。

(6) 拒绝服务。主要是指利用各种技术手段，使商业信息不能及时获得，并且导致合法的服务被拒绝。

以上的各种攻击手段都是属于主动攻击的范畴。还可以使用一些被动攻击的手段，如交通流量分析，指当攻击者无法从信息通道中直接窃取信息内容时，可由观察并分析信息传送的方向、频率，以及收发文者身份的识别来找出其信息所代表的意义。

2) 商务交易安全威胁

电子商务的交易安全威胁可以从两个方面来看：一是针对商家的威胁，二是针对消费者的威胁。

(1) 对商家的威胁。包括商务交易系统的安全性被破坏，竞争者检索商品销售和递送状况，客户资料被竞争者获悉，虚假订单等。

(2) 对消费者的威胁。包括虚假订单，付款后未能收到商品，个人隐私的丢失等。

3. 电子商务安全防范体系

针对上述电子商务交易时所面临的风险，应该采用较为严密、先进的安全防范体系。大体可以分为技术保障，法律控制，社会道德规范，完善的管理政策、制度。具体可以将其分为7个层次的措施：数据信息安全措施；软件系统安全措施；通信网络安全措施；硬件系统安全措施；物理实体安全措施；管理细则、保护措施；法律、规范、道德、纪律。

1) 数据信息、软件、通信网络安全

这3层是计算机信息系统安全的关键，防范措施见表7-1。

表7-1　数据信息、软件、通信网络的防护措施

防护项目	采用的防护技术
数据安全	加密解密算法、密钥管理
操作系统、应用软件的安全	软件的升级、安全策略的应用、用户权限管理
数据库安全	访问控制、数据备份与管理、数据恢复
数据的完整性	RAID冗余磁盘阵列技术、负载均衡技术、高可用技术
网络安全	数据加密、认证、数字签名、访问控制、网络地址翻译、防毒杀毒方案、防火墙技术、虚拟网VPN、秘密电子邮件PEM
病毒防范	硬件防范、软件防范、管理方面的防范

2) 硬件系统和物理实体安全

(1) 对自然灾害防范。防火、防水、防地震，如建立备份中心。

(2) 防范计算机设备被盗。使用固定件、添加防盗锁、设置警铃、购置柜机，非管理人员不得入内等。

(3) 尽量减少对硬件的损害。采用不间断电源、消除静电、系统有效接地等。

3) 管理制度、法律法规安全

(1) 管理制度的建立与实施。包括运行与维护的管理规范、系统保密管理的规章制度、安全管理人员的教育培训、制度的落实、职责的检查等方面的内容。

(2) 法律制度与道德规范。要求国家尽快制定出严密的法律、政策，规范和制约人们的思想和行为，将信息系统纳入规范化、法制化和科学化的轨道。有关的条例有《中华人民共和国计算机信息系统安全保护条例》《计算机信息系统保密管理暂行规定》《中华人民共和国电子签名法》等。

7.1.2 防火墙技术

随着计算机网络技术的突飞猛进，网络安全的问题已经日益突出地摆在各类用户的面前。目前在互联网上大约有 20%以上的用户曾经遭受过黑客的攻击，但网络安全问题至今仍没有引起足够的重视，更多的用户认为网络安全问题离自己尚远。事实上，大多数的黑客入侵事件都是由于未能正确安装防火墙而引发的。

1. 防火墙的概念及作用

防火墙是指隔离在本地网络与外界网络之间的一道防御系统，是这一类防范措施的总称。应该说，在互联网上，防火墙是一种非常有效的网络安全模型，通过它可以隔离风险区域(即互联网或有一定风险的网络)与安全区域(局域网)，同时不会妨碍人们对风险区域的访问。

防火墙可以监控进出网络的通信量，仅让安全、核准的信息进入，同时又抵制对企业构成威胁的数据。随着安全性问题上的失误和缺陷越来越普遍，对网络的入侵不仅来自高超的攻击手段，也有可能来自配置上的低级错误或不合适的口令选择。因此，防火墙的作用是防止不希望的、未授权的通信进出被保护的网络，迫使单位强化自己的网络安全策略。

一般的防火墙都可以达到以下几个目的：可以限制他人进入内部网络，过滤掉不安全服务和非法用户；防止入侵者接近用户的防御设施；限定用户访问特殊站点；为监视互联网安全提供方便。

由于防火墙设定了网络边界和服务，因此更适合于相对独立的网络，如 Intranet 等相对集中的网络。防火墙正在成为控制访问网络系统的非常流行的方法。事实上，在互联网上的 Web 网站中，超过 1/3 的 Web 网站都是由某种形式的防火墙加以保护，这是对黑客防范最严、安全性较强的一种方式。任何关键性的服务器，都建议放在防火墙之后。

2. 防火墙的分类

防火墙有很多种类，按照不同的标准可以进行不同的分类。

1) 根据物理特性分类

根据物理特性分类，防火墙可分为软件防火墙和硬件防火墙。

(1) 软件防火墙。这是一种安装在负责内外网络转换的网关服务器或者独立的个人计算机上的特殊程序，它是以逻辑形式存在的，防火墙程序跟随系统启动，把防御机制插入系统关于网络的处理部分和网络接口设备驱动之间，形成一种逻辑上的防御体系。

没有软件防火墙时，系统和网络接口设备之间的通道是直接的，网络接口设备通过网络驱动程序接口把网络上传来的各种报文都忠实地交给系统处理。例如一台计算机接收到请求列出机器上所有共享资源的数据报文，NDIS 直接把这个报文提交给系统，系统在处理后就会返回相应数据，在某些情况下就会造成信息泄露。而使用软件防火墙后，尽管 NDIS 接收到仍然是原封不动的数据报文，但是在提交到系统的通道上多了一层防御机制，所有

项目七　电子商务安全技术

数据报文都要经过这层机制根据一定的规则判断处理，只有被认为安全的数据才能到达系统，其他数据则被丢弃。系统接收不到报文，也就不会把信息泄露出去了。图 7.1 为瑞星防火墙 2013。

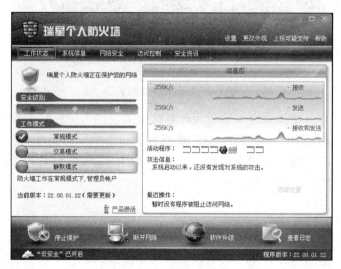

图 7.1　瑞星防火墙

软件防火墙工作于系统接口与 NDIS 之间，用于检查过滤由 NDIS 发送过来的数据，在无须改动硬件的前提下便能实现一定强度的安全保障。但是由于软件防火墙自身属于运行于系统上的程序，不可避免地需要占用一部分 CPU 资源维持工作；而且由于数据判断处理需要一定的时间，在一些数据流量大的网络里，软件防火墙会使整个系统工作效率和数据吞吐速度下降，甚至有些软件防火墙会存在漏洞，导致有害数据可以绕过它的防御体系，给数据安全带来威胁。因此，许多企业并不会考虑用软件防火墙方案作为公司网络的防御措施，而是使用硬件防火墙。

(2) 硬件防火墙。这是一种以实体形式存在的专用设备，通常架设于两个网络的驳接处，直接从网络设备上检查过滤有害的数据报文，位于防火墙设备后端的网络或者服务器接收到的是经过防火墙处理的相对安全的数据，不必另外分出 CPU 资源去进行基于软件架构的 NDIS 数据检测，可以大大提高工作效率。

硬件防火墙分成两种结构：

① 普通硬件级别防火墙。它拥有标准计算机的硬件平台和一些功能经过简化处理的 UNIX 系列操作系统和防火墙软件，这种防火墙措施相当于专门拿出一台计算机安装了软件防火墙。图 7.2 展示的是华为 USG6000 硬件防火墙。

② 所谓的"芯片"级硬件防火墙。它采用专门设计的硬件平台，在上面搭建的软件也是专门开发的，因而可以达到较好的安全性能保障。尽管硬件防火墙已经足以实现比较高的信息处理效率，但是在一些对数据吞吐量要求很高的网络里，档次低的防火墙仍然会形成瓶颈，所以对于一些大企业而言，芯片级的硬件防火墙才是其首选。

图 7.2 USG6000 防火墙

现实中并非所有企业都架设了芯片级硬件防火墙，因为价格较为昂贵，高档次的芯片级防火墙方案往往是在 10 万元以上，这些价格并非是小企业所能承受的，而且对于一般家庭用户而言，自己的数据和系统安全也无须专门用到一个硬件设备去保护，因而普通用户只要安装一种好用的软件防火墙即可。

2) 根据技术分类

根据技术分类，防火墙可以分为包过滤、代理服务器和状态监视器 3 类。

(1) 包过滤防火墙(IP Filting Firewall)。它是在网络层中对数据包实施有选择的通过，依据系统事先设定好的过滤逻辑，检查数据流中的每个数据包，根据数据包的源地址、目标地址以及包所使用端口确定是否允许该类数据包通过。在互联网上，所有往来的信息都被分割成许许多多一定长度的数据包，数据包中包括发送者的 IP 地址和接收者的 IP 地址。当这些数据包被送上互联网时，路由器会读取接收者的 IP 并选择一条物理上的线路发送出去，数据包可能以不同的路线抵达目的地，当所有的数据包抵达后会在目的地重新组装还原。

包过滤式的防火墙会检查所有通过的数据包里的 IP 地址，并按照系统管理员所给定的过滤规则过滤数据包。如果防火墙设定某一 IP 为危险的话，从这个地址而来的所有信息都会被防火墙屏蔽掉。

过滤路由器的最大的优点就是它对于用户来说是透明的，也就是说不需要用户名和密码来登录。这种防火墙速度快而且易于维护，通常作为网络安全的第一道防线。

包过滤路由器的弊端也是很明显的，通常它没有用户的使用记录，这样就不能从访问记录中发现黑客的攻击记录。此外，配置烦琐也是包过滤防火墙的一个缺点。包过滤另一个关键的弱点就是不能在用户级别上进行过滤，即不能鉴别不同的用户和防止 IP 地址被盗用。

(2) 代理服务器(Proxy Server)。代理服务器通常也称作应用级防火墙。包过滤防火墙可以按照 IP 地址来禁止未授权者的访问，但是它不适合单位用来控制内部人员访问外界的网络，对于这样的企业来说应用级防火墙是更好的选择。所谓代理服务，即防火墙内外的计算机系统应用层的链接是由两个终止于代理服务的链接来实现的，这样便成功地实现了防火墙内外计算机系统的隔离。代理服务是设置在互联网防火墙网关上的应用，是在系统管理员允许或拒绝的特定条件下的应用或者特定服务；同时，还可应用于实施较强的数据流监控、过滤、记录和报告等功能。一般情况下可应用于特定的互联网服务，如超文本传输(HTTP)、远程文件传输(FTP)等。代理服务器通常拥有高速缓存，缓存中存有用户经常访问站点的内容，在下一个用户要访问同样的站点时，服务器就用不着重复地去搜索同样的内容，既节约了时间也节约了网络资源。

(3) 状态监视器(Stateful Inspection)。作为防火墙技术，状态监视器安全特性最佳，它采用了一个在网关上执行网络安全策略的软件引擎，称之为检测模块。检测模块在不影响网络正常工作的前提下，采用抽取相关数据的方法对网络通信的各层实施监测，抽取部分数据，即状态信息，并动态地保存起来作为以后制定安全决策的参考。检测模块支持多种协议和应用程序，并可以很容易地实现应用和服务的扩充。与其他安全方案不同，当用户访问到达网关的操作系统前，状态监视器要抽取有关数据进行分析，结合网络配置和安全规定做出接纳、拒绝、鉴定或给该通信加密等决定。一旦某个访问违反安全规定，安全报警器就会拒绝该访问，并留下记录向系统管理器报告网络状态。

3. 防火墙的功能

(1) 网络安全的屏障。防火墙能极大地提高内部网络的安全性，并通过过滤不安全的服务而降低风险。由于只有经过精心选择的应用协议才能通过防火墙，所以网络环境变得更安全。防火墙同时可以保护网络免受基于路由的攻击，如 IP 选项中的源攻击和 ICMP 重定向路径。

(2) 强化网络安全策略。通过以防火墙为中心的安全策略配置，能将所有安全软件(如密码、加密、身份认证、审计等)配置在防火墙上。与将网络安全问题分散到各个主机上相比，防火墙的集中安全管理更经济。

(3) 对网络存取和访问进行监控审计。如果所有的访问都经过防火墙，那么防火墙就能记录下这些访问并做出日志记录，同时也能提供网络使用情况的统计数据。当发生可疑动作时，防火墙能进行适当的报警，并提供网络是否受到监测和攻击的详细信息。另外，收集一个网络的使用和误用情况也非常重要。最重要的理由是可以清楚防火墙是否能够抵挡攻击者的探测和攻击，并且清楚防火墙的控制是否充足。

(4) 防止内部信息的外泄。通过利用防火墙对内部网络的划分，可实现对内部网重点网段的隔离，从而限制了局部重点或敏感网络安全问题对全局网络造成的影响。而且，隐私是内部网络非常关注的问题，一个内部网络中不引人注意的细节可能包含了有关安全的线索而引起外部攻击者的兴趣，甚至因此而暴露了内部网络的某些安全漏洞。使用防火墙就可以隐蔽那些透漏内部细节服务，如 Finger 及 DNS 等。如果 Finger 显示的信息被攻击者获悉，攻击者就可以知道一个系统使用的频繁程度，这个系统是否有用户正在连线上网等信息，防火墙可以对外部网络屏蔽该服务。防火墙同样可以阻塞有关内部网络中的 DNS 信息，这样一台主机的域名和 IP 地址就不会被外界所了解。

除了安全作用，防火墙还能支持具有 Internet 服务特性的企业内部网络技术体系，即 VPN。通过 VPN，将企事业单位在地域上分布于全世界各地的局域网或专用子网，有机地联成一个整体。不仅省去了专用通信线路，而且为信息共享提供了技术保障。

4. 防火墙的局限性

防火墙虽然能够阻止大部分的网络攻击，但它不是万能的。实际上还存在着一些防火墙不能防范的安全威胁，如防火墙不能防范不经过防火墙的攻击。例如，如果允许从受保护的网络内部向外拨号，一些用户就可能形成与互联网的直接连接。另外，防火墙很难防范来自于网络内部的攻击；防火墙经不起人为的攻击；防火墙不能保证数据的机密性等。

7.1.3 虚拟专用网络技术

1. VPN 的概念及工作原理

虚拟专用网络 VPN(Virtual Private Network)，是使分布在不同地方的私有网络在不可信任的公共网络上实现安全通信的网络技术。VPN 的核心就是在利用公共网络建立虚拟私有网，通过公用网络进行连接可以大大降低通信的成本。或者可以通俗地把 VPN 说成是把两个以上的局域网变成同一个局域网，用户可以共同实现各自网内的资源的共享，就好像在同一个网内。一个完整的 VPN 系统一般包括以下几个单元。

(1) VPN 服务器。一台计算机或设备用来接收和验证 VPN 连接的请求，处理数据打包和解包工作。

(2) VPN 客户端。一台计算机或设备用来发起 VPN 连接的请求，也处理数据的打包和解包工作。

(3) VPN 数据通道。一条建立在公用网络上的数据连接。

这里需要注意的是，服务器和客户端在 VPN 连接建立之后在通信的角色是一样的，服务器和客户端的区别在于连接是由谁发起的而已。VPN 技术原是路由器具有的重要技术之一，目前在交换机、防火墙设备或 Windows 2000 等也都支持 VPN 功能。

2. VPN 的优势

VPN 网络给用户所带来的好处，主要表现在以下几个方面。

(1) 节约成本。这是 VPN 网络技术的最为重要的一个优势，也是它取胜传统的专线网络的关键所在。据行业调查公司的研究报告显示，拥有 VPN 的企业相比采用传统租用专线的远程接入服务器的企业，能够节省 30%～70%的开销。开销的降低发生在 4 个领域之中：移动通信费用的节省；专线费用的节省；设备投资的节省；支持费用的节省。

(2) 增强安全性。目前 VPN 主要采用 4 项技术来保证数据通信安全，这 4 项技术分别是隧道技术(Tunneling)、加解密技术(Encryption & Decryption)、密钥管理技术(Key Management)、身份认证技术(Authentication)。

(3) 网络协议支持。VPN 支持最常用的网络协议，这样基于 IP、IPX 和 NetBEUI 协议网络中的客户机都可以很容易地使用 VPN。这意味着通过 VPN 连接，可以远程运行依赖于特殊网络协议的应用程序。新的 VPN 技术可以全面支持如 AppleTalk、DECNet、SNA 等几乎所有的局域网协议，应用更加全面。

(4) 容易扩展。如果企业想扩大 VPN 的容量和覆盖范围，企业只需与新的网络服务提供商签约，建立账户；或者与原有的网络服务提供商重签合约，扩大服务范围。

(5) 可随意与合作伙伴联网。在过去，企业如果想与合作伙伴联网，双方的信息技术部门就必须协商如何在双方之间建立租用线路或帧中继线路。这样相当麻烦，不便于企业自身的发展，租用的专线在灵活性方面是非常不够的。有了 VPN 之后，这种协商就毫无必要，真正达到了要连就连，要断就断，可以实现灵活自如的扩展和延伸。

(6) 完全控制主动权。借助 VPN，企业可以利用 ISP 的设施和服务，同时又完全掌握着自己网络的控制权。

(7) 安全的 IP 地址。因为 VPN 是加密的，VPN 数据包在互联网中传输时，互联网上的用户只看到公用的 IP 地址，看不到数据包内包含的专有网络地址。因此远程专用网络上指定的地址是受到保护的。IP 地址的不安全性也是早期的 VPN 没有被充分重视的根本原因之一。

(8) 支持新兴应用。许多专用网对许多新兴应用准备不足。VPN 则可以支持各种高级的应用，如 IP 语音、IP 传真，还有各种协议，如 RSIP、IPv6、MPLS、SNMPv3 等。

7.1.4 防病毒技术

计算机病毒是某些人利用计算机软、硬件所固有的脆弱性，编制具有特殊功能的程序。它能通过某种途径潜伏在计算机存储介质(或程序)里，当达到某种条件时即被激活，用修改其他程序的方法将自己的精确备份或者可能演化的形式放入其他程序中，从而感染它们。病毒就是对计算机资源进行破坏的这样一组程序或指令集合。

1994 年 2 月 18 日，我国正式颁布实施了《中华人民共和国计算机信息系统安全保护条例》，在第二十八条中明确指出："计算机病毒，是指编制或者在计算机程序中插入的破坏计算机功能或者毁坏数据，影响计算机使用，并能自我复制的一组计算机指令或者程序代码。"

1. 计算机病毒的特征

(1) 传染性。计算机病毒的传染性是指病毒具有把自身复制到其他程序中的特性。计算机病毒是一段人为编制的计算机程序代码，这段程序代码一旦进入计算机并得以执行，它会搜寻其他符合其传染条件的程序或存储介质，确定目标后再将自身代码插入其中，达到自我繁殖的目的。

(2) 非授权性。一般正常的程序是由用户调用，再由系统分配资源，完成用户交给的任务。其目的对用户是可见的、透明的。而病毒具有正常程序的一切特性，它隐藏在正常程序中，当用户调用正常程序时窃取到系统的控制权，先于正常程序执行。病毒的动作、目的对用户是未知的，是未经用户允许的。

(3) 隐蔽性。病毒一般是具有很高编程技巧、短小精悍的程序，大部分病毒的代码之所以设计得非常短小，也是为了隐藏。病毒一般只有几百或 1k 左右的字节。通常附在正常程序中或磁盘较隐蔽的地方，也有个别的以隐含文件形式出现，目的是不让用户发现它的存在。如果不经过代码分析，病毒程序与正常程序是不容易区别开来的。

(4) 潜伏性。大部分的病毒感染系统之后一般不会马上发作，它可长期隐藏在系统中，只有在满足其特定条件时才开始发作。如著名的"黑色星期五"在逢 13 号的星期五发作。当然，最令人难忘的便是 26 号发作的 CIH。这些病毒在平时会隐藏得很好，只有在发作日才会露出本来面目。

(5) 破坏性。任何病毒只要侵入系统，都会对系统及应用程序产生程度不同的影响。轻者会降低计算机工作效率，占用系统资源；重者可导致系统崩溃，破坏数据、删除文件或加密磁盘、格式化磁盘,有的对数据造成不可挽回的破坏。

(6) 不可预见性。从对病毒的检测方面来看,病毒还有不可预见性。不同种类的病毒,它们的代码千差万别,而且病毒的制作技术也在不断提高,所以病毒对反病毒软件来说永远是超前的。

2. 计算机病毒的分类

按传染方式分类,计算机病毒可分为以下 4 类。

(1) 文件型病毒。一般只传染磁盘上的可执行文件(COM,EXE)。在用户调用染毒的可执行文件时,病毒首先被运行,然后病毒驻留内存,伺机传染其他文件或直接传染其他文件。其特点是附着于正常程序文件,成为程序文件的一个外壳或部件。这是较为常见的传染方式。

(2) 引导型病毒。这种病毒感染计算机后,将附着于计算机磁盘的引导区,每次当计算机启动时,驻留在内存中,进而再破坏和传播。

(3) 混合型病毒。兼有以上两种病毒的特点,既染引导区又染文件,因此扩大了这种病毒的传染途径。

(4) 宏病毒。一般是指用 BASIC 书写的病毒程序,寄存在微软的 Office 文档上的宏代码,它影响对文档的各种操作,如打开、存储、关闭或清除等。由于 Office 系列办公软件和 Windows 系统占了绝大多数的 PC 软件市场,加上 Windows 和 Office 提供了宏病毒编制和运行所必需的库(以 VB 库为主)支持和传播机会,所以宏病毒是最容易编制和流传的病毒之一,很有代表性。在 Word 打开病毒文档时,宏会接管计算机,然后将自己感染到其他文档,或直接删除文件等。Word 将宏和其他样式储存在模板中,因此病毒总是把文档转换成模板再储存它。

3. 网络病毒

病毒本身已是令人头痛的问题。但随着互联网快速的发展,网络病毒又出现了,它是在网络上传播的病毒,为网络带来灾难性后果。

1) 网络病毒的来源

(1) 来自于文件下载。被浏览的或是通过 FTP 下载的文件中可能存在病毒。而共享软件和各种可执行的文件,如格式化的介绍性文件,已经成为病毒传播的重要途径。并且互联网上还出现了 Java 和 Active X 形式的恶意小程序。

(2) 来自于电子邮件。当前很多流行的病毒都是随着电子邮件的附件、链接以及收发电子邮件的专用软件(如 Outlook 等)进行传播的。

可以说,互联网已经成为今天病毒的主要传播途径了。

2) 蠕虫病毒

蠕虫病毒是一种常见的、危害极大的网络病毒。蠕虫病毒和一般的计算机病毒有着很大的区别:蠕虫病毒是一种通过网络传播的恶性病毒,它除具有病毒的一些共性外,同时具有自己的一些特征,如不利用文件寄生(有的只存在于内存中),对网络造成拒绝服务,以及与黑客技术相结合等。蠕虫病毒主要的破坏方式是大量的复制自身,然后在网络中传播，严重地占用有限的网络资源，最终引起整个网络的瘫痪，使用户不能通过网络进行正常的工作。每一次蠕虫病毒的爆发都会给全球经济造成巨大损失，因此它的危害性是十分巨大的；有一些蠕虫病毒还具有更改用户文件、将用户文件自动当附件转发的功能，更是严重危害用户的系统安全。

蠕虫病毒常见的传播方式有两种：利用系统漏洞传播和利用电子邮件传播。

蠕虫病毒一般不寄生在别的程序中，而多作为一个独立的程序存在，它感染的对象是全网络中所有的计算机，并且这种感染是主动进行的，所以总是让人防不胜防。在现今全球网络高度发达的情况下，一种蠕虫病毒在几个小时之内蔓延全球并不是什么困难的事情。

震荡波(Worm.Sasser)病毒就是蠕虫病毒的一个典型代表。它仅感染 Windows 2000、Windows XP 操作系统。病毒发作时，在本地开辟后门，监听 TCP 5554 端口，作为 FTP 服务器等待远程控制命令。病毒以 FTP 的形式提供文件传送。黑客可以通过这个端口偷窃用户机器的文件和其他信息。同时，病毒开辟 128 个扫描线程，以本地 IP 地址为基础，取随机 IP 地址，疯狂地试探连接 445 端口，试图利用 Windows 的 LSASS 中存在一个缓冲区溢出漏洞进行攻击，一旦攻击成功，会导致对方机器感染此病毒并进行下一轮的传播，攻击失败也会造成对方机器的缓冲区溢出，导致对方机器程序非法操作，以及系统异常等。

3) 木马病毒

木马病毒，也称为特洛伊木马，英文叫作"Trojan house"，其名称取自希腊神话的特洛伊木马记，是一种基于远程控制的黑客工具。一台电脑一旦中上木马，黑客就可以在用户的电脑上上传下载文件，偷窥私人文件，偷取各种密码及口令信息等，这样个人隐私将不复存在。

"木马"属于客户/服务模式。它分为两大部分，即客户端和服务端。其原理是一台主机提供服务(服务器)，另一台主机接受服务(客户机)，作为服务器的主机一般会打开一个默认的端口进行监听。如果有客户机向服务器的这一端口提出连接请求，服务器上的相应程序就会自动运行，来应答客户机的请求。这个程序被称为守护进程。黑客就是将服务器端程序用各种方法植入到普通用户的计算机中，然后自己通过客户端发出请求来控制目标计算机。

虽然"木马"不是真正意义上的病毒，但由于现在在互联网上传播十分广泛，对计算机造成的威胁也越来越大；而且很多"木马"也具有了病毒的一些特征，如修改注册表，驻留内存，安装后门程序，开机自动加载，定时地发送该用户的隐私到指定的地址，并可任意控制计算机，进行文件删除、复制、修改密码等非法操作，因此这里把它归为网络病毒。

当前，许多网络犯罪通过"挂马"方式来实现。"挂马"是指在网页中嵌入恶意代码，当存在安全漏洞的用户访问这些网页时，"木马"会侵入用户系统，然后盗取用户敏感信息或者进行攻击、破坏。这种通过浏览页面方式进行攻击的方法具有较强的隐蔽性，用户难于发现，潜在的危害性更大。

4. 网络环境反毒原则与策略

1) 防重于治，防重在管

在网络环境下防治病毒最大的优势在于网络的管理功能，应充分利用网络操作系统本身提供的安全保护措施构造反毒机制，控制网络中所有病毒能够进来的部位。如果消极地在网络感染病毒后再去杀毒,只能起到亡羊补牢的作用,况且在网络环境下杀毒是很麻烦的。

2) 综合防护

网络病毒防治同样适用于"木桶理论",在某一特定状态下整个网络系统对病毒的防御能力只能取决于网络中病毒防护能力最薄弱的一个节点或层次。网络的安全体系应从防病毒、防黑客、灾难恢复等几方面综合考虑,形成一整套安全机制。同时防病毒软件、防火墙产品应能实现相互沟通,协同发挥作用,体现出网络防病毒技术的特点。

3) 最小资源占用

网络防病毒技术在发挥其正常功能的前提下,应符合"最小资源占用"原则。安装网络防病毒软件可能会对网络的吞吐形成"瓶颈",特别是一些在特定时间网络吞吐量特别大的网络。

4) 管理与技术并重

首先要加强网管人员、应用人员的防病毒观念,严禁在网上运行与业务无关的软件和盗版软件。同时还要辅以技术措施,选择和安装网络反毒产品。

5) 正确选择网络杀毒软件

由于网络环境在不同应用、不同配置、不同条件下差异很大,因此一种产品的最终成熟很大程度上只能取决于广大用户是否长期使用。

6) 注意病毒检测的可靠性

杀毒软件必须尽量做到及时升级。现在大多数主流的杀毒软件病毒库一周内可数次升级,如果在一定期限内得不到升级维护,它的防毒功能在理论上就应被视为无效。

7.1.5 数据加密技术

安全性已经成为电子商务发展中的关键问题,前面讲解的内容主要是保证数据在服务器和客户机中的安全,还有一个很重要的问题,就是如何保证数据在通信信道的安全。由于互联网固有的开放性,数据在互联网上传递时,面临着严重的威胁。如何保证数据的机密性、完整性呢?主要采用的就是数据加密技术。

1. 信息加密概述

密码学是一门古老而深奥的学科,它对一般人来说是陌生的,因为长期以来,它只在很少的范围内,如军事、外交、情报等部门使用。计算机密码学是研究计算机信息加密、解密及其变换的科学,是数学和计算机的交叉学科,也是一门新兴的学科。随着计算机网络和通信技术的发展,计算机密码学得到前所未有的重视并迅速普及和发展起来。在国外,它已成为计算机安全主要的研究方向,也是计算机安全课程教学中的主要内容。

密码是实现秘密通信的主要手段,是隐蔽语言、文字、图像的特种符号。凡是用特种符号按照通信双方约定的方法把电文的原形隐蔽起来,不为第三者所识别的通信方式称为密码通信。在计算机通信中,采用密码技术将信息隐蔽起来,再将隐蔽后的信息传输出去,使信息在传输过程中即使被窃取或截获,窃取者也不能了解信息的内容,从而保证信息传输的安全。

项目七 电子商务安全技术

任何一个加密系统至少包括下面 4 个组成部分。

(1) 未加密的报文，也称明文或原文。

(2) 加密后的报文，也称密文。

(3) 加密、解密设备或算法。

(4) 加密、解密的密钥。

发送方用加密密钥，通过加密设备或算法，将信息加密后发送出去。接收方在收到密文后，用解密密钥将密文解密，恢复为明文。如果加密后的信息在传输中被人窃取，窃取者只能得到无法理解的密文，从而对信息起到保密作用。

2. 加密的原理

密码编制的原理主要有替代和换位两种方法。古今中外的密码，不论其形态多么繁杂，变化多么巧妙，都是按照这两种基本原理编制出来的。替代和换位这两种原理在密码编制和使用中相互结合，灵活应用。

1) 替代算法

替代算法指的是明文的字母由其他字母、数字或符号所代替。著名的替代算法是恺撒密码。恺撒密码的原理很简单，其实就是单字母替换，下面是一个简单的例子：

明文：a b c d e f g h i j k l m n o p q

密文：f g h i j k l m n o p q r s t u v

若明文为 apple，对应的密文则为 fuuqj。在这个一一对应的算法中，恺撒密码将字母表用了一种顺序替代的方法来进行加密，此时密钥为 5，即每个字母顺序退后 5 个。

为了加强安全性，人们想出了更进一步的方法：替代时不是有规律的，而是随机生成一个对照表。

明文：a b c d e f g h i j k l m n o p q r s t v w x y z

密文：k y d h p o z g i s b t w f l r c v m u e x j a q

此时，若明文为 apple。对应的密文则为 krrtp。

不过，有更好的加密手段，就会有更好的解密手段。而且不论怎样改变字母表中的字母顺序，密码都有可能被人破解。由于英文单词中各字母出现的频度是不一样的，通过对字母频度的统计就可以很容易对替换密码进行破译。

为了抗击字母频度分析，随后产生了换位算法，并将二者进行结合。

2) 换位算法

换位算法是采用移位法进行加密的。它把明文中的字母重新排列，本身不变，但位置变了。如把明文中的字母的顺序倒过来写，然后以固定长度的字母组进行发送或记录。

明文：computer systems

密文：sm etsy sretupmoc

列换位法将明文字符分割成为 5 个一列的分组，并按一组后面跟着另一组的形式排好。如明文是：WHAT YOU CAN LEARN FROM THIS BOOK。分组排列见表 7-2。

表 7-2 列换位法的排列举例

W	H	A	T	Y
O	U	C	A	N
F	R	O	M	T
H	I	S	B	O
O	K	X	X	X

密文则以下面的形式读出：WOFHOHURIKACOSXTAMBXYNTOX，这里的密钥是数字 5。

3. 计算机加密技术

一个数据加密系统中加密算法是公开的，所以主要安全性是基于密钥的。在现代数据加密技术中，将密钥体制分为对称密钥体制和非对称密钥体制两种。相应地，对数据加密的技术也分为两类，即对称加密技术和非对称加密(也称为公开密钥加密)技术。对称加密技术以 DES(Dste Encryption Standard)算法为典型代表，加密密钥和解密密钥相同，如图 7.3 所示；非对称加密通常以 RSA(Rivest，Shamir 和 Avdeeman；即发明此算法的三名数学家姓名的首母)算法为代表，加密密钥和解密密钥不同，加密密钥可以公开而解密密钥需要保密，如图 7.4 所示。

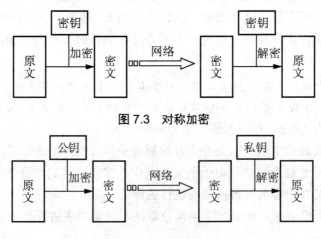

图 7.3 对称加密

图 7.4 非对称加密

1) 对称加密技术

美国国家标准局 1973 年开始研究除国防部外的其他部门的计算机系统的数据加密标准，于 1973 年 5 月 15 日和 1974 年 8 月 27 日先后两次向公众发出了征求加密算法的公告。

1977 年 1 月，美国政府颁布，采纳 IBM 公司设计的方案作为非机密数据的正式数据加密标准，这就是 DES 加密标准。后来，ISO 也把 DES 作为数据加密标准。

项目七 电子商务安全技术

对称加密算法使用起来简单快捷，密钥较短，且破译困难。这种加密方法可简化加密处理过程，信息交换双方都不必彼此研究和交换专用的加密算法。如果在交换阶段密钥未曾泄露，那么机密性和报文完整性就得以保证。

目前在国内，DES 算法在 POS、ATM、磁卡及智能卡、加油站、高速公路收费站等领域被广泛应用，以此来实现关键数据的保密。如信用卡持卡人的 PIN 的加密传输，IC 卡与 POS 间的双向认证、金融交易数据包的 MAC 校验等，均用到 DES 算法。

DES 是一个分组加密算法，它以 64 位分组对数据加密，64 位一组的明文从算法的一端输入，64 位的密文从另一端输出。DES 是一个对称算法，加密和解密用的是同一算法，密钥的长度 56 位，密钥可以是任意的 56 位数，且可在任意的时候改变。

(1) 加密算法的目的。

① 提供高质量的数据保护，防止数据未经授权的泄露和未被察觉的修改。

② 具有相当高的复杂性，使得破译的开销超过可能获得的利益，同时又要便于理解和掌握。

③ DES 密码体制的安全性不依赖于算法的保密，而是仅以加密密钥的保密为基础。

④ 实现经济，运行有效，并且适用于多种完全不同的应用。

(2) DES 主要的应用范围。

① 计算机网络通信。对计算机网络通信中的数据提供保护是 DES 的一项重要应用。但这些被保护的数据一般只限于民用敏感信息，即不在政府确定的保密范围之内的信息。

② 电子资金传送系统。采用 DES 的方法加密电子资金传送系统中的信息，可准确、快速地传送数据，并可较好地解决信息安全的问题。

③ 保护用户文件。用户可自选密钥对重要文件加密，防止未授权用户窃密。

④ 用户识别。DES 还可用于计算机用户识别系统中。

DES 是一种世界公认的较好的加密算法。自它问世以来，成为密码界研究的重点，经受住了许多科学家的研究和破译，在民用密码领域得到了广泛的应用。它曾为全球贸易、金融等非官方部门提供了可靠的通信安全保障。

DES 的优点是仅使用最大为 64 位的标准算术和逻辑运算，运算速度快,密钥生产容易，适合于在当前大多数计算机上用软件方法实现，同时也适合于在专用芯片上实现。但是任何加密算法都不可能是十全十美的。DES 的缺点是：密钥太短(56 位)，影响了它的保密强度。此外，由于 DES 算法完全公开，其安全性完全依赖于对密钥的保护，必须有可靠的信道来分发密钥，如采用信使递送密钥等。因此，它不适合在网络环境下单独使用。

针对 DES 密钥短的问题，科学家又研制了 80 位的密钥，以及在 DES 的基础上采用三重 DES 和双密钥加密的方法。即用两个 56 位的密钥 K1、K2，发送方用 K1 加密，K2 解密，再使用 K1 加密。接收方则使用 K1 解密，K2 加密，再使用 K1 解密，其效果相当于将密钥长度加倍。

2) 非对称加密技术

传统的加密方法是加密、解密使用同样的密钥，由发送者和接收者分别保存，在加密和解密时使用。采用这种方法的主要问题是密钥的生成、注入、存储、管理、分发等很复杂，特别是随着用户的增加，密钥的需求量成倍增加。在网络通信中，大量密钥的分配是一个难以解决的问题。

例如，若系统中有 n 个用户，其中每两个用户之间需要建立密码通信，则系统中每个用户需掌握 $n-1$ 个密钥，而系统中所需的密钥总数为 $n\times(n-1)/2$ 个。对 10 个用户的情况，每个用户必须有 9 个密钥，系统中密钥的总数为 45 个；对 100 个用户来说，每个用户必须有 99 个密钥，系统中密钥的总数为 4 950 个，这还仅考虑用户之间的通信只使用一种会话密钥的情况。如此庞大数量的密钥生成、管理、分发确实是一个难处理的问题。

20 世纪 70 年代，美国斯坦福大学的两名学者迪菲和赫尔曼提出了一种新的加密方法——公开密钥加密 PKE 方法。与传统的加密方法不同，该技术采用两个不同的密钥来对信息加密和解密，称为"公开密钥加密法"，也称"非对称式加密算法"。每个用户有一个对外公开的加密算法 E 和对外保密的解密算法 D，它们需满足如下的条件。

(1) D 是 E 的逆，即 D[E(X)]=X。
(2) E 和 D 都容易计算。
(3) 由 E 出发去求解 D 十分困难。

1977 年，即迪菲和赫尔曼的论文发表一年后，MIT(Massachusetts Institute of Technology，麻省理工学院)的 3 名研究人员根据这种想法开发了一种使用方法，这就是 RSA。1983 年 RSA 在美国申请了专利，并正式被采用作为标准。RSA 是目前使用最广泛的非对称加密算法。

虽然非对称算法研制的最初理念与目标是解决对称加密算法中密钥的分发问题，实际上它不但很好地解决了这个问题，还利用非对称加密算法来完成对电子信息的识别签名，以防止对信息的否认和抵赖，同时还可以利用数字签名，较容易地发现攻击者对信息的非法篡改，以保护数据信息的完整性。

与对称加密算法不同，非对称加密算法需要两个密钥：公开密钥(公钥)和私有密钥(私钥)，公开密钥与私有密钥是一对密钥。如果用公开密钥对数据进行加密，只有用对应的私有密钥才能解密；如果用私有密钥对数据进行加密，那么只有用对应的公开密钥才能解密。这种加密算法中，公开密钥和私有密钥存在一种数学关系。公开密钥保存在公共区域，可在用户中传递，甚至可以印在报纸上面；私钥必须存放在安全保密的地方。

在信息传送中，双方利用非对称加密算法实现机密信息交换的基本过程是：接收方生成一对密钥，并将其中的一把作为公开密钥向其他方公开；得到该密钥的发送方，使用密钥对机密的信息进行加密形成密文，通过互联网发送给接收方；接收方收到密文后，用自己保存的另一把私有密钥对收到的信息进行解密，形成明文。接收方只能用其私有密钥解密公开密钥加密后的信息，在这个过程中，不必担心发送方送过来的消息被第三者截获。因为即使信息被其他人截获，由于无法获得对应的私有密钥，最终还是无法读懂这个消息。

3) DES 和 RSA 算法的比较

由于 DES 和 RSA 各有优缺点，所以在实际应用中往往将它们进行结合使用，这样正好优势互补。即把 DES 用于明文加密，再把 RSA 用于 DES 密钥的加密，由于 DES 加密速度快，而 RSA 可解决 DES 密钥分配的问题，两者相结合适合加密较长的报文，保密性也会大大提高。DES 和 RSA 特点的比较列于表 7-3。

项目七 电子商务安全技术

表 7-3 DES 和 RSA 的特点比较

比较项目	DES	RSA
原理	加密密钥=解密密钥(秘密)	加密密钥(公开)/解密密钥(秘密)
算法	公开	公开
密钥配送	必要	不必要
密钥数	必须为通信对象数	自己用的有一个即可
安全确认	比较困难	容易
加密速度	可达 100Mbps	可达 10Kbps

7.1.6 身份认证技术

1. 认证概述

1) 电子商务中的认证

认证是指对交易各方的身份的确认。认证的功能包括以下几部分。

(1) 访问控制。限制不同的人具有不同的访问权限。

(2) 保密。对于敏感信息及商业秘密信息限制读取的范围。

(3) 数据完整性。限制对数据的修改权限。

(4) 审计。对操作的人、事及时间进行记录和审查。

2) 电子商务交易中必须解决的问题

(1) 身份验证。在网上的交易中，买卖双方是不见面的，即使某一方知道自己所收到的数据是完整、保密、未经篡改的，但仍有一点无法知道，那就是对方是否以假冒身份在进行交易诈骗，这就需要对交易各方进行身份验证。

(2) 交易的不可抵赖。由于交易双方是互不见面，并且是一些不带有本人任何特征的数据在进行交换，因此有可能造成交易的抵赖。

为了解决这两个问题，就必须引入交易双方均信任的第三方，即认证中心，对买卖双方进行身份验证，以使交易的参与者确信自己是在与真正的客户进行交易。同时，在公开密钥体系中，公开密钥的真实性鉴别是一个重要问题。而认证中心为用户发放的数字证书是一个具有该用户的公开密钥及个人信息并经认证中心数字签名的文件。由于认证中心的数字签名使得攻击者不能伪造和篡改数字证书，因此数字证书便向接收者证实了某人或某机构对公开密钥的拥有。

2. 信息摘要

信息摘要的算法与前面所讲的两种加密算法有所不同。前面的两种加密算法是用于防止信息被窃取，而摘要算法的目标是用于证明原文的完整性，也就是说用于防止信息被篡改，通常也被称为 Hash 算法(哈希算法)、杂凑算法、签名算法。信息摘要采用单向 Hash 函数，将需要加密的不定长的明文，"摘要"成一串 128 位的密文，这一串密文亦称数字指纹(Finger Print)或"摘要"。这个摘要必须对原文非常敏感，原文即使是有细微的变化，也会导致这个签名面目全非。比如传统的 CRC 或是当前流行的 MD5、SHA 等都是这类算法。

信息摘要之所以能够保证信息的完整性，是由 Hash 函数的特性所决定的。Hash 函数的这种转换是一种压缩转换，其 Hash 值的空间通常远小于输入值的空间，Hash 函数是典型的压缩函数。所谓压缩函数，亦是将一个固定长度输入，变换成较短的固定长度的输出。Hash 函数就是一种将任意长度的消息压缩到某一固定长度的消息摘要的函数。如果压缩函数是安全的，那么上述 Hash 函数转换任意长度的消息也将是安全的。Hash 函数的数学表述为：h=H(M)，其中 H( )是单向 Hash 函数，M 是任意长度明文，h 是固定长度的摘要。

3. 数字签名

在书面文件上签名是确认文件的一种手段。签名的作用有两点：一是因为自己的签名难以否认，从而确认了文件已签署这一事实；二是因为签名不易仿冒，从而确定了文件是真的这一事实。数字签名与书面文件签名有相同之处，采用数字签名，也能确认以下两点：信息是由签名者发送的；信息签发后可用来防止信息因易被修改而有人作伪，或冒用别人名义发送信息，或发出(收到)信息后又加以否认等情况发生。

数字签名就是通过某种密码运算生成一系列符号及代码组成电子密码进行签名，来代替书写签名或印章。

对于这种电子式的签名还可进行技术验证，其验证的准确度是一般手工签名和印章无法比拟的。数字签名是目前电子商务、电子政务中应用最普遍、技术最成熟、可操作性最强的一种电子签名方法。它采用了规范化的程序和科学化的方法，用于鉴定签名人的身份以及对一项电子数据内容的认可。它还能验证出文件的明文在传输过程中有无变动，确保传输电子文件的完整性、真实性和不可抵赖性。

数字签名的工作过程是：首先被发送文件用 Hash 算法产生 128 位的信息摘要；第二步是发送方用自己的私有密钥对摘要再加密，这就形成了数字签名；第三步是将明文和加密的摘要同时传给对方；第四步是对方用发送方的公开密钥对摘要解密，同时对明文用 Hash 算法又产生一次 128 位的摘要；最后是将解密后的摘要和收到的明文在接收方重新产生的摘要相对比，如两者一致，则说明信息确实由发送方发送，并且在传送过程中信息没有被破坏或篡改过，否则文件就是无效的。数字签名的基本过程如图 7.5 所示。

通过上述讲解可以看出，数字签名的过程也是使用非对称加密技术，但与数据加密不同的是，二者实现的过程正好相反，使用的密钥对也不同。数字签名使用的是发送方的密钥对，发送方用自己的私有密钥进行加密，接收方用发送方的公开密钥进行解密，这是一个一对多的关系，任何拥有发送方公开密钥的人都可以验证数字签名的正确性。数据加密则使用的是接收方的密钥对，这是一个多对一的关系，任何知道接收方公开密钥的人都可以向接收方发送加密信息，只有唯一拥有接收方私有密钥的人才能对信息解密。另外，数字签名只采用了非对称密钥加密算法，它能保证发送信息的完整性、身份认证和不可否认性，而往往数据加密采用了对称加密算法和非对称加密算法相结合的方法(如数字信封)，它能保证发送信息的保密性。

项目七 电子商务安全技术

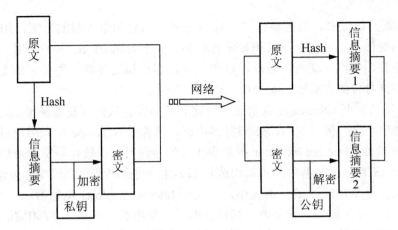

图 7.5 数字签名的基本过程

4. 数字时间戳

数字时间戳技术是数字签名技术的一种变种应用。在电子商务交易文件中,时间是十分重要的信息。在书面合同中,文件签署的日期和签名一样均是十分重要的防止文件被伪造和篡改的关键性内容。数字时间戳服务(DTS,Digital Time Stamp Service)是网上电子商务安全服务项目之一,能提供电子文件的日期和时间信息的安全保护。数字时间戳是一个经加密后形成的凭证文档,它包括 3 个部分。

(1) 需加时间戳的文件的摘要。
(2) DTS 收到文件的日期和时间。
(3) DTS 的数字签名。

一般来说,时间戳产生的过程是:用户首先将需要加时间戳的文件用 Hash 算法运算产生摘要,然后将该摘要发送到 DTS,DTS 在加入了收到文件摘要的日期和时间信息后再对该文件数字签名,最后返回给用户。

这里需要注意,书面签署文件的时间是由签署人自己写上的,而数字时间戳则不然,它是由认证单位 DTS 来加的,以 DTS 收到文件的时间为依据。

5. 数字证书

数字证书也叫数字凭证,是网络通信中标志通信各方身份信息的一系列数据,提供一种在互联网上验证身份的方式。它是一个经证书授权中心数字签名的包含公开密钥拥有者信息以及公开密钥的文件。证书的格式遵循 ITU X.509 国际标准。

常见的数字证书分为以下几种类型。

(1) 个人身份证书。个人身份证书中包含个人身份信息和个人的公钥,用于标识证书持有人的个人身份。数字安全证书和对应的私钥存储于 ekey 或 IC 卡中,用于个人在网上进行个人安全电子邮件、合同签订、订单、录入审核、操作权限、支付信息等活动中标明身份。

(2) 企业身份证书。企业身份证书中包含企业信息和企业的公钥,用于标识证书持有企业的身份。数字安全证书和对应的私钥存储于 ekey 或 IC 卡中,可以用于企业在电子商务方面的对外活动,如企业安全电子邮件、合同签订、网上证券交易等方面。

(3) 服务器身份证书。服务器证书中包含服务器信息和服务器的公钥，用于标识证书持有服务器的身份。数字安全证书和对应的私钥存储于 ekey 或 IC 卡中，用于表征该服务器的身份，主要用于网站交易服务器，目的是保证客户和服务器产生与交易支付等相关信息时，确保双方身份的真实性、安全性、可信任度等。

(4) 软件签名证书。Netscape 版企业代码签名证书代表软件开发者身份，用于对其开发的软件进行数字签名。使用 Netscape 浏览器申请，储存于 Netscape 个人用户目录下，专用于 Netscape 浏览器。Internet Explorer 版企业代码签名证书代表软件开发者身份，用户先要下载微软的 InetSDK，使用其中的工具生成证书请求，将证书请求通过受理点递交到 FJCA 签发，私钥储存于 Windows 的注册表中，专用于 Internet Explorer 浏览器。

(5) 安全电子邮件证书。安全电子邮件证书结合使用数字证书和 S/MIME 技术，对普通电子邮件做加密和数字签名处理，确保电子邮件内容的安全性、机密性、发件人身份确认性和不可抵赖性。

6. 认证中心

认证中心又称为证书授权(Certificate Authority)中心，简称 CA 中心，是一个负责发放和管理数字证书的，具有权威性和公正性的第三方信任机构。

CA 中心是整个网上电子交易安全的关键环节。它主要负责产生、分配并管理所有参与网上交易的实体所需的身份认证数字证书。每一份数字证书都与上一级的数字签名证书相关联，最终通过安全链追溯到一个已知的并被广泛认为是安全、权威、足以信赖的机构，即根认证中心(根 CA)。

目前国内的 CA 认证中心主要分为区域性 CA 认证中心和行业性 CA 认证中心。对于一个大型的应用环境，认证中心往往采用一种多层次的分级结构，上级认证中心负责签发和管理下级认证中心的证书，最下一级的认证中心直接面向最终用户。处在最高层的是金融认证中心(Root CA)，它是公认的权威，如人民银行总行的 CA。CA 中心的层次结构如图 7.6 所示。

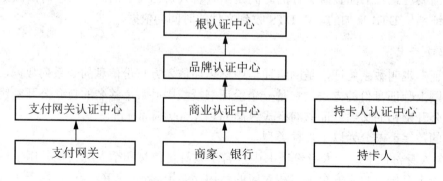

图 7.6 CA 中心的层次结构

1) 认证中心的功能

(1) 证书的颁发。认证中心接收、验证用户(包括下级认证中心和最终用户)的数字证书的申请，将申请的内容进行备案，并根据申请的内容确定是否受理该数字证书申请。如果中心接受该数字证书申请，则进一步确定给用户颁发何种类型的证书。新证书用认证中心的私钥签名以后，发送到目录服务器供用户下载和查询。为了保证信息的完整性，返回给用户的所有应答信息都要使用认证中心的签名。

(2) 证书的更新。认证中心可以定期更新所有用户的证书，或者根据用户的请求来更新用户的证书。

(3) 证书的查询。证书的查询可以分为两类：一是证书申请的查询，认证中心根据用户的查询请求返回当前用户证书申请的处理过程；二是用户证书的查询，这类查询由目录服务器来完成，目录服务器根据用户的请求返回适当的证书。

(4) 证书的作废。当用户的私钥由于泄密等原因造成用户证书需要申请作废时，用户需要向认证中心提出证书作废请求，认证中心根据用户的请求确定是否将该证书作废。

另外一种证书作废的情况是证书已经过了有效期，认证中心自动将该证书作废。认证中心通过维护证书作废列表来完成上述功能。

(5) 证书的归档。证书具有一定的有效期，证书过了有效期之后就将被作废，但是我们不能将作废的证书简单地丢弃，因为有时可能需要验证以前的某个交易过程中产生的数字签名，这时就需要查询作废的证书。基于此类考虑，认证中心还应当具备管理作废证书和作废私钥的功能。

2) 国内外常见的认证机构

当前，有的认证中心由国家机构建立，也有的是由第三方商业机构建立。由于认证中心的特殊性，认证中心都必须是具有极高权威性的机构。国内外常见的权威认证机构有以下几个。

(1) VeriSign。它是软件行业第一家具有商业性质的证书授权机构，是著名的数字产品和服务的提供商，也是微软首选的数字标识提供商。

(2) 中国金融认证中心(China Financial Certification Authority，CFCA)。它是由央行牵头，联合国内 12 家主要的商行建立的为全国的用户提供证书服务的机构。

(3) 中国电信 CA 中心(China Telecom Certification Authority，CTCA)。它是在 1999 年 8 月通过国家密码委员会和信息产业部的联合鉴定，获得国家信息产品安全认证，成为首家允许在公网上运行的 CA 安全论证系统。

7.1.7 电子商务的法律法规

电子商务是广泛采用信息技术和网络技术并将这些技术应用于商业领域的结果，电子商务形成的社会关系交叉存在于虚拟社会和现实社会之间，具有独特的性质。因此，商务行为在互联网环境下形成了独立的调整对象，孕育了新的法律——电子商务法。随着计算机网络技术的飞速发展和广泛应用，电子商务将成为未来商务活动的主要形式，而电子商务法也将在商事法领域中发挥越来越重要的作用。

电子商务法，是调整以电信为交易手段而形成的交易形式所引起的商事关系的法律规范体系。电子商务法是一个非常庞杂的法律体系，涉及许多领域，既包括传统的民法领域，又有新的领域如电子签字法、电子认证法等，这些法律规范总体上属于商法的范畴。

1. 电子商务相关法律问题

电子商务法律的内容主要包括数据电文、电子签名、电子认证、电子合同、电子信息交易、电子支付等法律制度以及电子商务与隐私权、知识产权的关系，电子商务的安全问题和电子商务纠纷的解决等电子商务法律关联问题。

1) 数据电文

电子商务条件下，数据电文的传输是不可或缺的形式。在现有技术下对数据电文恶意修改的无痕迹，使电子商务的安全受到极大的威胁。数据电文的地位和效力问题是电子商务立法不可回避的问题。

2) 电子商务准入规则

为减少网络欺诈和违法交易行为，必须对上网企业实行严格的资格审查和登记、年检制度，包括域名登记、资金限制、设备设施、人员条件、进入程序、申报制度、年审年检等，并将核准进入、变更、注销、年检等情况及时通过网络发布，方便他人检索、查找。

3) 电子商务税收征管法

由于电子商务是现实交易与虚拟交易的结合，所以在电子商务的税收上就具有很多特殊性。在电子商务税收法律的制定上应注意两个方面的问题：一是不宜对电子商务增开新税种，为鼓励电子商务的发展，国家在税收上应给予适度的倾斜保护；二是利用网络技术统一、系统兼容、上网企业硬件设施起点较高的特点，实现税收征管自动化，降低税收成本，杜绝偷漏税行为。

4) 电子合同

电子合同是指在专用的或公开的网络环境里，通过数据电文达成的非纸质的数字化的合同。我国的《合同法》只承认了电子合同的有效性，对电子合同的法律定义及其效力认定等未能作出规定。随着网络交易活动的普及，我国在实践中出现了不少网络交易纠纷，使得将电子合同纳入法律的调整范围成为当务之急。

5) 电子签名

电子签名是指以电子形式存在，依附在电子文件并与其逻辑相关、可用以证明电子文件签章者身份、表示电子签章者同意电子文件内容的签名方式。在现代技术条件下，公共钥匙加密技术和认证中心系统的产生，已为我们解决当事人身份认证问题提供了可能。2005年4月1日，《中华人民共和国电子签名法》正式生效，通过立法确认电子签名的效力价值，保证数字签名的规范化，打击电子签名的篡改者、伪造者。

6) 电子商务认证

电子商务认证，是指以特定的机构，对电子签名及其签署者的真实性进行验证的具有法律意义的服务。电子商务认证主要应用于交易关系的信用安全方面，保证交易人的真实与可靠。建立一个国家级的既有权威性又完全独立的非政府性的电子商务认证中心，对形成完善的电子商务安全保障机制非常必要。

7) 电子支付

电子商务交易过程中，实现电子化的支付和结算，需要制定相关的法律，规定电子支付的方式、接受和执行、当事人的权利和义务以及法律责任等，还应对电子支付本身易引发的风险进行防范。

8) 知识产权保护

知识产权保护是互联网上的一个敏感问题,已经引起了包括国际组织在内的世界各国的高度重视。网络知识产权的范围比较广泛,有著作权、商标权、域名权等,在拟定网络知识产权保护办法时,应当考虑网络环境的特殊性。

9) 电子商务纠纷处理办法

有商务行为就不可避免会产生纠纷。处理网络纠纷最大的难点在于管辖权的确定和证据的取得与认定,而对纠纷当事人身份的确定、对侵权后果及影响范围的确定也与普通的纠纷有很大的不同。

10) 个人隐私保护条例

如何为个人隐私提供恰当的保护而又不妨碍互联网上的信息交流是各国制定隐私保护政策的重点和难点。个人隐私的范畴十分广泛,除了传统领域所包含的内容以外,还包括公民个人的住所、身份证号码、工作单位、电话号码、E-mail 信箱、上网账号、开户银行、账号、卡上密码等。法律应当对电子商务经营者随意收集使用他人信息的行为加以限制,电子商务经营者要求消费者提供这些信息时,必须告知消费者收集信息的目的及可能的用途;对这些信息所采取的保护手段和方法;随意泄露他人隐私所应承担的责任和消费者可以得到的赔偿等。

电子商务立法是个庞大的系统工程,需要政府、有关部门和立法机关密切配合,要大胆突破传统观念、传统理论、传统方法的束缚,大胆肯定电子合同、电子证据、数字认证的法律效力;赋予域名权以全新的权利客体,允许有偿转让;对电子支付、安全认证体系要加强法律保护;对危害电子商务正常开展的行为要严厉打击。需要注意的是,立法时要避免政府和行政机关对电子商务进行过多的干预,为电子商务在我国的超常规发展营造一个宽松的法律环境。

2. 我国电子商务立法的现状

当今,电子商务在全球范围内已蓬勃兴起,电子商务立法是推动电子商务发展的前提和条件。电子商务的立法问题得到了有关国际性、地区性组织和许多国家政府的高度重视,许多国家纷纷出台推动本国电子商务发展的政策和行动纲要。

中国的电子商务的法律环境同中国的电子商务一样,在 1999 年之前基本处于相对空白的状态,而在 1999 年开始涌现的电子商务热潮的带动与要求下,相关立法呼声越来越高,并产生了 2000 年初全国人民代表大会上的电子商务立法一号提案。此后,《电信服务标准》《电信管理条例》《互联网信息服务管理办法》《互联网电子公告服务管理办法》等一系列法律法规相继出台。连同《维护互联网安全的决定》《商用密码管理条例》《电信网间互联管理暂行规定》《电信网码号资源管理暂行办法》《软件产品管理办法》《互联网站从事新闻登载业务管理暂行办法》等在内,基本形成了一整套电子商务法律法规体系。这其中,还包括《国务院关于鼓励软件产业和集成电路产业发展的若干政策》等相关政策、《最高人民法院关于审理涉及计算机网络著作权纠纷案件适用法律若干问题的解释》等相关司法解释。

但总的来说,我国的电子商务立法还是相对滞后,专门的电子商务立法还是很少。有关电子商务仅在一些相关法律、法规、行政规章及一些地方性法规中有所体现,主要是从行政管理的角度来规范电子商务活动,体系混乱。电子商务立法在很多领域空白,法律规范的层次过低，无法满足电子商务交易活动的需要。因此必须尽快制定以电子商务活动为调整对象的专项立法，以适应电子商务交易的需要并与国际电子商务立法原则相接轨。

3. 电子签名法

2005年4月1日零时，《中华人民共和国电子签名法》(以下简称《电子签名法》)正式生效。在《电子签名法》生效后，采用电子签名签署的电子文件就具有与传统签字盖章的纸质文件相同的法律效力。电子签名法有如下一些特点。

(1) 主要用于电子商务活动。在《电子签名法》的第一条里规定，为了规范电子签名的行为，确立电子签名的法律效力，维护有关各方的合法权益，制定本法。但在第三条里，民事活动中的合同或者其他文件、单证等文书，当事人可以约定使用或者不使用电子签名、数据电文。这部法首先被界定在民商事活动中，也就是说在电子商务方面。

(2) 功能等效、自愿、中立立法三原则。《电子签名法》的立法三原则是功能等效原则、尊重行为当事人的意思自治的原则、技术中立的原则。功能等效原则就是电子签名的法律效力等同于传统的签名，也就是说使用电子签名不等于完全否定物理世界的签名；尊重行为当事人的意思自治的原则就是用不用电子签名是个人自愿的事；技术中立的原则就是指在这个法里，没有对使用哪一种技术进行强制的规定。

(3) 第三方认证也有责任赔偿。和其他民商事法相比，《电子签名法》不仅强调罚款，对在电子认证的服务机构，也就是第三方CA系统，还加上了责任赔偿。

(4) 提高了电子认证服务行业的进入门槛。CA中心是作为电子签名的依赖方存在的，但中国目前的CA中心都是条块的，彼此不提供交叉认证，也没有什么应用，有很多地域性的CA中心，没有应用对象。基于这种情况，为了确保电子交易的安全可靠，《电子签名法》规定了认证服务市场准入制度，明确了由政府对认证机构实行资质管理的制度，并对电子认证服务机构提出了严格的人员、资金、技术、设备等方面的条件限制。

(5) 明确了电子签名所需要的技术和法理条件。电子签名必须同时符合"电子签名制作数据用于电子签名时，属于电子签名人专有""签署时电子签名制作数据仅由电子签名人控制""签署后对电子签名的任何改动能够被发现""签署后对数据电文内容和形式的任何改动能够被发现"等若干条件，才能被视为可靠的电子签名。这一条款为确保电子签名安全、准确以及防范欺诈行为提供了严格的、具有可操作性的法律规定。

(6) 明确了电子商务交易双方和认证机构在电子签名活动中的权利、义务和行为规范。如对电子合同中数据电文的发送和接收时间、数据电文的发送和接收地点、电子签名人向电子认证服务提供者申请电子签名认证证书的程序、电子认证服务提供者提供服务的原则、电子签名人或认证机构各自应承担的法律义务与责任等问题，都做出了明确的规定。

(7) 增加了有关政府监管部门法律责任的条款。"负责电子认证服务业监督管理工作的部门的工作人员，不依法履行行政许可、监督管理职责的，依法给予行政处分；构成犯罪的，依法追究刑事责任。"立法明确指出追究不依法进行监督管理人员的法律责任，这是国外电子商务立法中所没有的，也是针对目前我国市场信用制度落后、电子商务大环境不完善而特别需要加强监管的国情制定的条款。

《电子签名法》的出台是我国电子商务发展中的一座里程碑，它对保证电子商务交易、促进电子商务发展具有举足轻重的意义，而且对未来电子政务以及全面的社会信息化都将产生深远的影响。

项目七　电子商务安全技术

自从全国人大九届三次会议上有代表提交一号提案《关于制定我国"电子商务法"的议案》以来,电子商务在我国的立法问题众所瞩目。研究电子商务立法问题,加快建立具有中国特色的电子商务法律体系,对于推动电子商务的发展具有极其重要的意义。

任务实施

1. 申请、下载、安装数字证书

(1) 登录 www.myca.cn 网站,如图 7.7 所示,首先单击右侧的【安装根证书】按钮。另外,需要注意的是,尽量在 Windows XP 以及 IE 浏览器中进行本次操作。

图 7.7　下载根证书

(2) 进入证书下载页面,按照要求下载所有的证书,如图 7.8 所示。

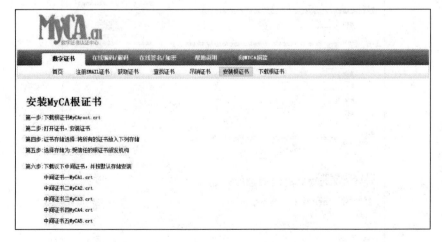

图 7.8　下载根证书及所有中间证书

(3) 按照页面中的提示逐个安装根证书及中间证书,如图 7.9、图 7.10、图 7.11 所示。

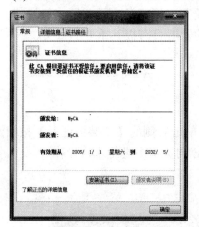

图 7.9 安装根证书及中间证书(1)

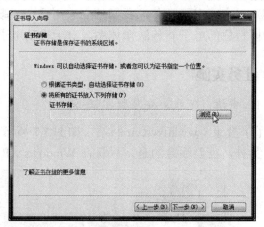

图 7.10 安装根证书及中间证书(2)

图 7.11 安装根证书及中间证书(3)

(4) 回到网站首页,单击【注册 EMAIL 证书】按钮,如图 7.7 所示。
(5) 按照页面中的要求填写相关信息,最后单击【注册】按钮,如图 7.12 所示。

图 7.12 填写注册信息

(6) 单击【注册】按钮后，进入注册时填写的 E-mail 信箱，将会收到网站发送的邮件，其中包括"身份识别码"。再次进入网站首页，单击【获取证书】按钮，进入网页后，将收到的"身份识别码"粘贴到相应的位置，单击【提交】按钮，如图 7.13 所示。

图 7.13 获取证书

(7) 单击【在线签名/加密】按钮，进入页面后，选择【数字证书签名】选项，在"原文"中输入一段文字，单击【签名】按钮，在"签名数据"中就产生了相应的数字签名，如图 7.14 所示。

图 7.14 数字签名

(8) 单击【数字签名验证】按钮，进入页面后，在"签名数据"下面输入上一步产生的签名数据，单击【验证】按钮，就显示出了"原文"以及"证书"的内容，如图 7.15 所示。

除了上面的数字签名产生和验证之外，还可以单击【数字证书加密】按钮和【加密数据解密】按钮，进行数据的加密和解密操作。

图 7.15　在线验证数字证书签名

2. 在 Windows 中对数字证书的管理

(1) 右击【IE 浏览器】图标，在弹出的菜单中选择【Internet 属性】命令，然后选择【内容】选项卡，单击【证书】按钮，如图 7.16 所示。

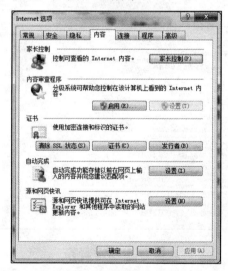

图 7.16　数字证书管理界面

(2) 选择【受信任的根证书颁发机构】选项卡，从中选择相应的证书，然后根据需要单击【导入】按钮、【导出】按钮、【删除】按钮，如图 7.17 所示。这里需要注意，导入、导出时文件的扩展名为.cer 或.crt，导出时默认的存储路径为"我的文档"或 Windows 目录。

项目七　电子商务安全技术

图 7.17　数字证书导入、导出、删除界面

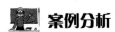

2012—2013 年影响我国及世界的电子商务安全事件

【案例简介】

近两年互联网、电子商务发展得如火如荼，当人们享受电子商务带来便利的同时，也时常听到各种网络安全事件，深深地感到我们的财产、隐私受到极大的威胁。下面列举了两年来最具代表性和破坏性的安全事件。

1．超级网银曝授权漏洞

收到 QQ 发来的一条链接，在打开也没有任何病毒提示的情况下，输入相应的资料，就会让别人完全控制你的银行账户？2013 年 6 月，"超级网银"授权漏洞风波爆发，安徽的陈女士在网购时被骗子诱导进行了"超级网银"授权支付操作，短短 24 秒内 10 万元被骗。

事实上，"超级网银"是一种标准化跨银行网上金融服务产品，能方便用户实时跨行管理不同的银行账户。问题在于一旦有不法分子恶意利用"超级网银"，就可以将对方账户余额全部偷走。业内评论指出，银行的风险提示和安全防护能力仍有待加强，用户的风险防范意识也亟须进一步提高。

2．酒店开房记录泄露

2013 年 8 月，有人通过国内知名漏洞网站乌云提交漏洞，国内一大批快捷酒店开房记录被泄露。泄露住客开房信息的如家等酒店全部或者部分使用了浙江慧达驿站网络有限公司开发的酒店 WiFi 管理、认证管理系统，慧达驿站在服务器上实时存储了这些酒店客户的记录，包括客户名、身份证号、开房日期和房间号等隐私信息。随之而来的，在线查询部分酒店住客信息的网站也开始出现，并迅速在网上流传。对于被泄露者来说，姓名、身份证号、手机号都不是能随便换掉的，客户的隐私被侵犯。

3．伪基站致各地垃圾短信肆虐

2013 年 9 月工信部颁布了《电话用户真实身份信息登记规定》和《电信和互联网用户个人信息保护规定》，"手机实名制"一度被解读为对虚开号卡、垃圾短信、诈骗短信等行为的一种遏制。奇怪的是，政策实施了两个多月，用户手机中的垃圾短信并没有消停，究其原因竟是伪基站作怪。该事件引发舆论关注后，全国多地公安部门迅速行动，接连破获多起非法基站案件，查获了一批伪基站。这些伪基站已经成为垃圾短信的主要源头，不仅对市民日常生活造成骚扰，甚至威胁了其财产安全；也对通信运营商的网络质量和安全，以及一些金融机构的形象造成了恶劣影响。

4. 安卓应用大面积挂马漏洞

2013年9月安卓系统WebView开发接口引发了挂马漏洞，手机QQ、微信、百度、快播，以及QQ浏览器、360手机浏览器、UC浏览器、金山猎豹浏览器等绝大多数手机浏览器都受到了入侵。因为安卓系统本身的特点，即使是知名厂商的产品也经常会暴露出漏洞。手机一旦出现安全问题，话费、通讯录、短信、手机银行等内容全都暴露在黑客手中，后果可想而知。因此，不熟悉的网站和链接千万不要轻易地访问、点击。

5. QQ群数据公开泄露

2013年11月20日，国内知名漏洞网站乌云曝光称，腾讯QQ群关系数据被泄露，在迅雷上很容易就能找到数据下载链接。据测试，该数据包括QQ号、用户备注的真实姓名、年龄、社交关系网甚至从业经历等大量个人隐私。数据库解压后超过90G，有7 000多万个QQ群信息。随后，腾讯公司回应称，此次QQ群泄露的只是2011年之前的数据，黑客攻击的漏洞也已经修复。但是，可以想象，如果一个人的真实姓名和QQ号、群关系都在网上暴露出来，诈骗信息将更加难以防范。

6. 搜狗浏览器"泄密"

2013年11月5日，先是论坛和微博上有人爆料"搜狗浏览器存重大漏洞泄露大量用户密码"，360安全卫士微博也转载证实此事，当天下午搜狗浏览器发表官方声明，否认存在所谓的"重大漏洞"。之后央视也参与其中，记者证实亲测搜狗漏洞存在，能够登录陌生人的淘宝、QQ邮箱、公积金、12306等重要账号。

7. 12306新版上线就曝漏洞

新版中国铁路客户服务中心12306网站在上线第一天(2013年12月6日)，擅长"挑刺"的IT高手们就发现12306新版网站存在漏洞。漏洞发现者指出，12306网站漏洞泄露用户信息，可查询登录名、邮箱、姓名、身份证以及电话等隐私信息。另一个漏洞的发现者也曝出"新版12306网站存在多个订票逻辑漏洞"，该漏洞可能导致后期订票软件泛滥，造成订票不公。另外，人们又发现利用假身份证和假护照也能够完成订票，票贩子以此进行囤票倒卖，这又让大家对12306网站的安全性提出了质疑。

8. 赛门铁克两款企业级产品源代码被盗

2012年1月中旬前后，一个自称为"Yama Tough"的黑客宣称将公布赛门铁克公司诺顿反病毒软件的全部源代码。随后，赛门铁克方面也确认了是在2006年时的一次第三方泄密事件让自身的安全和非安全工具产品源代码大范围泄露。

赛门铁克在声明中表示，该事件中遭到入侵的是第三方网络，受影响的代码并未影响赛门铁克各个解决方案的功能性或安全性；并且，目前没有出现客户的信息因此而受到影响或泄露的事件。而本次受到源代码泄露影响的是两种旧版本的企业产品的部分节段源代码，都是6年前的版本，且其中一种企业产品已经停产。

9. 新型蠕虫病毒"火焰"(Flame)肆虐中东

2012年5月，一种破坏力巨大的全新电脑蠕虫病毒"火焰"(Flame)被发现，这种病毒正在中东地区大范围传播，其中伊朗受病毒影响最严重。据推测，"火焰"病毒已在中东各国传播了至少5年时间。

据悉，"火焰"病毒构造十分复杂，此前从未有病毒能达到其水平，是一种全新的网络间谍装备。该病毒可以通过USB存储器以及网络复制和传播，并能接受来自世界各地多个服务器的指令。感染"火焰"病毒的电脑将自动分析自己的网络流量规律，自动录音，记录用户密码和键盘敲击规律，并将结果和其他重要文件发送给远程操控病毒的服务器。一旦完成搜集数据任务，这些病毒还可自行毁灭，不留踪迹。

在"火焰"病毒被发现之后，一些网络分析专家认为，这似乎已形成了"网络战"攻击群。"震网"病毒攻击的是伊朗核设施，"毒区"病毒攻击的是伊朗工业控制系统数据，而"火焰"病毒攻击的则是伊朗石油部门的商业情报。

项目七 电子商务安全技术

10．DNSChanger 恶意软件肆虐

2012 年 7 月，仅仅在不到几小时时间内，多达 30 万台电脑无法上网，除非用户立即清除其机器上的恶意软件。据悉，这个 DNSChanger 恶意软件修改用户的计算机域名系统(DNS)设置，将 URL 请求发送到攻击者自己的服务器，从而将受害者带到攻击者创建的网站。

美国联邦当局表示，多达 400 万台电脑受到感染，让攻击者净赚 1 400 万美元。不仅仅是消费者的电脑，DNSChanger 还感染了政府机构和企业的电脑和系统。在财富 500 强企业中，约有 12%的企业的电脑或路由器受到感染，3.6%的美国政府机构的电脑或路由器受到感染。

11．全球支付信息被盗

2012 年 3 月，信用卡支付中介机构——美国"全球支付"公司确认，未授权者 3 月初进入它的系统并可能窃取了一些信用卡账户信息。

此次遭大规模盗取，涉及万事达和威士国际组织等机构信用卡用户、大型发卡银行和数家主要信用卡服务企业，波及账户数量暂时无法确定，评估数量从数以万计至超过 1 000 万。

12．雅虎服务器被黑，45.3 万份用户信息遭泄露

2012 年 7 月中旬，黑客们公布了他们声称的雅虎 45.34 万名用户的认证信息，还有超过 2 700 个数据库表或数据库列的姓名以及 298 个 MySQL 变量。他们称，以上内容均是在此次入侵行动中获得的。

黑客们利用特殊的 SQL 注入方式渗透到雅虎网站的子区域中以获取信息。该技术专门针对一些安全性较差的网站应用程序进行攻击，这些程序并不仔细检查进入搜索框和其他用户输入栏的文本。通过向其注入有效的数据库指令，攻击者便可欺骗后端服务器，还可向其信息转储大量的敏感信息。

13．全球百所大学近 12 万账户信息被窃

2012 年 10 月，黑客团伙 Team GhostShell 在 Twitter 上宣布，该组织入侵了全球百所大学的服务器，共窃取了近 12 万账户信息。

该黑客组织公布称，他们入侵时发现许多服务器早就藏有恶意软件，安全意识很淡薄，他们的行动目的是提高大学的信息安全意识。英国的剑桥，美国的哈佛大学、斯坦福大学、普林斯顿大学以及日本的东北大学、东京大学、名古屋大学、京都大学、大阪大学等多所世界著名大学的服务器都遭入侵。

14．京东商城出现重大漏洞

2012 年 10 月，据业内人士微博爆料，京东商城充值系统于 2012 年 10 月 30 日晚 22 点 30 分左右出现重大漏洞，用户可以用京东积分无限制充值 Q 币和话费。当日，京东网站积分换话费的活动出现重大漏洞，点击后系统会自动充值而不会扣取积分，同时充值未成功的积分则会被双倍退回账户。该漏洞被网友发现后，在网络上被大量转发。目前，从网络爆料来看，不少用户都充值了上千元的 Q 币、购买数百元的彩票，甚至还有用户称充值了数十万元的话费。业界人士预计京东亏损在 2 亿左右。

作为国内知名电商，自身网站的安全和保护用户数据安全是电商提高用户信任度的关键。

15．IE 浏览器惊现漏洞

2012 年 12 月，微软公司的 IE 浏览器出现巨大漏洞，黑客利用这个漏洞可以跟踪记录用户的鼠标移动轨迹，从而盗取用户使用虚拟键盘时输入的各种数据。

为了防止键盘记录器记录下每一次按键，从而使黑客能够盗取用户的密码，大部分人会选择使用虚拟键盘和小键盘来键入密码，从而降低风险。但是 Spider.io 公司却发现，从 IE 6 浏览器到 IE 10 浏览器都有着巨大的漏洞，可以使黑客能够轻松地跟踪用户的鼠标移动轨迹，即使当 IE 标签页最小化时，这种问题依旧存在。

这样，黑客只需要在一个网站上购买一个广告位就可以发起攻击。只要这个广告是打开的，黑客就可以利用 IE 的漏洞，在用户不用安装任何软件的前提下记录下他们的鼠标移动轨迹，从而解读出他们在虚拟键盘上输入的内容。

【案例分析】

上面这些案例都是在 2012—2013 年发生在信息技术领域的重大安全事件,对未来的电子商务发展具有深刻的启发。信息技术的发展既给我们带来了便利和舒适,也使我们的财产、隐私处于前所未有的危险境地,这要求我们应该时刻关注网络世界的变化,网络攻击随时都可能爆发。

就在本项目完成之际,又出现了一个重大的网络安全事件。2014 年 1 月 21 日下午 3 点 20 分左右,全国所有通用顶级域的根出现异常,导致部分国内网民无法访问.com 域名网站,对中国互联网造成严重影响。包括百度、新浪、腾讯、京东等诸多网站的访问均受影响,使用网盘的用户会发现无法连接成功,部分网页的图片也无法正常浏览。本次事件就是由于国内大量的 DNS 服务被攻击劫持所造成的。DNS 服务受到攻击会导致正常访问被解析到错误的服务器地址,常出现两种结果:一是大面积断网,用户无法正常访问网站;另一个则是被钓鱼网站欺诈,黑客将正常网站的域名解析到钓鱼网站的地址,用户在钓鱼网站输入的账号密码信息就会被盗。

面对大量的网络安全事件,作为企业采取何种措施从技术和管理两方面加强安全的防范;作为政府如何加快立法和监管,从重从快打击网络犯罪;作为用户如何学习网络和电子商务产品的安全使用,面对侵害如何处理等都将是未来的一个长期任务。

电子商务安全是电子商务健康发展的根本。网络安全无小事!

(资料来源:51CTO.com http://netsecurity.51cto.com/art/201212/375255.htm
ZDNet.com.cn http://security.zdnet.com.cn/security_zone/2013/0704/2166949.shtml
163.com http://news.163.com/14/0210/08/9KN6A6L500014AED.html)

7.2 习 题

一、单项选择题

1. 电子商务的安全认证原则有:授权合法性、有效性、(   )、完整性、个体识别性、不可抵赖性。

   A. 机密性　　　　B. 互动性　　　　C. 公开性　　　　D. 复杂性

2. 防火墙根据技术分类可以分为:包过滤型、代理服务器和(   )3 类。

   A. 状态监视器　　B. 数据服务器　　C. 路由器　　　　D. 检测器

3. (   )是使分布在不同地方的私有网络在不可信任的公共网络上实现安全通信的网络技术。

   A. VPN　　　　　B. SSL　　　　　C. SET　　　　　D. CA

4. 计算机病毒的特征包括(   )、非授权性、隐蔽性、潜伏性、破坏性、不可预见性等。

   A. 不确定性　　　B. 不可预知性　　C. 传染性　　　　D. 发展性

5. (   )病毒是一种通过网络传播的恶性病毒,它除具有病毒的一些共性外,同时具有自己的一些特征,如不利用文件寄生,对网络造成拒绝服务,以及与黑客技术相结合等。

   A. 木马　　　　　B. 蠕虫　　　　　C. 宏　　　　　　D. 混合

6. 网络病毒防治同样适用于(   )理论,在某一特定状态下整个网络系统对病毒的防御能力只能取决于网络中病毒防护能力最薄弱的一个节点或层次。

   A. 木马　　　　　B. 检测　　　　　C. 木桶　　　　　D. 防火墙

项目七　电子商务安全技术

7. (　　)是一个经证书授权中心数字签名的包含公开密钥拥有者信息以及公开密钥的文件。

　　A．RSA　　　　　B．SSL　　　　C．数字签名　　　D．数字证书

8. 电子商务安全性分为：网络安全和(　　)两大类。

　　A．商务交易安全　　　　　　　B．资金安全
　　C．隐私安全　　　　　　　　　D．数字证书安全

9. (　　)是网上电子商务安全服务项目之一，能提供电子文件的日期和时间信息的安全保护。

　　A．数字证书　　　B．数字时间戳　　C．数字签名　　　D．服务器证书

10. 我国的第一部电子商务法是(　　)。

　　A．电子商务法　　B．网络安全法　　C．电子签名法　　D．数字证书法

二、操作与实践

1．查找资料，学习其他的加密算法，并与对称加密和非对称加密算法相比较，分析它们各自的特点。

2．在计算机中安装"天网防火墙"最新版，针对来自不同网络的信息，学习设置不同的安全方案，了解每一种安全方案所起到的功能，每一种安全方案对网络的访问产生什么样的影响。

3．在常见的软件下载网站中下载几种加密软件，如"文件保护专家""便携式文件夹加密器""文件夹加密超级大师""天盾加密软件"等。学习使用这类加密软件，掌握如何更好地保护自己的信息安全。

教学目标

通过本项目的学习,使学生掌握网上保险的优势及业务流程,掌握网络证券的特点及优势。

教学要求

知识要点	能力要求
网上保险	(1) 掌握网上保险的优势及业务流程 (2) 了解网上保险的模式
网络证券	(1) 掌握网络证券的特点和优势 (2) 掌握网络证券的风险防范

重点难点

➢ 网上保险的优势及业务流程
➢ 网络证券的交易流程

项目八 电子商务的行业应用

8.1 任务 网上投保

任务引入

为孩子买一份保险,希望孩子有一个健康、美好的未来,是每一位为人父母者的最大心愿。张先生夫妻俩听说养老险本身类似储蓄,早买的好处是保费低,就想为18岁的女儿买一份养老险。由于工作很忙,抽不出时间到保险公司的柜台办理相关保险手续,于是张先生想到了通过网络平台为女儿进行投保。

任务分析

张先生在网上多方搜索,细心比对,结合在线客服给出的建议,决定选择泰康人寿保险股份有限公司(简称泰康人寿)推出的泰康 e 爱家养老无忧终身年金保险(分红型)。之所以选择这个险种,是基于这种考虑:给孩子存的养老金几十年后才会用得上,这些年当中金融市场是变化的,利率肯定会有波动,而分红险则能有效调节利率波动对这份保险带来的影响。确定了险种之后,根据养老计划,系统会自动进行保费测算,之后再填写投保人的相关信息,在线支付后,投保过程就能顺利完成了。

相关知识

目前,在我国的金融业中,保险业是发展最快的行业之一,同时也是竞争最为激烈的行业之一。网络的出现、电子商务的发展,为保险业的发展带来了新的契机。网上保险以其快捷、方便、高效率、低成本等优势,越来越受到各保险公司的重视,必将成为金融服务业的一个新亮点,成为保险业未来的发展趋势。

8.1.1 网上保险概述

保险,既是一种经济制度,也是一种法律关系。它是对危险发生后所导致的意外损失的一种经济补偿制度。根据《中华人民共和国保险法》的规定,保险是指投保人根据合同约定,向保险人(保险公司)支付保险费,保险人对于合同约定的可能发生的事故因其发生所造成的财产损失承担赔偿保险金责任,或者当被保险人死亡、伤残、疾病或者达到合同约定的年龄、期限时承担给付保险金责任的商业行为。

网上保险,也称为网络保险或保险电子商务,是指保险企业,即保险公司或保险中介机构以信息技术为基础,以互联网为主要渠道来进行保险经营管理活动的经济行为,是电子商务环境下的保险创新。简单地讲,网上保险就是通过网络进行各种保险业务活动,将整个保险业务流程实现网上运作,包括保险信息咨询、险种查询、投保、核保、保费查询缴纳、理赔等。

网上保险,包含两个层次的含义:其一是指保险业务网络化,即保险公司通过网络为客户提供保险产品和各种服务,开展保险电子商务活动;其二是指保险公司内部管理网络化,即保险公司利用互联网技术进行内部的管理活动,包括利用网络对公司员工和代理人进行培训,利用网络与其他保险公司、保险监管机构、公司股东、代理人、工商管理机构等进行信息交流及其他相关活动。

可见,网上保险可以理解为是保险企业采用网络来开展一切业务活动的经营方式,它包括在保户、政府及其他参与方之间利用电子工具、通过网络来共享结构化和非结构化的信息,并完成商务活动、管理活动和消费活动。

8.1.2 网上保险业的发展情况

从国际上来看,网上保险最早是出现在美国。美国国民第一证券银行首创通过互联网销售保单,营业仅一个月就销售了上千亿美元的保单。目前在美国,几乎所有的保险公司都已上网经营。这主要是因为网上保险险种丰富,包括健康、医疗、人寿、财险、汽车险等险种,客户能将各大保险公司的多种保险产品集合起来,通过反复比较,较轻松地作出自己的选择,因此,网上保险得到了客户的普遍青睐。

与美国相比,我国的网上保险业务则起步较晚,较落后。我国的第一家保险网站,即中国保险网(www.china-insurance.com)(原名中国保险信息网),是1997年11月28日,由北京维信投资顾问有限责任公司与中国保险学会联合发起,由北京维信投资顾问有限责任公司主办的保险网站,是中国最早的保险行业第三方网站,也是目前国内规模最大、内容最丰富、最具权威性和影响力的保险行业综合网站之一,点击率始终位于国内同类网站的前列。中国保险网开网当天,就促成了我国网上投保的第一单。这一单是由新华人寿保险股份有限公司承保的,这是我国保险业迈入网络大门的标志。2000年8月16日,太平洋保险公司的电子商务网站——太平洋保险(www.cpic.com.cn)正式开通。这是太平洋保险公司全面开展网络销售和网上服务的整体网站,它的开通标志着中国保险业第一个贯通全国、联结全球的保险网络系统的诞生。随后,其他保险公司也纷纷推出自己的网站,开展网上保险相关业务。如2000年8月18日,中国平安的一站式综合理财网站pa18(现为www.pingan.com)正式启用,平安大步进入电子商务,随之平安门店服务中心、平安电话中心、互联网中心组成的3A服务体系的运行,标志着平安的客户服务向国际水平迈进,其强有力的个性化功能开创了国内先河。2006年10月,中保网(www.sinoins.com)正式上线。中保网是在原《中国保险报》电子版的基础上改版扩容而形成的,是为广大保险人和被保险人提供资讯、商务服务的保险门户网站,其定位是中国最权威的保险信息平台,中国人的网上保险顾问,中国最大的网上保险超市。

根据美国独立保险人协会的报告预测,在今后10年里,个人险种的37%、企业险种的31%都将通过互联网来完成。与此同时,与网络相关的险种也日益丰富,例如美国针对"黑客"的攻击,就推出了"黑客保险"业务。

中国作为最有潜力的保险市场之一,外资保险公司也看好中国市场,纷纷涌入中国,并建立自己的保险网站,开展网上保险业务。美国友邦保险有限公司(简称友邦保险)上海分公司成立于1992年9月25日,是第一家获准在中国大陆设立的外资保险分公司。2000年9月,友邦保险上海分公司的网站正式开通,开始利用网络为客户提供网上保险业务。

真正意义上的网上保险意味着实现电子交易,即通过网络实现保险信息咨询、保险计

项目八 电子商务的行业应用

划书设计、投保、核保、缴费、承保、保单信息查询、续期缴费、理赔和给付等保险全过程。因此，在我国，网上保险可以说尚处于初级阶段。虽然现在几乎每家保险公司都推出了自己的网站，但部分网站其主要内容大都局限于介绍产品、介绍公司的背景、与客户进行网上交流，处于宣传自己、扩大影响阶段，还没有实现真正意义上的网上保险。在这方面，走在前列的是平安保险和泰康人寿。平安保险的 www.pingan.com 和泰康保险的 www.taikang.com 两个电子商务平台，都是投资上千万元的项目。它们已经具备了网上保险的基本功能，实现了真正意义上的网上保险，并且已经具有了较强的竞争能力。

8.1.3 网上保险的优势

传统的保险经营方式已经逐步暴露出不足：保险业务很难实现货比三家；由于各种原因，客户办理一份保险常常需要跑多次；对保险责任的了解仅凭保险营销员的解说，投保人很难全面了解，导致投保效率不高；理赔难也比较常见等。

小案例

网上购车险

深圳一位女士在保网(www.ins.com.cn)购买车险之后有以下留言："去年，我买了一台宝来，车险是在车行买的，花了 6 000 多块。上周我的车险到期，车行主动联系我，给出了 5 800 元的报价；一个平安的保险代理人找到我，给了 5 500 元的报价。当时我想，在网上能不能找到更便宜一点的车险呢？在百度搜索，找到了保网车险超市，我提供了报价资料，保网报出了 3 600 元，还送了 20 万元的意外险。当时我简直不敢相信，这里的价格怎么可能会这么低？没错啊，都是平安的，投保的项目和保额也一样……我在网上支付了保险费后，6 小时内就收到了保险单，为了谨慎，我还向保险公司验证了保单的内容，一切OK，我非常愉快地在保网体验了网上购买车险的乐趣。据了解，保网每天的成交量都很大。保网的一位工作人员告诉我，他们因为是网上直销，节省了许多中间环节和时间成本，所以价格才会这么低；保网还有投诉专区，如果遇到理赔服务等问题，还可以找他们协助，他们可以提供报案、理赔方面的帮助……"。

与传统的保险经营方式相比，网上保险以一种全新的保险经营方式出现，具有传统保险不可比拟的优势。

1. 超越时空限制，方便快捷

基于互联网的保险，实现了全天 24 小时工作；消费者不论在世界任何地方，只要能够上网，足不出户，就能与保险公司零距离接触；保险公司可以获得更多的时间和巨大的空间进行营销活动，随时为客户提供服务，方便快捷，能有效地促进保险业的发展。

小案例

网上购买旅行保险

中国最大的保险资源仓库——圈中人(www.qzr.cn)中介绍：一位西安的客户在短短一年内通过中国人保财险电子商务网站(www.e-picc.com.cn)(简称 e-PICC)购买了 76 份 "e-神州逍遥行" 境内旅行保险。该客户拥有一个越野俱乐部，经常组织北京、上海、广州、台湾等地的游客，到新疆、西藏、川西、青海等地观光旅游。每次出发前他都要到保险公司的营业点为游客购买旅行保险,既费精力又耗时间。一年前他出差到上海,偶然听说网上保险服务,回到西安后,他就抱着试一试的态度,通过 e-PICC 购买了一份"e-神州逍遥行",网上支付成功后很快就收到了电子保单,再也不用奔波到营业柜台去投保了。从此,他每次出发前都通过 e-PICC 为游客选购一份贴心的保险产品。

2. 信息丰富,便于消费者充分选择

网上保险,其信息的发布更全面、更透明、更系统,消费者从网上可以更容易地获取大容量、高密度、多样化、专业化的丰富信息,使消费者从信息残缺不全、选择单一、被动无奈的不良局面,转向在多种保险产品之间实现多元化的比较和选择,从而减少消费者投保的盲目性、局限性和随意性。

3. 消费者行为的自主性增强

网上保险,消费者更多的是根据自己的主观需求,自主选择、自主实现投保意愿,一改传统保险经营方式下,消费者被动、消极地接受保险中介硬性推销的状态,真正满足自己的保险消费需求,有利于使消费实现最大价值。

4. 简化交易手续,提高投保效率,降低经营成本

"保障家庭财产,撑起一片蓝天:您可以免费获得多家保险公司的报价和服务,操作简易,为您的家庭量身定做一份完美的家财险方案。"这是股天下(www.gutx.com)家财险板块的一段广告,投保效率可见一斑。

网上保险,一般不需要经纪人或代理人的介入。在网上,消费者可以轻松方便地获取若干家保险公司的背景信息,全面了解数家保险公司的险种和报价,自行计算保费等。总之,一切均在网上实现,交易手续简便、高效。同时,保险公司也可以减少维持固定营业场所的费用,还可到网上来推广保险广告等,这些都可极大地降低保险企业的经营成本。

美国一家公司的研究报告表明:网络将导致整个保险成本降低 60%以上,特别是在销售和客户领域,成本更是会大大降低。国外的有关数据显示,通过互联网进行分销相对于其他销售渠道来讲,其成本最为低廉。代理人、经纪人、电话中心和互联网的保险销售成本比为 152∶116∶20∶10;每次服务成本比为 19∶15∶8∶0.45。

5. 扩大企业影响,提升企业知名度,易于提供个性化服务,提高企业的市场占有率

通过互联网,保险公司可以在全世界范围内介绍自己的企业及保险品种、各种服务等,极大地提升企业的知名度,充分拓展企业的业务范围,提高企业的市场占有率;可以及时了解市场的需求动态、客户的意见和要求,根据客户的具体情况定制保险,最大限度地满足客户的个性化需求;还可以从客观上避免隐私的泄露及防范尚不完善的中介环节造成的一些服务风险。

综上所述,网上保险具有明显的优势,是保险经营的发展方向。从发展的角度来看,我国的网上保险业将会像国外的网上保险一样,蓬勃发展,最终实现完全电子化保单和全过程的网上保险。

8.1.4 网上保险的业务流程

从客户的角度来看，购买保险不是一件简单的事情，有时还很麻烦，生活中许多人都有过这种购买保险的经历：实地选择保险公司、选择险种、选择保险代理人、约定时间、准备资料，来回奔波几次也不见得能办好。而网上保险的开展，能充分发挥互联网的信息平台优势，真正实现以客户为中心的服务理念。对客户来讲，其业务流程比较简便易行。

以泰康人寿为例，一个比较完整的网上保险流程，如图8.1所示。

图 8.1 网上保险流程图

1. 注册登录

进入泰康人寿的网站，注册成为该网站的用户。注册用户，便于网站进行客户管理，也利于客户进行查询和再次使用。注册成功后，即可登录。

2. 选择保险计划、险种

几乎所有的保险网站，都有比较详细的险种介绍。像泰康的产品种类就比较多，有投资型保险、健康型保险、养老型保险、分红型保险等几大类。具体的险种，客户要根据自己的保险需求，科学、合理地选择。在泰康人寿，有这样的产品介绍，"如果您一年中经常外出并且需要乘坐各种交通工具，可以选择亿顺交通工具意外保障计划，花费较少的钱，得到较高的保障；如果您需要送给亲友一份保险礼品，亿顺福卡就是您的首选。亿顺福卡是泰康人寿精心设计的一款保险自助礼品卡，内含一款总保额98万元的交通工具一年期意外保障保险。"选定险种之后，还要仔细阅读该险种的保险条款以及投保须知。

3. 填写个人相关信息

个人信息包括客户的真实姓名、性别、详细联络地址、证件属性、证件号码、电子邮件、投保地区、需要的保单形式等，填写完毕单击【确定】按钮，之后可以对保单进行预览。

4. 进行在线支付

泰康人寿提供多种支付方式，用户可根据自己的情况选择使用，包括手机支付、邮局汇款、银行汇款、工商银行网上支付、招商银行一网通用户支付等，都非常方便。

5. 投保成功，根据客户需求，发出电子保单或纸质保单

在线支付成功，即投保成功后，客户就可得到唯一的保单号；根据需要，还可以选择保单的形式，可以是电子保单，也可以是纸质保单。

在泰康人寿进行在线投保，如果遇到什么问题，可参照其常见问题解答，包括保全业务、网上业务、贵宾业务等各方面问题的解答，也可以在线向客服人员咨询，两种方式都很方便。

8.1.5 网上保险的功能

虽然不同的保险网站,内容侧重有所不同,但具体到网上保险的功能,可归纳为以下几点。

1. 宣传企业,介绍产品

互联网是一个极佳的宣传平台,通过互联网,保险企业可很好地展示自己的形象。在网站上设置公司简介、产品介绍、特色服务、新闻中心、保险知识等栏目,可以让浏览者全方位、多角度地认识企业,了解保险;保险网站一般还有关于险种、服务等详细的介绍、说明、演示,使浏览者能更好地查询,获得各种所需的详细信息。

2. 实现网上投保(在线销售)

投保人(客户)可随时登录保险网站,购买保险产品,实现网上投保,包括比较、选择险种、进行在线提问、在线支付、在线生成保单等。对于保险网站来讲,就是实现在线销售。

3. 提供个性化服务

售后服务是保险服务的重要组成部分,也是提高客户满意度的重要内容。传统的保险营销方式经常由于人员队伍的不稳定,致使售后服务质量大大降低,影响客户满意度。而网上保险,借助互联网的优势,保险企业可非常方便地与客户沟通,了解客户的需求,为客户提供满意的个性化服务方案。比如通过搜集、整理、分析客户填写的信息,可了解客户的职业特性、爱好、投保意向等;通过向客户收发 E-mail、设置在线调研问卷等,可搜集了解客户的需求、意见,掌握市场情况,为企业决策提供依据。

4. 便于开展合作业务

对于保网这样一些大型的保险中介或保险超市来讲,属于独立的第三方网上保险交易平台。目前,其网站主页上列出的合作伙伴包括人保财险、太平人寿、平安健康、安信农业等近 70 家合作伙伴;另外,还有若干战略合作伙伴、合作媒体等。

5. 增长人们的保险知识,增强人们的保险意识

在百度,输入"保险网站"4 个关键字,用极短的时间,即可搜索到大约 3 600 万篇关于保险的网页。这样丰富的网络资源对于增长人们的保险知识、增强人们的保险意识无疑是很有帮助的。

8.1.6 网上保险的模式

网上保险从不同的角度划分,有不同的模式。

1. 从能否真正在网上完成保险全过程的角度划分

从能否真正在网上完成保险全过程的角度划分,网上保险的模式分为以下两种。

1) 网上保险服务模式

这种类型的网上保险主要是提供各种保险信息服务,即保险产品介绍、咨询服务等,很少或不开展实际的网上投保业务。目前国内外都有这种类型的保险网站。我国由于网上保险起步较晚,有些保险网站也属于这种类型,如中华保险网(www.123bx.com)、圈中人保险网等。圈中人保险网是我国成立较早的保险专业网站之一,创建于2000年3月。该网站立足于提供保险专业资讯,设有36个专业板块,包括保险时讯、保险人才、保险条款、保险费率等,目前已发展成为中国最大的保险专业资源网站。

2) 网上保险实现模式

这种类型的网上保险也提供各种保险信息服务,即保险产品介绍、咨询服务等,但更着重实际的网上保险业务开展,即在网上就可实现保险全过程。目前国内的平安保险、泰康人寿、中保人财和太平洋保险等均建立了自己的电子商务平台。在这一领域中走在前列的当属泰康人寿和平安保险,它们都利用自身的经验和优势大力发展网上营销活动。

2. 从保险网站的性质角度划分

从保险网站的性质角度划分,网上保险的模式分为以下两种。

1) 保险专卖店模式

这种模式类似于现实生活中的专卖店,一般是现实中的保险公司借助于互联网开展保险业务的延伸和拓展。网站侧重介绍本公司的产品、服务,进而宣传公司、推广公司。网站一般拥有明确的业务内容和客户资源,有母公司强有力的支持。像泰康人寿、中国平安等,都是国内比较有代表性的保险专卖店模式网站。这种模式为保险公司整合内外资源,实现跨越式发展创造了良好条件。

但在这种模式中,网站只侧重介绍本公司的产品和服务,可能造成消费者在选择保险时,无法与其他保险公司的产品直接进行横向对比。据业内人士透露,虽然每家公司的保险网站的点击率每年都在上升,给公司带来的保费收入也保持高速增长,但与一些综合性的保险网站相比,其知名度和浏览量等还很低。

2) 保险市场模式

这种模式也可称为保险超市模式或第三方保险平台模式,是提供新型保险中介的电子商务平台。像保网,这种模式的保险网站都致力于为保险买卖双方及保险相关机构和行业提供一个中立、客观的网上交流交易的公用平台;介绍若干保险公司及它们的产品、服务;帮助客户轻松了解、比较、购买保险;帮助保险公司和保险代理人通过网络渠道开发客户资源、提高工作效率、提升服务质量;帮助保险相关服务机构和行业降低服务成本,提高服务质量。因此,这类网站一般是集交易、社区、门户为一体的保险电子商务网站。该类网站具有选择面广、成本低、方便直观的特点,能够弥补保险专卖店模式的不足之处。

任务实施

张先生结合自己的实际情况,最终选择了泰康人寿推出的泰康 e 爱家养老无忧终身年金保险(分红型)。

泰康人寿保险股份有限公司,简称泰康人寿(www.taikang.com),是1996年8月成立的,目前已成长为一家以人寿保险为核心，拥有企业年金、资产管理、养老社区和健康保险等全产业链寿险服务的全国性大型保险公司，也是我国最早推出网上保险服务的保险公司之一。网站首页如图 8.2 所示。

图 8.2　泰康人寿网站首页

(1) 选择险种。登录泰康人寿网站，选择险种——泰康 e 爱家养老无忧终身年金保险，进入网上购买该险种的页面，如图 8.3 所示。

图 8.3　网上购买养老险

项目八　电子商务的行业应用

(2) 保费测算。单击【立即报价】按钮，根据被保险人的个人信息以及缴费期限、购买份数等，系统会自动计算保费，如图8.4所示。

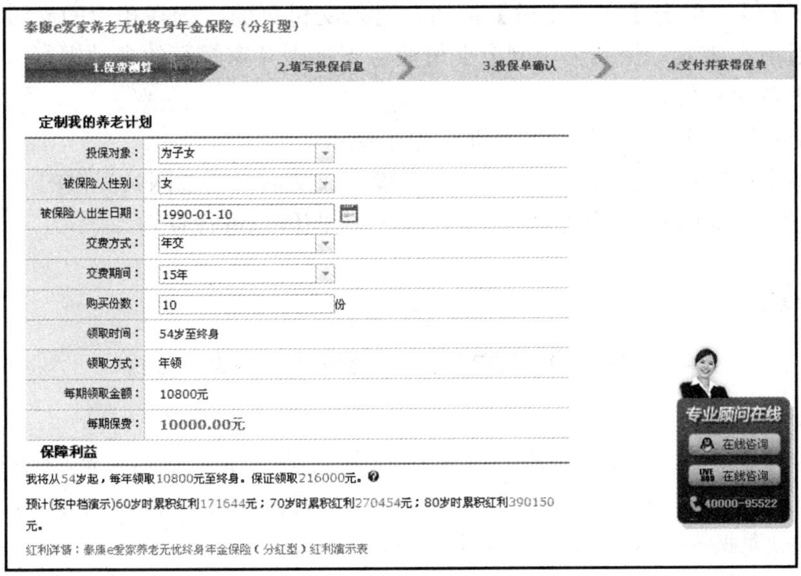

图 8.4　保费测算

(3) 填写投保信息。先阅读"泰康 e 爱家养老无忧终身年金保险(分红型)红利演示表"，之后单击【直接投保】按钮，再填写相关信息，包括投保人个人信息、被保险人个人信息、身故保险金受益人信息、推荐人信息等，检查无误后，单击【提交】按钮，如图8.5所示。

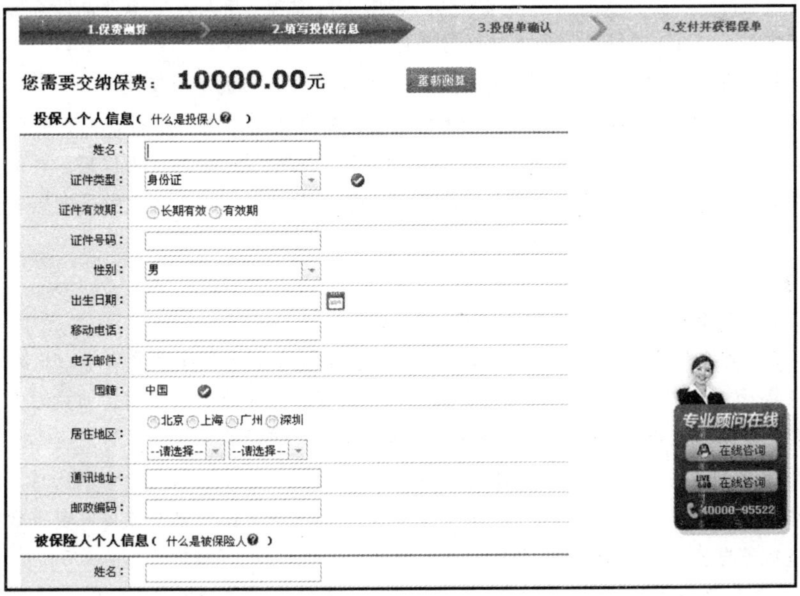

图 8.5　填写投保信息

(4) 确认保单。对系统生成的保单,客户可再次核对和修改;若无需修改,单击【下一步】按钮,系统提示投保成功,说明客户已成功提交投保申请。

(5) 进行支付。单击【立即支付】按钮,进入支付页面,选择相应的支付方式,进入支付流程。目前泰康人寿保险公司网上支付业务支持十几家银行的多种银行卡和支付宝、快钱等支付平台的支付。

(6) 获得保单。成功支付后,客户获得电子保单。

至此,整个在线投保过程完成。另外,在投保成功后,通过网站提供的"客户服务/查询服务/保单查询"功能,客户可对自己的保单或投保信息进行查询。

案例分析

平安网上车险淘宝开店 车险行业网销大局隐现

【案例简介】

随着我国经济的快速发展,近几年来,很多普通的家庭都买上了自己的汽车。在人们享受车生活便利的同时,由于机动车保有量的大幅度增加,各类交通事故也呈现出多发的态势。第三方受害者的索赔,自己车辆不同程度上得损坏等情况,都让汽车保险变得越来越重要。

平安保险素以"创新"见长。近年来,平安一直在积极拓展公司官网之外的车险网销新渠道。平安与淘宝网携手签署合作协议,平安网上车险(http://www.pingan.com/xcrw)业务正式登录淘宝网官方旗舰店。投保者通过淘宝网购买平安商业车险,也同样享受15%的优惠。据悉,此投保模式在业内尚属首创。

目前,在平安保险淘宝旗舰店可投保的商业车险品种,包括第三者责任险、车辆损失险、乘客座位责任险、司机座位责任险、全车盗抢险等主要基本险险种,以及玻璃单独破损险、自燃损失险、车身划痕损失险、不计免赔特约险、涉水行驶损失险等比较热门的附加险险种。用户可以根据自己的投保需要自由选择,直接使用淘宝用户名ID进行车险投保和保费支付。

通过淘宝网投保平安车险的用户,同样可享受到平安官网直销的优惠与便捷。以往车主在平安官网上可享受到的1分钟精准报价、10分钟完成投保流程、量身定制各种套餐等服务,同样可以通过淘宝网的中国平安官方旗舰店实现。此外,在保费上也可享受和平安官网投保一样的优惠价格。对于人们普遍关心的出险理赔等问题,平安承诺无论通过任何渠道投保的平安车险产品,均可享受由平安统一提供的优质理赔服务。

【案例分析】

平安网上车险的优势主要表现在以下几方面:

(1) 险种丰富、报价精准。平安网上车险后台车型库,涵盖了国内汽车消费市场中绝大部分车型。客户在选择车辆保险时,还有相应的汽车图片辅助车主进行选择。这种简单直观的辅助投保方法,为车主提供了很大的便利。在平安保险公司的网上车险平台投保,车主可随时随地登录平安网上车险平台,网站提供交强险和多种商业险险种供车主选择。投保时,车主只需通过填写简单的个人和车辆资料,即可快速获得网上车险的精准报价。这种报价不仅速度快,还可为车主提供市场对比价格及节省保费等数据,让客户一目了然,清楚地知道自己省了多少钱。

(2) 渠道扁平化。众所周知,传统的车险营销渠道主要是各城市代理商或者4S店。整个车险流通渠道可能经过了区域代理商、省代理商、市代理商、各终端销售商等多个环节。而每一个环节都会需要一定的利润空间。举例来说,如果每一个销售环节平均需要5%的利润,整个销售流程走下来,用户就必须多付出20%的费用。而实现车险网络销售之后,减少了销售环节,不仅企业可以获得更多的利润,而且消费者也能得到一定的实惠。用户通过网上投保平台直接面对车险销售商平安车险,经过简单的车险选择、估价、购买、付款操作后,就可以完成车险的购买。整个过程只需几分钟,这不仅节省了广大车主的时间,还节省了车主的交通费用。此外,由于车主是直接面对平安,省去了中间环节,平安也能最大限度的让利给车主。目前,通过平安网上投保,更方便快捷。渠道扁平化后,平安和车主获得了双赢的局面。

(3) 支付方式灵活。支付方式灵活是网销车险的又一大优势。网上车险平台支持商业险、交强险同时投保,为客户提供的保费支付方式十分灵活,不仅支持各大银行网银、信用卡、快钱、支付宝等网上支付手段,还能提供上门送单后刷POS机付款服务。

(4) 理赔及时、办理方便。车主通过登录平安网上车险平台,10分钟即可完成在线投保,同时享有保费优惠政策,在家中即可坐享中国平安网销车险低廉的价格和优质的服务,乐享平安驾驶的乐趣。上线的车险个人版网上投保系统,包括了网上投保、费率计算、车型选择、在线核保、E-mail告警及反馈、在线修改投保信息、网上保费支付等各项交易功能,同时在需求分析、险种推荐、保险资讯、网上报案、服务机构及条款费率说明等资讯内容上也进行了进一步丰富和改进。投保客户可以通过PA18网站平台分析了解自己的购买需求,选择保险种类,直接进行综合险网上投保,通过个人邮箱或网上保险账户查询核保反馈信息,并可以在线修改投保资料,自由选择网上或网下方式支付保费等。另外,平安车险的新老客户还可以在PA18.com上走快捷通道,直接进行三责险投保和上期保单的续保,或进行历史保单查询和出险报案登记。

(5) 注重用户体验和交流。车险厂家通过网络能与车主进行直接、互动的沟通,做好售前、售中、售后服务,更好地满足消费者的需求。平安网络车险以微博为信息纽带,将网络车险的价格和服务优势传播出去。同时可以引发目标用户的关注,充分发挥微博的互动功能。平安车险的微博不仅是在传递企业文化和信息,也是在积累用户和口碑。

(资料来源:飞象网　http://www.cctime.com)

8.2 任务 模 拟 炒 股

任务引入

随着市场经济的发展,人们的投资观念也在发生变化,越来越多的人认识到投资理财的重要性。张晓军手中有10万元闲散资金,想做证券投资,但苦于没有经验,生怕盲目入市后,造成损失。虽说他对网络比较熟悉,但在网上进行证券交易对他来说却是一个陌生的领域,不知该如何操作。

一日他遇见了同学李明,聊天时说到证券的事情。恰巧李明在一家证券公司工作,对网络证券交易很熟悉,便给张晓军提出了好的建议。

任务分析

李明建议张晓军先选择一个模拟炒股的网站进行演练,等积累了一定的经验之后,再入市也不迟。

相关知识

20世纪末期,随着计算机技术和网络通信技术的迅猛发展,网上金融应运而生,它是随着电子商务发展而产生的网络时代的金融运行模式,包括网络证券、网络银行、网上保险等内容。

8.2.1 网络证券的概念

网络证券交易,又称为网上证券交易,是电子商务的一种代表形式。从投资者的角度来讲,网络证券通常是指投资者利用网络资源,获取国内外各交易所的及时报价,搜索国内外各类相关的经济金融信息,分析市场行情,并通过网络进行委托下单,实现实时交易;从证券公司的角度来讲,网络证券通常是指证券公司利用网络资源进行证券交易活动及其他相关活动,包括提供证券实时行情、各类经济金融信息、市场信息、投资咨询、网上证券发行、网上开户、网上委托、网上交易、网上交割、证券知识介绍、证券专门工具下载等。

8.2.2 网络证券交易主体

在网络证券交易过程中,参与的主体分别为证券公司、证券投资者和网络服务提供商。证券公司(券商)是专门从事有价证券买卖的法人企业。根据中国证监会《网上证券委托暂行管理办法》第二十四条的规定,只有获得中国证监会颁发的"经营证券业务许可证"的证券公司,方可向中国证监会申请开展网上委托业务;未经中国证监会批准,任何机构不得开展网上委托业务。由此可见,目前在我国,只有证券公司可以开展网上证券委托业务。证券投资者,是指那些与证券公司签订网上证券委托协议并在证券公司合法营业场所依法开户的投资者,包括个人投资者和机构投资者。网络服务提供商,是指那些为网络证券交易提供互联网接入及其他增值服务的企业。

8.2.3 网络证券的特点和优势

证券市场复杂多变,传统证券交易由于受到各种因素的影响,包括营业场所地理位置的限制、营业时间的限制、交易方式的限制、咨询条件的限制等,呈现出种种不足之处。网络证券,以信息技术为基础,以互联网为媒体,是一种特别适合在网上交易的"商品",是电子商务的典型应用领域。美国证券交易委员会曾在一份有关网上交易的报告中指出,网上证券交易是自电话发明以后个人投资者与证券公司之间关系的一场最重大的转变。网络时代对证券业的影响和冲击是全方位、立体化和持久的。因此,网络本身的特性,再加上证券的特性,就使得网络证券交易与传统证券交易相比,具有突出的特点和优势。

1. 打破时间、地域限制

网络证券交易借助于无所不在的互联网为载体,通过高速、高效的信息流动,从根本上打破了时间、地域的限制,使得投资者能在任何时间、任何地点,只要能够上网并办理了网上委托交易的相关手续,就可以在无形、虚拟的交易市场中,接收行情、委托下单,

项目八　电子商务的行业应用

轻松地实现交易；网络证券还为那些有投资欲望却无暇或不便前往证券营业部进行交易的人提供了便利。

2. 为投资者提供丰富的信息

网络证券交易通过互联网进行，克服了传统市场上信息不充分的缺点。在证券公司的网站以及中立的金融证券资讯网站上，都提供有关证券的丰富的、各种层次的信息，包括股票即时行情、个股行情分析、股市分析研究报告、行业研究报告、上市公司财务报表、热点透视、专家分析预测、博客论坛、证券新闻、证券知识等，可谓应有尽有。网络证券，能使投资者在第一时间获得自己所需要的与投资和证券有关的各种信息，及时对市场走势、行情信息做出判断，有利于投资者做出投资决策。

3. 主动获取信息，咨询服务极为便利

网络证券交易，其信息服务注重主动性、动态性，使咨询服务变得极为便利。投资者登录提供证券信息服务的网站，可以主动、及时、有效地获取大量动态信息，筛选相关投资咨询信息；在网上还可以向专家咨询、与专家交流；与其他投资者畅谈体会、交流心得；在论坛上发表感悟、提出问题等。这是其他证券交易方式(比如证券大厅交易或称为柜台委托、电话交易或称电话委托)无法实现的。网络证券交易，使投资者对信息的获取，从单向被动式获取向双向主动交互式获取转化。这种信息获取方式的改变，大大提高了证券市场信息的流通速度，使投资者能够时刻把握股市动态，全面获取证券投资信息。

4. 在线交易，方便快捷

网络证券交易能充分体现互联网的高速便捷功能。一般在网上委托下单，从委托信息到到达证券营业部，用时不超过 8 秒钟。而其他委托方式则耗时较长：柜台委托，约 1～2 分钟；电话委托，约 25 秒。可以说，在所有证券交易委托方式中，网上交易方式是最方便快捷的。

5. 降低经营风险

网络证券交易通过网上交易系统进行，最大限度地减少了人工干预。由于网上交易渗透到证券活动的方方面面，如信息传递、交易、清算、交割等，从而极大地减少了中间环节，使由人为主观因素造成的失误降到最低限度。从这个角度来讲，网络证券交易能降低券商的经营风险。

6. 降低经营成本

对券商而言，网上证券交易的大规模开展，可以大幅度降低营业部的设备投入和日常的运营费用。有关资料表明，目前营业部有形交易场所占地比较大，平均面积都在 1 000 平方米以上，营业部一次性投资均为 500 万～2 000 万元人民币，平均月营运费用为 25 万～80 万元人民币。而网上交易是通过无形市场进行的，是在虚拟营业部完成的，从而可以大幅度降低营业部有形交易场所的投资、成本以及人工费用。在支持同等客户的条件下，网上交易的投资是传统营业部投资的 25%～50%，平均月营运费用是传统营业部费用的 20%～25%。

7. 提供安全交易手段

证券业务即金融业务，因此证券企业要有完整的安全策略，网络解决方案必须是端到端的具备良好安全性的解决方案。网络证券交易对证券公司的网络提出了更高的要求，如何使网络速度快、系统稳定及安全性高等已成为证券行业网络必须要解决的问题。就目前的网络安全技术来讲，已经能很好地达到这一要求。现在网上交易通常采用对称加密和非对称加密相结合的双重数据加密技术，按照国际标准加密协议、数字签名技术等进行身份认证。专家认为，在线交易的安全系数要远远高于传统的委托方式，如电话委托。可以说，网上交易为投资者提供了安全的交易手段。

8.2.4 网络证券的交易流程

从目前我国几大网络经纪商所提供的网络交易平台来看，网络证券的交易流程对于投资者来讲比较方便。根据网上委托的方式不同，其交易流程有所不同。网上委托一般分为两种方式：一种是利用 Internet Explorer，另一种是利用券商提供的专用网上股票交易系统，两种方式的交易流程有所不同。利用 Internet Explorer 这种方式，投资者只要访问相应证券公司的网站，输入正确的用户名、密码相关验证信息后，选择【在线交易】选项或单击【下单】按钮，就可以进入网上委托交易的页面进行网上交易。而利用券商提供的专用网上股票交易系统(客户端软件)进行网络证券交易，则稍复杂一些。

利用券商提供的专用网上股票交易系统(客户端软件)进行网络证券交易，交易大致可分为 8 个步骤。

1. 开户

开户，即开立股东账户，是进行证券交易的第一步工作。目前办理开户手续具体有 3 种方式：网上预约开户、电话预约开户、到营业部直接开户。3 种方式都很便利。不论哪种开户方式，券商都要求客户提供真实的相关资料。

2. 申请办理数字证书

使用网上委托系统，为保证安全，一般须办理网上委托的数字证书(CA)。投资者在保证所提供的身份证及各种信息真实、准确的基础上，可到证券营业部受理点申请办理 CA 证书。根据上级 CA 中心的规定，一般要收取一定的成本费用(包括开户费和年使用费)。另外，CA 证书一般在申请的 T+1 日(第二天)后方可正式使用，一年内有效；超过一年，则需重新申请办理。

3. 连通网络

保证网络畅通，能顺利登录到券商的网站。

4. 下载交易软件和 CA 数字证书

任何软件都对安装环境有一定的要求，客户端的计算机必须满足交易软件的安装环境要求，否则，软件的安装及正常运行都会受阻。申请办理好 CA 数字证书后，用户即可得到券商提供的密钥信封。下载 CA 证书，用户可登录到相关的电子商务安全证书管理中心网站自行下载或由券商代为下载，两种方式均可。

5. 安装软件

软件下载成功后，双击软件即可自动安装。

6. 进入交易系统

启动该软件，然后登录，正确输入相关信息：资金账号、用户名、密码、CA 数字证书密码等，验证成功后，方可进入交易系统。

7. 进行网上委托交易

在完成以上 6 步操作之后，即可进入交易操作系统主界面，实现网上证券交易。

目前，一些券商的"网上营业厅"业务项目很丰富。以上海证券网上营业厅(www.962518.com)为例，其业务项目包括预约开户、业务办理、基金超市、实时行情等。在这里，用户可以买入股票、卖出股票、批量买入、批量卖出、查询委托、查询成交、查询股票持仓情况、查询资金情况、修改密码、撤单等。对用户来讲，根据提示所有操作都很方便。比如卖出股票，在交易状态下登录成功后，单击【卖出】按钮，输入股票代码、股东账号、委托价格和委托数量后，单击【确认】按钮即可；如果委托成功，系统会显示出完整的委托信息；再次确认后，系统将显示该笔委托的合同号；客户可利用查询系统来跟踪该笔委托的执行结果。

8. 退出系统

交易结束，即可退出系统。

 小案例

国泰君安证券网

目前，证券公司开展网络证券交易很普遍。国内的券商如海通证券、国泰君安证券、西南证券、湘财证券、华泰证券、平安证券等，均已开展网络证券交易。

国泰君安证券公司于 1999 年 8 月 18 日组建成立，是经中国证监会批准开展网上证券委托业务的首批 23 家券商之一。目前注册资本 61 亿元，第一、二、三大股东分别为上海国有资产经营有限公司、上海国际集团有限公司和深圳市投资控股有限公司。公司所属的 5 家子公司，在全国 30 个省、市、自治区设有 29 家分公司、193 个证券营业部，是目前国内规模最大、经营范围最广、机构分布最广、服务客户最多的证券公司之一。公司以诚信的文化、专业的技术、创新的精神、周到的服务在业内树立了良好的品牌。2005 年年初在国内大型券商中率先获中国证监会批准取得创新试点资格。2009 年 9 月，在由证券时报主办的"第十届中国优秀财经证券网站"评选中，国泰君安证券网蝉联第一名。2010 年 1 月 25 日，国泰君安证券股份有限公司荣获由《理财周报》重磅打造的行业评选活动"2009 中国券商势力榜"评选中系列奖项的"2009 年证券公司综合实力"奖项。2004—2011 年，国泰君安在《世界品牌实验室》中国 500 最具价值品牌评比中连年位居"中国券商品牌价值"榜首；2008—2012 年，连续 5 年获得中国证监会券商分类 A 类 AA 级评价。国泰君安的服务宗旨是创建世界一流投资银行，促进中国资本市场发展。国泰君安证券网站首页如图 8.6 所示。

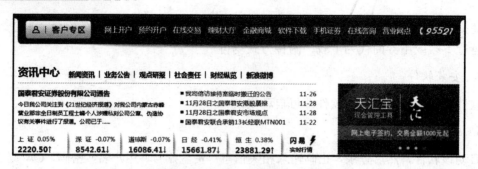

图 8.6 国泰君安证券网站首页

客户在这里可以学习证券投资有关知识、了解资讯信息、向专家咨询有关问题、预约开户、进行证券在线交易等。

8.2.5 网络证券交易风险分析

1. 证券投资风险

"股市有风险，入市需谨慎"，投资者在追求投资收益的同时，也必然同时面对投资风险。所谓风险，是指遭受损失或损害的可能性。就证券投资而言，风险就是投资者的收益和本金遭受损失的可能性，即实际获得的收益低于预期收益的可能性。

从风险与收益的关系来看，证券投资风险可分为系统风险(又称为市场风险)和非系统风险(又称为非市场风险)两种。系统风险，属于来自企业外部的宏观政治、经济等方面因素造成的风险，是与整个市场波动相联系的风险，是由影响所有同类证券价格的因素所导致的证券收益的变化，如政治、政府宏观调控下的各种政策、自然灾害、经济周期等因素。这类风险，其破坏性非常大，同时难以回避，具体包括政治风险、汇率风险、利率风险、信用交易风险等。如 B 股投资者，在 1997 年 7 月起始于泰国，后迅速扩散到整个东南亚并波及世界的东南亚金融危机下，遭受的汇率和股市的双重风险，则属于系统风险。非系统风险，是指与整个市场波动无关的风险，属于企业自身某些原因引起的证券价格下跌的风险，是由于微观因素造成的，如企业的管理能力、劳工问题、消费者偏好变化等因素对于证券收益的影响。这类风险具体包括企业经营风险、企业财务风险、道德风险、交易风险、证券投资的价值风险、证券投资的价格风险等几种。

由于系统风险与整个市场的波动相联系，因此，无论投资者如何分散投资、如何进行投资，都无法消除或避免这一类风险，系统风险是所有投资者都必须承担的。而非系统风险，与整个市场的波动无关，投资者可以通过投资分散化、科学投资等来消除或避免这一类风险。一般说来，市场风险的高低与投资收益有一定的关系，投资者承担较高的市场风险，有可能获得与之相适应的较高的收益补偿，正所谓高风险高收益，但切记这只是可能。

另外，人的心理因素对证券的影响也不容忽视。证券投资决策是人的主观行为，客观因素无论怎样变化，最终都得由人本身来评判、决定是否参与及如何参与证券投资。引起证券投资风险的心理因素可归为两类：一类是市场主导心理倾向变化；另一类是投资者个人心理倾向变化。市场主导心理倾向，是指一段时期内，证券市场上大多数人对行情的看法，属于人的主观认识活动，可能有时悲观，有时乐观。尤其在发育不成熟的市场上，某些个人投资者往往会被卷入其中，市场稍有风吹草动，大批散户就会捕风捉影，甚至闻风

项目八　电子商务的行业应用

而动，大量抛出或购入股票，形成虚假的"利好"或"利淡"的市场气氛。投资者个人心理倾向即投资者个人的心理因素，内容比较复杂，典型的有从众心理、贪婪心理、侥幸心理和赌徒心理等。

2．网络证券交易风险揭示

由于网络证券交易，既是一种证券交易活动，又是一种电子商务过程，网络证券交易的双重性，决定了在网络证券交易中既包含传统交易业务的成分，又包含电子商务的成分。因此，明确交易过程中各环节所产生的风险以及对这些风险的防范是十分重要和必要的。

网络证券交易的风险除了包括传统证券投资风险之外，还包括以下几项风险。

1) 系统风险

这里的系统主要指的是操作系统、应用系统和网络系统。这些"系统"都可能存在由于设计不够完善、使用不当或其他原因，引起系统崩溃或造成系统损坏的风险。另外，系统开发遗留的安全漏洞也可能成为风险源。

2) 技术风险

进行网络证券交易，投资者和券商都面临技术上的种种风险。从投资者的角度来讲，由于互联网传输等原因，交易指令可能会出现中断、停顿、延迟、数据错误等情况；由于计算机病毒攻击、网上黑客的侵入，投资者存在身份被仿冒、资金被盗取、不能及时进入网上证券交易系统、无法进行正常交易的风险等。比如由于线路繁忙，投资者存在不能及时进入网上证券交易系统，使投资者不能及时控制增大收益或停止损失的风险；由于网络故障，投资者通过网上证券交易系统进行证券交易时，其计算机界面已显示委托成功，而券商服务器未接到其委托指令，从而存在投资者的利益不能增大或停止损失的风险；或投资者的计算机界面对其委托未显示成功，于是投资者再次发出委托指令，而券商服务器已收到投资者两次委托指令，并按其指令进行了交易，由此而产生投资者重复买卖的风险。从券商的角度来讲，券商也面临着技术上的种种风险，一旦证券公司的计算机系统、网络系统出现故障，都将给证券公司造成巨大的经济损失。

3) 法律风险

由于网上交易尚属新生事物，国际上关于网上交易的可供借鉴的法律、法规范本不多，我国网上证券交易也尚未形成一个统一的行业标准。再加上互联网的开放性，大量新技术的运用，与技术的超前性相比，有关互联网的立法远远跟不上技术的发展步伐。因此，网络证券如何依法保护券商、保护投资者的合法利益，使市场规范、有序、健康地发展，越来越成为一个严峻而紧迫的课题。

4) 其他风险

其他风险主要是指不可抗力因素导致的风险，比如地震、火灾、水灾、战争等不可抗力因素可能会导致证券交易系统不能正常运行甚至瘫痪，从而导致券商和投资者都要承担一定的风险。

3．网络证券风险防范

如何有效地防范网络金融风险是发展网络金融过程中的重要课题，而风险控制是网络金融市场发展中的核心问题。针对网络证券风险，应该从以下几方面进行防范。

1) 法律法规制度作坚强后盾

从宏观的角度看，没有健全的法律法规制度不利于整个行业健康、有序的发展；从微观的角度看，法律法规制度的缺失也不利于个案的顺利解决，会影响到当事人的利益，可能出现发生纠纷之后无法可依的尴尬局面。所以，要降低网络证券交易的风险，从根本上讲，要加强这方面的立法工作。但法律的出台不可能一蹴而就，颁布的法律也不可能朝令夕改，法律具有相对稳定性。而信息技术的发展却是日新月异的，因此在立法过程中，也必须考虑到这个问题。

2) 技术力量作坚实基础

目前，国内的证券公司在网上证券交易系统的建设上，一般是采用与网络公司合作的方式，也就是由网络公司代为建设相应的网站并开发网上证券行情交易系统。因此，从一定意义上讲，网络公司解决网上交易安全问题的能力将严重影响到投资者和证券公司的利益，直接影响到对网络证券风险的防范。网络证券交易涉及的最重要的计算机网络技术就是安全技术。交易系统必须保证在实际交易过程中，客户与公司之间、公司与公司之间进行信息交流的安全性和可靠性。因此，网络公司在开发网上证券行情交易系统以及保证该系统正常运转时，必须采取一系列安全防范措施，诸如数字签名、身份认证、网络数据加密、建立有效的防火墙等，以保证网络和交易系统的安全。

3) 券商切实有效的管理制度措施作保证

风险防范与风险管理是券商生存和发展的生命线。券商作为网上交易服务的提供者，对交易系统的安全负有不可推卸的责任。因此，券商首先应该从体制上进行风险控制；其次要健全风险管理制度，制定专门的业务工作规章，规范网上证券交易，包括业务管理制度、管理制约制度、检查落实制度、分支机构授权管理制度等；第三要重视人的因素。我国证券市场近十年来所发生的风险案例均证明，尽管有各种制度和复杂的技术手段，但是很多违法者还是绕过了制度和技术手段监控风险系统，甚至有些违法者本身就是制度和技术手段的制定者和实施者。这给我们以启示，在风险防范中，人的因素是十分重要的。要严把用人关，任用干部特别是高级管理人员时，一定要坚持德才兼备的标准，防止重才能轻品德的倾向，同时建立良好的激励机制，使管理者与员工的努力工作和贡献与他们应得的报酬一致，从根本上来控制人为因素产生的风险。

另外，券商还应该与客户本人签订专门的网络证券交易协议，明确双方的法律责任，并以《风险揭示书》的形式，向投资者阐明网上交易的风险。

4) 投资者网络风险意识和抗风险能力作底线

投资者作为证券交易中最活跃的一个因素，应当通过不断的自我教育，加强对网络证券交易风险的认识，以提高风险承担能力，达到能够防范网络证券风险的目的。比如，可以选择有实力、信誉好、管理严格规范的证券公司；保护好个人数据信息；使用高速、稳定的网络等措施来降低交易风险。

任务实施

根据李明的建议，结合自己的实际情况，张晓军最终选择了叩富网模拟炒股系统。

叩富网模拟炒股系统是一个专业的炒股练习平台，系统历经多次升级，技术已非常成熟，从2004年起通过互联网对公众开放。系统同时为用户提供Web、客户端软件及手机3

项目八 电子商务的行业应用

种方式进行炒股交易，行情与交易所实时同步，成交撮合、闭市清算流程与交易所完全一致。无论是准备入市或刚入市的新股民，还是已有实盘炒股经验的老股民，该系统都是训练炒股技术、积累炒股经验的最佳工具。

(1) 进入叩富网站首页(www.cofool.com)，选择某一主站(比如第二主站)注册为用户，如图 8.7 所示。

图 8.7 叩富网站首页

(2) 新用户注册。先阅读《叩富网服务条款》，再填写用户基本信息，包括登录名称、昵称、登录密码、确认密码等，然后单击【立即注册】按钮，如图 8.8 所示。

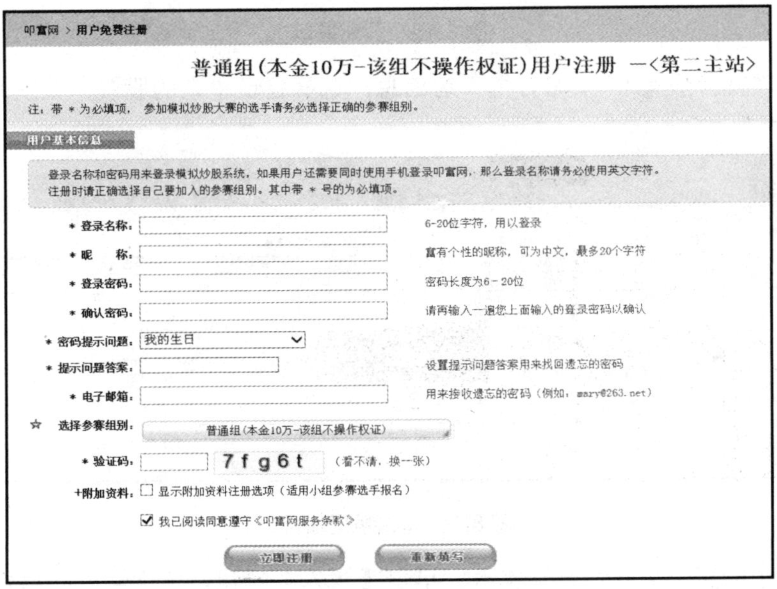

图 8.8 用户注册页面

(3) 注册成功后，即可登录模拟炒股系统，如图 8.9 所示。

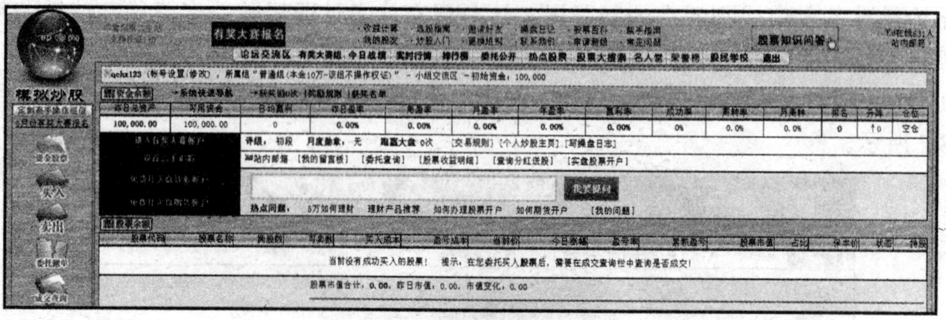

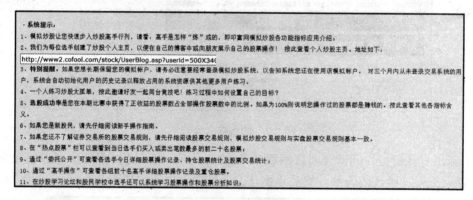

图 8.9　登录系统

(4) 阅读系统提示。如果是新手，最好先学习一下“系统提示”中介绍的内容，包括“新手操作指南”“叩富网模拟炒股系统各功能指标介绍”等，以提高自己的理论水平，如图 8.10 所示。

· 系统提示：

1、模拟炒股让您快速步入炒股高手行列，请看，高手是怎样“练”成的，即叩富网模拟炒股各功能指标应用介绍；

2、我们为每位选手创建了炒股个人主页，以便在自己的博客中或向朋友展示自己的股票操作！ 按此查看个人炒股主页。地址如下：

http://www2.cofool.com/stock/UserBlog.asp?userId=500X34(

3、特别提醒。如果您想长期保留您的模拟帐户，请务必注意要经常登录模拟炒股系统，以告知系统您还在使用该模拟帐户。 对三个月内从未登录交易系统的用户，系统会自动初始化用户的历史记录以释放占用的系统资源供其他更多用户练习。

4、一个人练习炒股太孤单，按此邀请好友一起同台竞技吧！练习过程中如何设置自己的目标？

5、选股成功率是您在本期比赛中获得了正收益的股票数占全部操作股票数中的比例。如果为100%则说明您操作过的股票都是赚钱的。按此查看其他各指标含义。

6、如果您是新股民，请先仔细阅读新手操作指南。

7、如果您还不了解证券交易所的股票交易规则，请先仔细阅读股票交易规则，模拟炒股交易规则与实盘股票交易规则基本一致。

8、在“热点股票”栏可以查看到当日选手们买入或卖出笔数最多的前二十名股票；

9、通过“委托公开”可查看各选手今日详细股票操作记录、持仓股票统计及股票交易统计；

10、通过“高手操作”可查看各组前十名高手详细股票操作记录及重仓股票。

11、在炒股学习论坛和股民学校中选手还可以系统学习股票操作和股票分析知识；

图 8.10　系统提示

(5) 查询“热点股票”“实时行情”等信息，选择自己中意的股票，如图 8.11 所示。

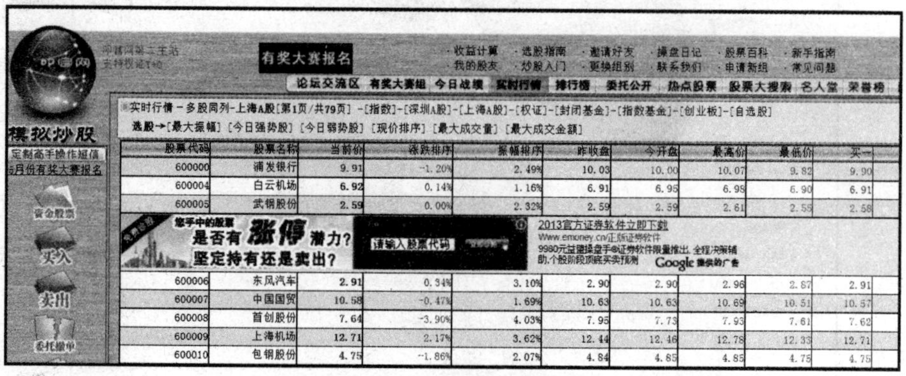

图 8.11　查询股票信息

(6) 对选中的若干支股票分别买入。单击【买入】按钮，依次输入股票代码、买入数量，进行买入委托，如图 8.12 所示。

项目八　电子商务的行业应用

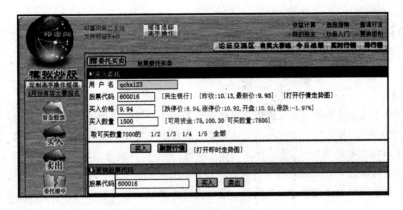

图 8.12　买入委托

(7) 查询委托、成交情况。单击【成交查询】按钮，可查询当日委托、成交情况，如图 8.13 所示。

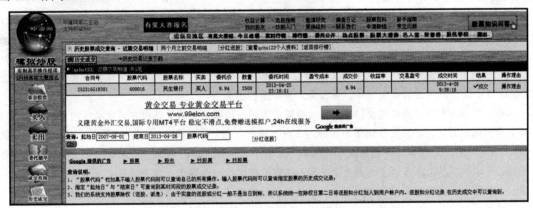

图 8.13　成交查询

(8) 卖出股票，其操作过程和买入大致相同，这里就不再一一赘述了。

【提示】

(1) 未成交的股票委托，随时都可以撤单。撤单成功后，冻结的资金重新返回到个人账户。

(2) 与股票实盘操作规则一样，股票委托撤单不收取手续费佣金。

(3) 与股票实盘操作一样，当日闭市后尚未成交的委托，系统在清算时会自动做撤单处理，将冻结的资金重新返回到个人账户。因此，当日未成交的委托不会保留到第二天。

(4) 先买入后卖出。否则，系统会提示"操作不成功：你没有此证券或被冻结，不能卖空"。

(5) 按照交易所规定，除权证可作 T＋0 交易外，股票只能做 T＋1 交易，即当天买进的股票最早只能在第二个交易日卖出。

案例分析

被互联网改变的证券研究业

【案例简介】

国内互联网的普及,给易于电子化的证券经纪业务带来了一场巨大的革命。国内网上证券交易从1998年开始起步,2000年4月证监会颁布《网上证券委托暂行管理办法》规范了网上证券委托业务。投资者使用证券公司提供的交易终端软件,通过计算机和互联网,足不出户就可以非常高速有效地实现证券买卖。与此同时,新兴的网络媒体也彻底颠覆了投资者获取信息的方式。从此,证券交易完成了从实体场所到虚拟网络的转移,互联网以其方便快捷、高效安全等特点逐步取代了券商交易大厅,成为投资者进行投资活动的主要阵地。

雪球财经网由网易原执行副总编辑方三文创办,其旗下第一个子网站i美股于2010年5月上线。随着网站人气不断增长,2013年7月,雪球进行了业务重组,原来i美股的内容全部转移到了雪球财经网,i美股变身为雪球旗下的资产管理公司。

国内以"资讯+社区"为模式的财经网站多如牛毛,如早年知名、后随着闽发证券湮灭的闽发论坛,投行人士扎堆的春晖在线,股民聚集的东方财富网股吧等。雪球的成功之处在于,最早通过i美股为国内的美股投资者提供中文的美股行情查询、新闻资讯和互动交流等服务,把一个细分的小众市场做出影响力,然后通过这批用户的聚集夯实社交网络发展的基础。最终,雪球放弃财经网站的定位,全面承接并拓展原来i美股的功能,彻底转向社交网络,其实是"无心插柳柳成荫"。

如今,雪球网利用"网络爬虫"程序自动抓取主流网站的财经新闻,让用户通过类似微博的方式围绕上市公司新闻进行讨论,以此替代了原来的人工内容生产方式,甚至还有一些用户提供自己制作的"民间研报"。除此之外,雪球围绕一些明星用户组织一些线下的活动。2013年8月雪球财经创始人在接受专访时表示,雪球的内容生产组织方式发生了变革,依靠用户生产的内容已经替代了原来由编辑转载和自制的内容。在功能上,雪球网不会像StockTwits一样要求用户在注册时提供投资者特征,在注册后也没有相应的设置选项,但其同样也具备类似StockTwits的热股榜、用户推荐、用户/股票关注、热门讨论、热门转发等功能。雪球网根据国内投资者的特点,开发了StockTwits所不具备的模拟投资组合和嘉宾访谈功能,包括一些证券公司的研究团队也在雪球访谈时作为嘉宾出现。

【案例分析】

互联网自诞生以来改变了许多行业的商业模式,证券研究行业如今也在其列。

(1)前互联网时代:证券定价权被大券商的分析师垄断。证券研究行业诞生于20世纪50年代,伴随机构投资者的增长以及固定佣金制度的确立,大型券商纷纷建立研究团队为客户投资提供建议,使得卖方研究业务在1960—1975年蓬勃发展。当时互联网和数据库还是美国军方实验室的"军事机密",分析师获取信息的渠道更多是到图书馆查找资料;个人电脑也尚未诞生,更没有Word和Excel,一些数据的统计计算还要依靠计算尺(20世纪60年代)和计算器(20世纪70年代);研究报告也都是纸质的印刷版,自撰写到印刷出版周期较长;分析师与客户的交流手段基本上是电话,路演时展示的都是真正的幻灯胶片。可以说,当时市场信息不对称的情况比较严重,投资者获取信息的渠道有限,报告的资料属性也较强,分析师的知识积累对于他提供专业看法极为重要,证券的定价权基本上被大型券商的分析师所垄断。

(2)Web1.0时代:分析师对定价权的垄断被互联网加强。自1986年美国国家科学基金会创建大学之间互联的骨干网络NSFnet之后,随着互联网对公众的开放,互联网公司也成为资本市场的宠儿。1994年微软Office4.0的推出也标志着分析师的工作平台进入了一个全新时代,研究报告制作的效率大大提升。

项目八　电子商务的行业应用

在传播途径上，虽然电话仍然是人与人之间的重要交流工具，但邮寄的印刷报告已经被 E-mail 替代，互联网本身也变成了证券市场的传媒。在 Web1.0 时代，个人投资者不再只依赖《华尔街日报》阅读财经信息，也不再需要致电经纪人询问某只股票的价格，在网上能实时获取所有信息并进行交易，其中包括以前只能由机构投资者和专业人士垄断的信息。当然，这些网上"唾手可得"的行业公司信息、调研报告，绝大部分仍然由分析师生产，或者是媒体自上市公司和分析师处采编而来，分析师对定价权的垄断被互联网加强了，影响力被互联网放大了，因此可以说，Web1.0 是美国证券研究行业的黄金时代。

(3) Web2.0 时代：机构投资者对券商研究提出新需求。互联网泡沫破碎之后，谷歌的关键词搜索引擎逐步替代了雅虎的分类信息检索，互联网进入了所谓的 Web2.0 时代。这一时代，一个新手借助搜索引擎也可以快速对不了解的问题进行学习，因此对分析师而言，"现学现卖"的学习能力变得更加重要，对问题的反应速度成为衡量一个分析师勤勉的标准之一，而经验的重要性有所弱化。

在 Web2.0 时代，中国证券研究机构的报告也大量地从互联网不明渠道流向社会，被当成了面向社会大众提供的免费资讯，为不同层次的投资者解读，个别报告因质量问题或分析师合规问题，也引发了社会大众对研报整体可靠性的质疑。

(4) Web3.0 时代：社交网络对券商研究即时性服务产生替代作用。移动互联网和社交网络是 Web3.0 的最大特点。由于投资者是对信息非常敏感并有着强烈表达和交流欲望的特定人群，因此，Web3.0 对金融信息领域的影响也更加显著。智能手机接入 3G 网络以后如虎添翼，社交网络在 2008 年兴起，对传媒乃至证券研究行业更产生了意想不到的影响。

目前的 Web3.0 阶段，社交网络改变了信息生产和传播的方式，用户更多地通过社交网络来获取个性化定制和社交群体推荐的内容，并围绕这类内容进行交流，这体现了共性加个性的信息传播特征。在 Web3.0 时代，一方面，信息获取的壁垒越来越低，信息和知识不再为少数人垄断。另一方面，随着信息量的爆炸性增长，信息的筛选成为难题，人们更倾向于选择关注自己愿意相信的信息源。Web3.0 时代具有代表性的互联网金融信息服务平台包括 StockTwits 和雪球等，其共同特征是通过构建社区化的技术平台和提供高时效性的信息内容及交流手段，汇聚投资者进行交流和互动，并以社交网络的形式形成社会化的观点和趋势分析，从而进一步提高用户群体的黏性和活跃度。

雪球网就是在信息内容以及交流方式上实现了突破。在金融信息服务领域，雪球网通过社交网络服务(Social Networking Service)的形式，实现了数据、信息向知识的转变，并据此摆脱了数据、信息处理的金融服务红海，迈向了差异化的知识积累和交流的蓝海。在"互联网女王"玛丽·米克的互联网趋势报告中曾经提到移动互联网对人们生活方式等各个方面的影响，其中，信息处理和交流方式未来将变得更加即时化、全球化和移动化。

(资料来源：新财富网　http://www.xcf.cn/)

8.3　习　　题

一、单项选择题

1. 下列不属于网上保险优势的是(　　)。
   A. 超越时空限制　　　　　　　　B. 信息丰富
   C. 交易手续烦琐　　　　　　　　D. 投保效率高

2. 网上保险从能否真正在网上完成保险全过程的角度，分为(　　)。
   A．网上保险服务模式、网上保险实现模式
   B．网上保险服务模式、保险专卖店模式
   C．网上保险实现模式、保险市场模式
   D．保险专卖店模式、保险市场模式
3. 对于网上保险，下列认识错误的是(　　)。
   A．从国际上来看，网上保险最早是出现在我国
   B．网上保险以一种全新的保险经营方式出现，具有传统保险不可比拟的优势
   C．网上保险越来越受到各保险公司的重视
   D．网上保险必将成为金融服务业的一个新亮点，成为保险业未来的发展趋势
4. 网上保险服务模式不包括(　　)。
   A．介绍保险产品　　　　　　B．开展咨询服务
   C．广泛开展实际的网上投保业务　　D．提供保险专业资讯
5. 网上保险是指保险企业以(　　)技术为基础。
   A．信息　　　　B．生产　　　　C．通信　　　　D．经济
6. 在网络证券交易过程中，下列不属于参与主体的是(　　)。
   A．证券公司　　　　　　B．证券投资者
   C．网络服务提供商　　　D．消费者
7. 以下属于网络证券的特点和优势的是(　　)。
   A．被动获取信息　　　　B．在线交易，方便快捷
   C．咨询极为不便　　　　D．不能打破时间限制
8. 网络证券交易的风险除了包括传统证券投资风险之外，还包括(　　)。
   A．系统风险，技术风险，法律风险，其他风险
   B．系统风险，道德风险，法律风险，其他风险
   C．系统风险，技术风险，法律风险，人为风险
   D．道德风险，技术风险，法律风险，人为风险
9. 能充分体现互联网的高速快捷功能的是(　　)。
   A．电话委托　　B．柜台委托　　C．网上炒股
10. 以下不属于网上炒股服务内容的是(　　)。
    A．沪、深股市即时行情　　　　B．实时委托交易
    C．网上保险　　　　　　　　　D．盘后技术分析和即时新闻信息

二、操作与实践
1. 讨论分析网络证券的优势以及如何规避网络证券的风险。
2. 尝试使用不同的模拟股票交易平台进行股票买卖，并对选择的模拟平台进行分析评价。

参 考 文 献

[1] 张曾科，等. 计算机网络[M]. 北京：清华大学出版社，2006.
[2] 刘彦舫，褚建立. 电子商务概论[M]. 北京：电子工业出版社，2004.
[3] 黄晓涛，等. 电子商务导论[M]. 北京：清华大学出版社，2005.
[4] 方美琪，刘鲁川. 电子商务技术员教程[M]. 北京：清华大学出版社，2005.
[5] 孙百鸣. 电子商务概论[M]. 北京：中国农业出版社，2005.
[6] 黄伟. 何为认证中心(CA)[M]. 北京：清华大学出版社，2004.
[7] 中国就业培训技术指导中心. 电子商务师国家职业资格培训教程(助理电子商务师. 国家职业资格三级)[M]. 北京：中央广播电视大学出版社，2005.
[8] 石道元，等. 电子商务概论[M]. 北京：北京大学出版社，2005.
[9] 李洪心. 电子商务概论[M]. 大连：东北财经大学出版社，2004.
[10] 王瑞金. 电子商务[M]. 济南：山东人民出版社，2007.
[11] 周长青. 电子商务物流[M]. 北京：北京大学出版社，2006.
[12] 刘建萍. 电子商务基础[M]. 北京：机械工业出版社，2004.
[13] 樊成丰，林东. 网络信息安全与PGP加密[M]. 北京：清华大学出版社，1998.
[14] 周贺来，李志民. 电子商务概论[M]. 北京：机械工业出版社，2006.
[15] 杨坚争. 电子商务案例[M]. 2版. 北京：清华大学出版社，2006.
[16] 叶蔚，袁清文. 网络金融概论[M]. 北京：北京大学出版社，2006.
[17] 蒋毅. 电子政务基础[M]. 北京：机械工业出版社，2006.
[18] 李荆红. 电子商务概论[M]. 北京：中国水利出版社，2006.
[19] 梁玉芬，胡丽琴. 电子商务基础与实务[M]. 北京：清华大学出版社，2005.
[20] 沈凤池. 电子商务基础[M]. 北京：科学出版社，2005.
[21] 安淑芝，等. 电子商务应用基础与实训[M]. 北京：清华大学出版社，2004.
[22] 刘彦舫，褚建立. 电子商务概论[M]. 北京：电子工业出版社，2004.
[23] 张敏敏. 电子支付与电子银行[M]. 北京：中国人民大学出版社，2012.
[24] 吉庆彬，谷东峰. EDI模拟教学[M]. 长春：职业技术教育，2003.
[25] 赵向阳. 1号店：大数据时代的电商供应链变革[N]. 中国经营报，2013-06-08.
[26] [英]维克托·迈克-舍恩伯格，肯尼思·库克耶. 大数据时代：生活、工作与思维的大变革[M]. 盛杨燕，周涛，译. 杭州：浙江人民出版社，2013.
[27] 广东电子商务认证中心 http://www.netca.net
[28] 上海市电子商务电子商务培训与考核网 http://www.ol.com.cn
[29] 招商银行一网通主站 http://www.cmbchina.com
[30] 贝宝中国网站 https://www.paypal.com/cn
[31] 工商银行 http://www.icbc.com.cn
[32] 中国金融网 http://www.zgjrw.com
[33] 淘宝 http://www.taobao.com
[34] 经济参考报 http://jjckb.xinhuanet.com

[35] 中国信用卡之窗 http://www.creditcard.com.cn

[36] 广州物流网 http://www.guangzhou-logistics.com

[37] 2007中国物流发展报告会暨第13次中国物流专家论坛纪要 http://www.itpub.net

[38] 浙江中外运有限公司 http://www.sino56.com

[39] 锦程物流网 http://www.jctrans.com

[40] 海尔物流 http://www.ihaier.com

[41] 中国物资储运总公司 http://www.cmst.com.cn

[42] 宝供储运有限公司 http://www.pgl-world.com

[43] 中国电子商务信息港 http://www.ecinfo.net

[44] 2006中国电子高峰论坛暨首届中国电子支付大赛 http://ebusiness1.ccidnet.com

[45] 携程旅行网 http://www.ctrip.com

[46] 泰康在线 http://www.taikang.com

[47] 国泰君安证券 http://www.gtja.com

[48] 中国电子政务信息网 http://www.grp.com.cn

[49] 慧典市场研究报告网 http://www.hdcmr.com

[50] 圈中人 http://qzr.51.net

[51] 易保网 http://www.ebao.com

[52] 中华保险网 http://www.123bx.com

[53] 赛迪网 http://www.ccidnet.com

[54] 股市网站 http://www.stockworld.com.cn

[55] 价值中国网 http://www.chinavalue.net

[56] 301咨询网 http://www.301301.com

[57] 太保网 http://www.cpic.com.cn

[58] 中保网 http://www.sinoins.com

[59] 保网 http://www.ins.com.cn

[60] 中国保险网 http://www.china-insurance.com

[61] 中国平安 http://www.pa18.com

[62] 中国保险资讯网 http://www.chinabx.com

[63] 长春市发展和改革委员会 http://www.ccdpc.gov.cn

[64] 中国电子签名网 http://www.eschina.info

[65] it世界 http://detail.it168.com

[66] 网络大典 http://www.networkdictionary.com

[67] 电脑学习网 http://www.duzi.cn

[68] 中国互联网络信息中心 http://www.cnnic.net.cn

[69] 小虫网络 http://www.chinaccna.com

[70] 天极网 http://www.yesky.com

[71] 巧巧读书 http://www.qqread.com

[72] 广西财经学院计算机系网站 http://219.159.82.118

[73] 电子商务师培训网 http://www.chinact.com.cn

[74] 中国网络电视台 http://www.cntv.cn

参考文献

[75] 新华网 http://www.xinhuanet.com

[76] 施慧洪. 电子钱包的功能定位与发展 http://www.bjpopss.gov.cn/bjpssweb/n33215c29.aspx

[77] 案例分析 http://www.yinhang123.net/licai/11302.html

[78] 招商银行 http://www.cmbchina.com

[79] 中国物流与采购网 http://www.chinawuliu.com.cn/information/201301/29/204473.shtml

[80] 宝供物流网 http://www.pgl-world.com/Home.asp

[81] 腾讯网 http://tech.qq.com/zt2012/tmtdecode/160.htm

[82] 北京数字认证股份有限公司 http://www.bjca.org.cn/hyyy/cgal-zgykd

[83] 数字证书认证中心网站 www.myca.cn

[84] 51CTO 网 http://netsecurity.51cto.com/art/201212/375255.htm

[85] ZDNet 网 http://security.zdnet.com.cn/security_zone/2013/0704/2166949.shtml

全国高职高专计算机、电子商务系列教材推荐书目

【语言编程与算法类】

序号	书号	书名	作者	定价	出版日期	配套情况
1	978-7-301-13632-4	单片机C语言程序设计教程与实训	张秀国	25	2012	课件
2	978-7-301-15476-2	C语言程序设计(第2版)(2010年度高职高专计算机类专业优秀教材)	刘迎春	32	2013年第3次印刷	课件、代码
3	978-7-301-14463-3	C语言程序设计案例教程	徐翠霞	28	2008	课件、代码、答案
4	978-7-301-17337-4	C语言程序设计经典案例教程	韦良芬	28	2010	课件、代码、答案
5	978-7-301-20879-3	Java程序设计教程与实训(第2版)	许文宪	28	2013	课件、代码、答案
6	978-7-301-13570-9	Java程序设计案例教程	徐翠霞	33	2008	课件、代码、习题答案
7	978-7-301-13997-4	Java程序设计与应用开发案例教程	汪志达	28	2008	课件、代码、答案
8	978-7-301-15618-6	Visual Basic 2005程序设计案例教程	靳广斌	33	2009	课件、代码、答案
9	978-7-301-17437-1	Visual Basic 程序设计案例教程	严学道	27	2010	课件、代码、答案
10	978-7-301-09698-7	Visual C++ 6.0程序设计教程与实训(第2版)	王丰	23	2009	课件、代码、答案
11	978-7-301-22587-5	C#程序设计基础教程与实训(第2版)	陈广	40	2013年第1次印刷	课件、代码、视频、答案
12	978-7-301-14672-9	C#面向对象程序设计案例教程	陈向东	28	2012年第3次印刷	课件、代码、答案
13	978-7-301-16935-3	C#程序设计项目教程	宋桂岭	26	2010	课件
14	978-7-301-15519-6	软件工程与项目管理案例教程	刘新航	28	2011	课件、答案
15	978-7-301-12409-3	数据结构(C语言版)	夏燕	28	2011	课件、代码、答案
16	978-7-301-24776-1	数据结构(C#语言描述)(第2版)	陈广	38	2014	课件、代码、答案
17	978-7-301-14463-3	数据结构案例教程(C语言版)	徐翠霞	28	2013年第2次印刷	课件、代码、答案
18	978-7-301-23014-5	数据结构(C/C#/Java版)	唐懿芳等	32	2013	课件、代码、答案
19	978-7-301-18800-2	Java面向对象项目化教程	张雪松	33	2011	课件、代码、答案
20	978-7-301-18947-4	JSP应用开发项目化教程	王志勃	26	2011	课件、代码、答案
21	978-7-301-19821-6	运用JSP开发Web系统	涂刚	34	2012	课件、代码、答案
22	978-7-301-19890-2	嵌入式C程序设计	冯刚	29	2012	课件、代码、答案
23	978-7-301-19801-8	数据结构及应用	朱珍	28	2012	课件、代码、答案
24	978-7-301-19940-4	C#项目开发教程	徐超	34	2012	课件
25	978-7-301-15232-4	Java基础案例教程	陈文兰	26	2009	课件、代码、答案
26	978-7-301-20542-6	基于项目开发的C#程序设计	李娟	32	2012	课件、代码、答案
27	978-7-301-19935-0	J2SE项目开发教程	何广军	25	2012	素材、答案
28	978-7-301-24308-4	JavaScript程序设计案例教程(第2版)	许昱	33	2014	课件、代码、答案
29	978-7-301-17736-5	.NET桌面应用程序开发教程	黄河	30	2010	课件、代码、答案
30	978-7-301-19348-8	Java程序设计项目化教程	徐义晗	36	2011	课件、代码、答案
31	978-7-301-19367-9	基于.NET平台的Web开发	严月浩	37	2011	课件、代码、答案
32	978-7-301-23465-5	基于.NET平台的企业应用开发	严月浩	44	2014	课件、代码、答案
33	978-7-301-13632-4	单片机C语言程序设计教程与实训	张秀国	25	2014年第5次印刷	课件
34		软件测试设计与实施(第2版)	蒋方纯			

【网络技术与硬件及操作系统类】

序号	书号	书名	作者	定价	出版日期	配套情况
1	978-7-301-14084-0	计算机网络安全案例教程	陈昶	30	2008	课件
2	978-7-301-23521-8	网络安全基础教程与实训(第3版)	尹少平	38	2014	课件、素材、答案
3	978-7-301-13641-6	计算机网络技术案例教程	赵艳玲	28	2008	课件
4	978-7-301-18564-3	计算机网络技术案例教程	宁芳露	35	2011	课件、习题答案
5	978-7-301-10290-9	计算机网络技术基础教程与实训	桂海进	28	2010	课件、答案
6	978-7-301-10887-1	计算机网络安全技术	王其良	28	2011	课件、答案
7	978-7-301-21754-2	计算机系统安全与维护	吕新荣	30	2013	课件、素材、答案
8	978-7-301-12325-6	网络维护与安全技术教程与实训	韩聂蛟	32	2010	课件、习题答案
9	978-7-301-09635-2	网络互联及路由器技术教程与实训(第2版)	宁芳露	27	2012	课件、答案
10	978-7-301-15466-3	综合布线技术教程与实训(第2版)	刘省贤	36	2012	课件、习题答案
11	978-7-301-14673-6	计算机组装与维护案例教程	谭宁	33	2012年第3次印刷	课件、习题答案
12	978-7-301-13320-0	计算机硬件组装和评测及数码产品评测教程	周奇	36	2008	课件
13	978-7-301-12345-4	微型计算机组成原理教程与实训	刘辉珞	22	2010	课件、习题答案
14	978-7-301-16736-6	Linux系统管理与维护(江苏省省级精品课程)	王秀平	29	2013年第3次印刷	课件、习题答案
15	978-7-301-22967-5	计算机操作系统原理与实训（第2版）	周峰	36	2013	课件、答案
16	978-7-301-16047-3	Windows 服务器维护与管理教程与实训(第2版)	鞠光明	33	2010	课件、答案
17	978-7-301-14476-3	Windows2003维护与管理技能教程	王伟	29	2009	课件、习题答案
18	978-7-301-18472-1	Windows Server 2003服务器配置与管理情境教程	顾红燕	24	2012年第2次印刷	课件、习题答案
19	978-7-301-23414-3	企业网络技术基础实训	董宇峰	38	2014	课件
20	978-7-301-24152-3	Linux网络操作系统	王勇	38	2014	课件、代码、答案

【网页设计与网站建设类】

序号	书号	书名	作者	定价	出版日期	配套情况
1	978-7-301-15725-1	网页设计与制作案例教程	杨森香	34	2011	课件、素材、答案
2	978-7-301-15086-3	网页设计与制作教程与实训(第 2 版)	于巧娥	30	2011	课件、素材、答案
3	978-7-301-13472-0	网页设计案例教程	张兴科	30	2009	课件
4	978-7-301-17091-5	网页设计与制作综合实例教程	姜春莲	38	2010	课件、素材、答案
5	978-7-301-16854-7	Dreamweaver 网页设计与制作案例教程(2010年度高职高专计算机类专业优秀教材)	吴 鹏	41	2012	课件、素材、答案
6	978-7-301-21777-1	ASP .NET 动态网页设计案例教程(C#版)(第 2 版)	冯 涛	35	2013	课件、素材、答案
7	978-7-301-10226-8	ASP 程序设计教程与实训	吴 鹏	27	2011	课件、素材、答案
8	978-7-301-16706-9	网站规划建设与管理维护教程与实训(第 2 版)	王春红	32	2011	课件、答案
9	978-7-301-21776-4	网站建设与管理案例教程(第 2 版)	徐洪祥	31	2013	课件、素材、答案
10	978-7-301-17736-5	.NET 桌面应用程序开发教程	黄 河	30	2010	课件、素材、答案
11	978-7-301-19846-9	ASP .NET Web 应用案例教程	于 洋	26	2012	课件、素材
12	978-7-301-20565-5	ASP.NET 动态网站开发	崔 宁	30	2012	课件、素材、答案
13	978-7-301-20634-8	网页设计与制作基础	徐文平	28	2012	课件、素材、答案
14	978-7-301-20659-1	人机界面设计	张 丽	25	2012	课件、素材、答案
15	978-7-301-22532-5	网页设计案例教程(DIV+CSS 版)	马 涛	32	2013	课件、素材、答案
16	978-7-301-23045-9	基于项目的 Web 网页设计技术	苗彩霞	36	2013	课件、素材、答案
17	978-7-301-23429-7	网页设计与制作教程与实训(第 3 版)	于巧娥	34	2014	课件、素材、答案

【图形图像与多媒体类】

序号	书号	书名	作者	定价	出版日期	配套情况
1	978-7-301-21778-8	图像处理技术教程与实训(Photoshop 版)（第 2 版）	钱 民	40	2013	课件、素材、答案
2	978-7-301-14670-5	Photoshop CS3 图形图像处理案例教程	洪 光	32	2010	课件、素材、答案
3	978-7-301-13568-6	Flash CS3 动画制作案例教程	俞 欣	25	2012 年第 4 次印刷	课件、素材、答案
4	978-7-301-18946-7	多媒体技术与应用教程与实训(第 2 版)	钱 民	33	2012	课件、素材、答案
5	978-7-301-17136-3	Photoshop 案例教程	沈道云	25	2011	课件、素材、视频
6	978-7-301-19304-4	多媒体技术与应用案例教程	刘辉珞	34	2011	课件、素材、答案
7	978-7-301-20685-0	Photoshop CS5 项目教程	高晓黎	36	2012	课件、素材
8	978-7-301-24103-5	多媒体作品设计与制作项目化教程	张敬斋	38	2014	课件、素材
9	978-7-301-24919-2	Photoshop CS5 图形图像处理案例教程(第 2 版)	李 琴	41	2014	课件、素材

【数据库类】

序号	书号	书名	作者	定价	出版日期	配套情况
1	978-7-301-13663-8	数据库原理及应用案例教程(SQL Server 版)	胡锦丽	40	2010	课件、素材、答案
2	978-7-301-16900-1	数据库原理及应用(SQL Server 2008 版)	马桂婷	31	2011	课件、素材、答案
3	978-7-301-15533-2	SQL Server 数据库管理与开发教程与实训(第 2 版)	杜兆将	32	2012	课件、素材、答案
4	978-7-301-13315-6	SQL Server 2005 数据库基础及应用技术教程与实训	周 奇	34	2013 年第 7 次印刷	课件
5	978-7-301-15588-2	SQL Server 2005 数据库原理与应用案例教程	李 军	27	2009	课件
6	978-7-301-16901-8	SQL Server 2005 数据库系统应用开发技能教程	王 伟	28	2010	课件
7	978-7-301-17174-5	SQL Server 数据库实例教程	汤承林	38	2010	课件、习题答案
8	978-7-301-17196-7	SQL Server 数据库基础与应用	贾艳宇	39	2010	课件、习题答案
9	978-7-301-17605-4	SQL Server 2005 应用教程	梁庆枫	25	2012 年第 2 次印刷	课件、习题答案
10	978-7-301-18750-0	大型数据库及其应用	孔勇奇	32	2011	课件、素材、答案

【电子商务类】

序号	书号	书名	作者	定价	出版日期	配套情况
1	978-7-301-12344-7	电子商务物流基础与实务	邓之宏	38	2010	课件、习题答案
2	978-7-301-12474-1	电子商务原理	王 震	34	2008	课件
3	978-7-301-12346-1	电子商务案例教程	龚 民	24	2010	课件、习题答案
4	978-7-301-25404-2	电子商务概论（第 3 版）	于巧娥等	33	2015	课件、习题答案

【专业基础课与应用技术类】

序号	书号	书名	作者	定价	出版日期	配套情况
1	978-7-301-13569-3	新编计算机应用基础案例教程	郭丽春	30	2009	课件、习题答案
2	978-7-301-18511-7	计算机应用基础案例教程(第 2 版)	孙文力	32	2012 年第 2 次印刷	课件、习题答案
3	978-7-301-16046-6	计算机专业英语教程(第 2 版)	李 莉	26	2010	课件、答案
4	978-7-301-19803-2	计算机专业英语	徐 娜	30	2012	课件、素材、答案
5	978-7-301-21004-8	常用工具软件实例教程	石朝晖	37	2012	课件

电子书(PDF 版)、电子课件和相关教学资源下载地址：http://www.pup6.cn，欢迎下载。
联系方式：010-62750667，liyanhong1999@126.com，欢迎来电来信。